JN194250

アニメオタクとビデオの文化社会学

映像視聴経験の系譜

永田大輔

青弓社

アニメオタクとビデオの文化社会学——映像視聴経験の系譜

目次

第1部　アニメを趣味にする条件とビデオ技術

第2部 アニメが「独自の趣味」になる過程とビデオ技術

第3部 ビデオを通じて再定式化される「オタク」経験とアニメ文化

終章 映像視聴の文化社会学に向けて 241

カバー写真――homydesign／PIXTA
装丁――藤田美咲

序章　映像を趣味にする経験とビデオ技術

はじめに

映像文化と現代社会

本書はアニメ産業が「独自の市場」をもつものとして形成されるプロセスを、一九八〇年代のアニメファンのビデオ利用[1]の分析で跡づける。それを通じて、この時期に起こった映像文化や映像経験の変容について明らかにする。とりわけ地上波のテレビ放送を基盤にしていた日本のアニメについて、なぜ独立し自律する趣味領域として記述することが可能になっていったのかという観点から議論する。それによって、映像が「趣味」として自律した領域を作り出していくプロセスを明らかにしたい。

近年、映像文化に関する再検討は社会的にますます大きな注目を集めている。二〇二〇年の新型コロナウイルス（COVID-19）の感染拡大は、社会の変化を様々な形でもたらしたが、これまでにもまして様々な人が映像と関わる機会が多くなったことがその変化の一つである。

例えば大学教育の現場では教員が画面の向こうの学生たちに語りかけ、学生は自宅でそれを視聴するのが当たり前の光景になった。それ以外の労働現場でも同様に、ビデオ通話アプリが普及し、それによって在宅勤務が短期間でそれなりに拡大した。そうした状況のなか、多くの労働が遠隔で映像を介したコミュニケーションを取り合うことで、ある程度は代替できることも明らかになった。同時に、そうした映像を通したコミュニケーションでは代替できない介護・物流などの様々な仕事が「エッセンシャルワーク」として注目され、ちょっとした会話などのミクロなコミュニケーションなど、これまで意識化されていなかった労働の重要な部分について見直されるようになった。

こうした労働・教育の現場への映像文化の侵入に疲れた人々を癒やしたのもまた、映像だった。外出自粛による巣ごもり需要の増加をきっかけに、動画配信サービスの利用者が急増した。それに加えて閉塞した雰囲気を打破して「おうち時間」を楽しむためにと、様々な人々がインターネットに動画をアップロードした。一般の人だけでなく、芸能や表現に関わる人々の多くがこれまでのように集まって仕事ができなくなったことで、新たな活躍の場を「YouTube」などの動画共有サイトに見いだした。さらにこの「おうち時間」は政治的なスローガンにもなり、そうした映像を趣味にすることが社会的に広く求められることでもあった。だが、そもそも日常的に映画やテレビとは異なる映像を撮って編集する行動様式やそれを趣味として楽しむ文化が形成されるうえで（その後の技術発展もあるが）ビデオ技術が基礎づける側面は大きい。[2]

同時に映像視聴の技術が発展したことに対して、真正の映像経験と異なるものだとして批判的に検討する議論も存在する。ライター・コラムニストの稲田豊史による、映像を変速（とりわけ倍速）で視聴する若年層を中心とした人々を取り上げた議論などはその代表的なものの一つである。[3] 同書では、倍速視聴をする視聴者が増えることで、映像の作り手が意図して作った間などが適切に享受されないことへの批判や、それを作り手の側が受け入れた作り方をするようになっていることへの批判がなされている。

稲田は、若者を中心に倍速などの変速で映像を視聴する理由は、コストパフォーマンス（コスパ）・タイムパフォーマンス（タイパ）を求めて少しでも単位時間あたりに多くの映像を視聴するためであるとしている。その背景には、現在は同世代の全員が見るべき作品がなくなり、話題についていくために少しでも多くの映像を見ることが求められていることがあるという。同書では、そうした視聴は映像を楽しむのではなく「消費」することだと批判している。しかし、映像を少しでも多く見ることへの欲望が出現すると同時に、その量を問題にしようとすること自体が批判的に議論されるようになったのはなぜなのだろうか。

言い換えるならば映像が趣味として享受可能になり、ただ見る量だけではなくその見方までもが趣味のありようの重要な一部分になったのはどのようにしてなのだろうか。本書はビデオという技術と関連させながら、映像を趣味にする人々のなかでも先端的な受容者（ファン）に注目していく。映像を趣味にする人々、とりわけアニメを愛好する人々（アニメファン）が一九七〇年代後半から八〇年代のアニメブームと呼ばれる時期にどのように映像視聴を趣味にしていったのかを、ビデオ技術との関係から検討する。

「オタク文化」としてのアニメ文化

本書で対象として論じるアニメ文化はオタク文化という特殊な文化領域の代表的なものの一つとしばしば呼ばれてきた。映像を趣味にすることについて考えるためには、アニメ文化がオタク文化と呼ばれるようになった背景自体を考察する必要がある。

二〇二四年現在、日本のファンカルチャーの大きな領域を占めるものとして、ＡＣＧ[4]（アニメ・コミック・ゲーム）と呼ばれる領域に注目が集まっている。これらはしばしば「オタク文化」として議論され、その市場規模だけでなく、独自のファン文化が形成されてきたことにも注目が集まってきた。とりわけ、アニメ文化は強くオタク文化と呼ばれる文化の中心にあるものとして議論されてきた[5]。

現在オタク文化と呼ばれる領域はＡＣＧに限らず、非常に広範なものになっている。しかし、オタクという言葉が出てきた当時、明確に普通の人々とは異なる人々として記述されていた。こうした見方の端緒として、一九八三年にオタクを呼称として初めてメディア上で定義づけた中森明夫の記述をいくつかみていきたい。

それでこういった人たちを、まあ普通、マニアだとか、せーぜーネクラ族だとかなんとか呼んでいるわけだけど、どうもしっくりこない。なにかこういった人々を、あるいはこういった現象総体を統合する適確な呼び名がいまだ確立してないのではないかなんて思うのだけれど、それでまぁチョイわけあって我々は彼らを『おたく』とそう呼び伝えることにしたのだ。[6]

『おたく』の由来については、まあ皆も察しがつくと思うけど、たとえば中学生くらいのガキがコミケとかアニメ大会とかで友達に「おたくらさぁ」なんて呼びかけるのってキモイと思わない？[7]

このように、「おたく」という言葉の起源は特定の文化を楽しむ一部の人々が使用した特徴的な二人称とされている。一方でそうした言葉自体が「皆も察しがつくと思うけど」と語りかけられているように、その意味を予測できるような一部の人々の間でしか使われていなかったことがわかる。それは中森が連載の第一回でいくつかの趣味や外見的な特徴を挙げて、それらを「おたく族」の特徴としたうえで、「ところで、おたく、〝おたく〟？」[8]という問いかけで語りを締めていることからもわかる。

このようにオタクは限られた人々を指すものだったが、現在オタクという語は「現代文化を語るキーワード」として語られ、いくつかの社会調査で半数近い若者が自らはオタクであるという自認をもつまでに至っている（例えば北田暁大と解体研の調査[9]など）。

このようにオタクという概念の拡大プロセスを問うことは若者文化論として意味があるだろう。しかし、そもそもここで一つの素朴な問いが浮上する。アニメという文化を愛好することが、（無論ほかにもオタク的とされる文化はあるのだが）なぜオタク文化と呼ばれる特殊とされる文化を代表すると見なされえたのかということである。こうした疑問が起こるのは、そもそもアニメは当時テレビ放送を基盤としたものであり、元来は多くの視聴者に広く見られることが望まれる文化だったはずだからである。

そのことを問うことは、映像経験とそれを取り巻く諸（映像）文化が、現在までにどのように趣味ごとにローカルで独自なものとして分化して形成されていったのかを問うことでもある。そのとき、映像を見ることが独自の消費文化の領域として形成されるプロセスを、映像の視聴の仕方を成熟させるビデオという技術に注目しながら論じる必要がある。

本書ではこうした問題を考えるために、アニメファンの映像利用のあり方の自由度を増大させ、趣味として文化を成熟させることになるビデオというメディアの利用に注目して議論する。そうした問題関心をより明確化させるために、次節では二つのオタクとビデオの関係をめぐる表象・議論をまず紹介したい。

1　オタクとビデオの結び付き

宮﨑事件という表象

オタクという言葉はオタク言説について構築主義的に検討した松谷創一郎の議論[10]でも論じられているように、一九八三年からしばらくの間は一部の人に用いられるだけだった。この言葉が広く知られることになったのはある事件がきっかけといわれる。それが八九年の東京・埼玉連続幼女誘拐殺人事件[11]（以下、宮﨑事件）である。この事件で加害者である宮﨑勤のビデオテープをコレクションした部屋とオタクというカテゴリーが関連づけられ社会問題化されることになる。まずはそうした結び付けられ方の一例を挙げたうえで、ビデオの利用実践に関して問うべき視点を提示したい。

宮﨑事件をめぐる語り

宮﨑事件の報道のなかにみられたのが、彼の六千本に及ぶビデオテープが事件に影響を与えたのではないかというものである。犯行の手口に似た表現を用いている「ホラービデオ」が宮﨑のビデオコレクションから発掘されたことがしばしば動機と結び付けられ、「こうした作品が何らかのヒントになって、宮﨑が残忍な犯行に走った可能性があるとして追及している」[12]などのように書かれた。同時に、この問題については個人の嗜好よりも拡張された議論がなされた。

この事件で、一躍、マスコミの表面に浮かび上がった言葉がある。「おたく」だ。アニメ、コミック、ゲームなどの熱狂的なファンで、その世界を共有しない他者とは、コミュニケーションを持ちたがらない、若者群を指す。かつて、彼らの間では相手を「おたく」と呼びあったのが、語源という。(略)宮﨑被告の部屋の写真が与えたインパクトが、「おたく」という言葉と結びつき、多くの解釈や批判が、彼らの独特の行動パターンのあり方に集中した。「ビデオや他の映像メディアにのめり込みすぎ、虚実の境目がわからなくなった」と。[13]

このように、ビデオにのめり込む様子が宮﨑と結び付けられ、オタクとして批判されることになった。

一方で事件に際して警察側がビデオに着目したのは、実際的な証拠としてだった。「宮﨑は、一連の事件の現場である埼玉県西部にしばしば車でドライブに出かけ、ビデオショップでビデオを買うなど、土地カンを持っていた」[14]というように事件当日の足取りの資料として、彼が訪れるビデオ店が周辺にあったかどうかや、事件の当日にビデオカメラを借りていないかどうかが報道された。そうした足取りを報道し、そのなかで彼のビデオをめぐるコレクターとしての振る舞いの傍若無人さが問題にされもした。

同様に彼のビデオの集め方について議論された。犯行後、彼に関して詳細に調査したジャーナリストの吉岡忍

表1　ビデオをの年度ごとの普及率

1980年	1981年	1982年	1983年	1984年	1985年	1986年	1987年	1988年	1989年	1990年
2.4%	5.1%	7.5%	11.8%	18.7%	27.8%	33.5%	43.0%	53.0%	63.0%	66.8%

（出典：内閣府経済社会総合研究所景気統計部『消費動向調査 主要耐久消費財の普及率』〔内閣府経済社会総合研究所景気統計部〕をもとに筆者作成）

は、宮﨑勤について、「本格的にビデオのダビングをするなら、つないだデッキやモニターを切り替えるセレクターを使うだろう。彼の部屋にはそれもなかった。ビデオオタクとしては、奇妙に中途半端だった[15]」と論じている。彼が集めたコレクションの集め方がビデオ「オタク」的であるかどうかも焦点になっていたのである。

宮﨑事件における語りが意味するもの

このように事件の語りをみてきたが、この事件を通してビデオと「オタク」の関連をめぐるいくつかの争点を考えることができる。まずビデオとオタクが結び付けられる際に、ホラービデオなどが当初は動機とされたが、次第に漫画・アニメを愛好する人々である「おたく」に関連づけられていることである[16]。当時のビデオの普及率をみると、このこと自体が奇妙にみえる。

表1をみると、宮﨑事件が起こった前後の時期は、およそ六〇パーセントから七〇パーセントの普及率があったことがわかる。つまり、ビデオは当初全家庭の過半数が所持するメディアでもあったのである。それを有徴なものと見なすには、ビデオをただ所有しているかどうかとは異なる消費の仕方が問題になっていた可能性がある。さらに、実際に宮﨑自身はアニメだけを愛好していたわけではなかったが、彼がどのようなものを消費しているかとは関係なく宮﨑の特徴がアニメなどの消費と結び付けられていたことがある。こうした結び付けが可能になった理由は、アニメをめぐるコミュニティーが、ビデオを積極的に利用する共同体として存在していて、そのイメージが多くの人に共有されていたためだと考えることができる。

一方で、そうしたビデオの使い方をめぐって宮﨑が「おたく」であるか否かの論争もなされていた。そこでは彼のビデオの集め方が問題にされ、実は彼が「おたく」ではなかったのではないかという語りがなされていた。ここではファン集団内での基準がある程度明確に存在していて、その内側からみたときにその作法から外れていることが問題にされている。つまり、ファンの共同体のなかでビデオを使った映像受容に一定の作法が成熟したものとして存在していたことが想定されているのである。

岡田斗司夫の語り

こうした「おたく」的な振る舞いについて、当時ある程度体系的に語っていた論者に岡田斗司夫がいる。岡田が企画・脚本としてクレジットされている、一九九一年にガイナックスが制作したパッケージソフトであるOVA（オリジナル・ビデオ・アニメーション）作品『おたくのビデオ』がある。脚本は岡田が自身の名義貸しをしただけという説もあるが、少なくとも彼の評論的立場が全体として強く反映された作品である。

岡田によると、同作を企画したきっかけは一九八九年の宮﨑事件だったという。岡田は宮﨑が「おたくである」とする意見と、それに対して彼は「おたく」ではなかったということの両方が存在するという「もやもや」を同作で形にしようとしたと語っている[17]。本篇のアニメパートでは、時期を「おたく」という言葉が中森明夫によって名づけられる八三年の一年前の八二年に設定するなど、意図的な設定が様々にされている。だが、本作で重要なのはフィクショナル・ドキュメンタリーとして「紹介」される「おたくの実態」を描いたとされる実写パートである。ここでは、様々なオタク的なファンダムで活動しているオタクたちの生態が描かれている。なかでも「ビデオのコレクション」をしている「オタク」を取り上げる場面は宮﨑事件を直接連想するように作られていて、そこで「コレクションを作り上げること」にこだわり、様々な同好のビデオファンたちと交流をもってコレクションを集めるビデオオタクの姿が描かれている。

ここで意図的に強調されているのは、ビデオをコレクションすることがアクティブに各地を回ることと各地の友人とコミュニケーションを取ることを前提にした行為であるということである。つまり、ビデオをコレクションすることは一人で完結するものではないとしているのだ。中島梓が「おたく」を「コミュニケーション不全[18]」と語ったように、宮﨑事件前後には「おたく」のことを、メディアに耽溺しコミュニケーションに問題を抱えた存在として表象されることが多かった。ここではそうした表象とは異なった側面から「おたく」を描いていて、他者とのコミュニケーション能力に問題を抱える通俗的な「おたく」像を転覆させようとするものでもあった。

こうしたビデオの使い方、映像の見方を「オタク文化」に特化して一定の体系性のもとに議論したのが、同じく岡田による『オタク学入門[19]』である。同書では、それ以前からアニメを愛好していた者はいたが、映像の見方についての創意工夫が可能になり、「近代オタク」が誕生するきっかけになったのはアニメ雑誌とビデオであることが語られている。これらによって、様々な映像の作られ方を分解して理解することが可能になり、それに伴い様々な作り手へと目線が向くことになっていったという。

こうした岡田の議論には、映像の見方をめぐって一九八〇年代に様々な映像の見方を開発していった「オタク」の姿が描かれていて、そこではビデオという技術が重要な意味をもっていたことがわかる。さらに同書では、オタクに特有な高度な映像の視聴の仕方は、アニメファンを中心に発達していたことが語られている。次節ではこの岡田の議論をはじめとして、アニメファンがこれまでどのように論じられてきたのかを整理する。

2　アニメというファン領域

アニメ文化をめぐる先行研究

オタク文化の一つの特徴的な変容がアニメ文化を中心に一九七〇年代から八〇年代を通じて起こったことは繰り返し指摘されてきた。東浩紀は、オタクを三つの世代に区分し、第一世代と第二世代の文化的な中心をアニメに置いている[20]。第一世代から第二世代への変化の要因として映像受容の仕方がある。

この映像受容の変化が起こった時期の重要性を指摘する議論は多い。しかし、日本国内の議論でのこの時期に関する言及は実作者などの個人的な回顧が中心である。これに対し、国外の日本学の一領野としてアニメ研究は一定の位置を占めている。スーザン・ネイピアのように江戸期までさかのぼって日本社会の特性を論じ、それと日本アニメの成功を結び付けたオリエンタリズム的な視点をもつ研究もおこなわれてきた。[21]それらの研究との距離化を目指した諸研究では、一九七〇―八〇年代に起こったアニメ産業の変容の重要性が論じられている。

このアニメ産業の変容の特徴を考察するためにアニメを単純な映像として捉えるのではなく、キャラクター商品なども含めた文化圏として捉えるような発想が有効になる。そうした文化圏が成立するうえで重要なのは、メディアミックスという現象である。マーク・スタインバーグは、アニメーションを中心としたメディアミックスは日本独自の特徴をもっていると論じている。彼は大塚英志の物語消費論[22]でのストーリーではなく、世界観・設定を消費するというオタク文化特有の消費性向に関する議論を踏まえて、日本のアニメのメディアミックスについて説明している。[23]その特徴は様々だが、メディア間のフラットな階層構造と、ストーリーよりも世界観をベースにして繰り返し消費を促すようなビジネスモデルだと指摘している。スタインバーグはそのモデルの成立の重要性について、主に一九六三年のテレビアニメを始点とする時期と、七〇年代から八〇年代の文化変容の二点から論じている。スタインバーグは『鉄腕アトム』（フジテレビ系、一九六三―六六年）の広告戦略をみることでアニメがメディアミックスを前提にしてビジネスモデルが成立していくことを指摘する。そして七〇年代から八〇年代に関しては、角川書店の戦略の変容を分析して今日のメディアミックスに根差した繰り返し小規模な収益を上げるフラットなモデルを指摘している。だが、ある種の文化圏が成立し、そこから繰り返し収益を得るというモデルの前提にあるのは、繰り返し金銭を支払う人々の存在を予期することが可能になることである。

そうした前提条件として、アニメ制作自体がファン志向で編成されるようになっているという議論がある。イアン・コンドリーは、文化人類学的なアニメ産業へのフィールドワークを通して、アニメ産業の特性を分析するうえで多様なアクターの参入とその相互作用の重要性を議論している。コンドリーは、「生産と消費という二項対立ではなく、「誰がアニメを作るのか」という問いから始め[24]」「アニメを作る人たちを中心に据えるだけでなく、マンガ家、スポンサー、関連商品メーカーそしてファンまでも、広範な生産工程の一部として捉える[25]」という指針をとっている。そうしたなかで「メディア産業を跨いで公式な制作者たちと非公式なファンたちを結びつける協同的な創造[26]」が日本アニメの成功[27]にとって重要だったと議論し、「新しいスタイルを生み出し継続させる送り手と受け手の間に生じる増幅的反復、つまりフィードバック・ループを仔細に観察することを提案[28]」している。この送り手と受け手の「増幅的反復」の成立を現代のアニメ産業において様々な水準でフィールドワークに基づいて見いだしていくのが、コンドリーの研究である。しかし、そこでは送り手と受け手の関係の結び付きの重要性を指摘しながらも、様々な基準での結び付きが散発的に発見されるにとどまっている。そもそも、こうした送り手と受け手の距離の近さを様々な水準で緊密に見いだすことが可能になること自体、歴史的にどのように成立してきたのだろうか。

この根本的な条件が成立したきっかけとしてトーマス・ラマールが論じるのが、「ガイナックス・システム[29]」である。ラマールの議論は多岐にわたるが、一九八〇年代から二〇〇〇年代初めの、アニメーションが情報テクノロジーとますます密接に絡み合うようになった二十年間の出来事の重要性を表す際に、この概念を強調して論じている。あくまで動画としてのアニメーションを読み解くことをその主眼としながらも、アニメ表現の発展の背景に「制作、配給、受容のさまざまな回路[30]」が緊密に結び付いていることに着目する必要を述べている。ラマールの議論はより長いスパンを対象にしているが、そのなかでも一九八〇年代の大きな変容として挙げるのがオタクという集団の発見と、（オタクを出自とするとされる）ガイナックスというアニメ制作集団に関連する出来事である。岡田斗司夫の議論を引きながらラマールは、「アニメ・イメージにあるさまざまな要因と「その人ならではのレイヤー」の相互作用を見分ける能力[31]」をオタクという人々の特性と見なす。

ラマールは岡田の議論の重要性を、オタクが「相互作用の担い手であり、アニメ／マンガ／ゲームの世界にわたってポテンシャルな奥行きを追求することで、彼（あるいは彼女）はこの広がりゆく世界の制作と宣伝の協力者となる[32]」ことを見いだしたことだとする。そして主体的で「世界制作」と「宣伝」に価値を見いだすこのオタクという集団と、ガイナックスなどのオタクを出自としたアニメ制作者集団の近さなどを議論している。ファンそのものの発見がなされることと、アニメの制度化の結び付きがこれらの一九七〇年代から八〇年代のアニメの変容の特徴だと議論されてきた。ラマールはそれをアニメーターなどの表現者の言説や岡田の議論から跡づけて「ガイナックス・システム」という言葉に要約したのである。

こうした趣味の積極的な受容者（ファン）と作り手の漸近という視点は、ファン研究が問題としてきた視点とも接続する。ヘンリー・ジェンキンズは、ファンの共同体で現在のネット環境やそれをめぐる文化環境の変容によって作り手と受け手の距離が「収斂」するようになったことを指摘している。[33] こうした文化の萌芽の一つにこの時期のアニメ文化を挙げることができるだろう。だが、こうしたファンの共同体が成り立つ場として、アニメファンの空間はどのように成立してきたのだろうか。

アニメ文化を趣味にするということ

二〇一〇年代以降、アニメを趣味の一領域として捉えてオタク文化との結び付きを論じるものは多い。浅野智彦は趣味縁の公共性をめぐって、一見公共的にみえないオタクたちの共同性がそれでも公共的な可能性を有するのかに関して、木尾士目の『げんしけん』（講談社、二〇〇二―〇六年）という漫画を分析しながら議論を展開している。北田らの調査でもアニメ文化の重要性が注目され、そのオタクたちは一つの大きな分析の対象になり、男女の消費様式の違いが問題になっている。しかし、そもそもアニメが趣味になるとはどういうことなのだろうか。[34]

岡澤康浩は、趣味にはテイストによる序列化が問題になる水準とそれとは異なる実践の水準が存在すると語っている。[35] だが、そもそも何かが趣味になるとはどういう基準によって成り立つのだろうか。

何かを趣味にするときに、その対象によって趣味と言い切れる基準が異なることは日常的にわかるだろう。例えば、一定の頻度で釣りにいくことなどはそれだけで趣味といえるだろう。だが、食事や服を着ることはどうだろうか。これらは現代社会で生存しているかぎり誰もがおこなうことである。日常的な行動であればあるほど、それをあえて趣味ということにはハードルが存在することになる。（もちろん自らが無趣味であることを示す指標としてあえてそれを趣味と言う場合もあるだろうが）食べ物をただ食べるだけでは趣味とはいえず、「食べ歩き」などのように観光行動と結び付けられたり、「グルメ」「美食」など特殊なコストをかけていることが問題にされていたりする。「ファッション」などはより顕著であり、服を着ない人はいないだろうがファッションを趣味ということには一定のハードルが存在する。さらにファッションは雑誌などと結び付けられ、どのようなファッションを好むかということ自体が外部からその人の人格類型と結び付けられることもある。

アニメは一九六〇年代中盤から、テレビを中心として展開されるようになる。テレビを趣味とすることにも、前述のように一定のハードルが存在してきたように思われる。テレビアニメは一〇パーセントから二〇パーセント以上、ごく一部の大ヒット作品は三〇パーセント以上もの視聴率を獲得してきた。こうしたアニメを趣味にするということはどのように可能になっていったのだろうか。

こうした点に関して重要な示唆を与えてくれるのが大塚英志の『「おたく」の精神史』での議論である。大塚は「おたく」の特徴をそれ以前に話題になった若者／知識人を示すカテゴリーである「新人類」と対比している。「新人類」と「おたく」の最大の差異について大塚は、既存の商品の組み合わせで自己を表現できたのが「新人類」であり、そうではなく独自の市場を作り出さざるをえなかったものが「おたく」だと位置づけている。[36] それでは、アニメ文化で「独自の市場」が作り出されるというのはどのような事態だったのだろうか。本書では映像視聴という趣味行為としての位置づけと、その映像視聴を基盤にする独自のファンダムと市場が作られていくプロセスに着目する。その市場化のプロセスをアニメファンのビデオ利用実践に注目しながら議論し、映像文化全般を趣味にすることの意味についての一端を明らかにすることを目指す。

3　本書の分析資料

対象としてのアニメファンとアニメ雑誌

本書では、アニメファンのビデオ利用に焦点を当てる。[37] その際に具体的な資料として主に用いるのがアニメ雑誌である。その理由を以下でアニメ雑誌という媒体にふれながら議論していく。

アニメ雑誌を資料としてアニメファンのビデオ利用を議論する第一の理由は、端的に、ファンのビデオ利用の様々な水準がアニメ雑誌に焦点化することでみることができるからである。岡田による近代オタクの誕生についての議論で、ビデオとアニメ雑誌が重要だったと指摘されているように、それらは非常に重要な結び付きをもつものとされてきた。例えばOVAというパッケージソフトの専門雑誌である「アニメV」（学習研究社）にはビデオ利用をめぐる豊富な特集があるし、「Animec」（ラポート）、「アニメージュ」（徳間書店）にもそうしたビデオ利用をめぐる連載コーナーが継続して存在していた。さらにそうした雑誌側が用意した特集に限らず、読者投稿欄でもビデオ利用についての様々な実践の報告や知識の共有がなされていた。アニメ雑誌の投書欄では、ビデオ利用とファンたちのアニメ視聴が強く結び付いていたのである。

さらに、アニメ雑誌自体が当時情報の集積が少なかったなかで、映像をストックしていく機能をもったと指摘できる。近藤和都が明らかにしているように、[38] アニメ雑誌自体に映像の内容を一覧にする機能や視聴を代補する機能、アニメの見どころを振り返り追体験する機能などが存在していて、それはビデオデッキが普及してからもその効果をより強めていったのである。

アニメの見方と技術の利用とが結び付いていくなかで、オタク的な利用と呼びうるようなビデオ利用のあり方が形成されていく。だが、重要なのはオタク「文化」という言葉にあるように、アニメファンのビデオ利用に基づく視聴者共同体の形成は、独自の市場を形成することにもつながっていったことである。ビデオ利用のなかで形作られた共同性は、アニメの作り手の側に発見されることで作り手側も巻き込むものになった。消費者が形成した文化が作り手との関係を変えていったことが、現在のアニメを中心としたオタク文化を論じるうえで基底になっている。そうした視点は多くの国内外のオタク論に接続するものであり、それをビデオ史との関連で論じることはこれまでの議論の枠組みを整理・相対化することにつながる。そのことを本書では、ビデオが普及していくプロセスで起こった経験のなかに位置づけたい。

本書では、アニメ産業のこのような視聴者像の発見とそれをもとにした市場の成立の仕方を、ビデオの技術史的な利用のなかで考える。ビデオはアニメの「テレビを見るだけ」では達成できなかった新たな視聴経験を可能にするうえで、重要なメディアだった。ビデオは本書で問題にするように、テレビを「保存」「操作」し別の「流通」を作り出し、そうした「収集」を可能にしたのである。順を追ってこれらの経験について捉えていくことができる。(39)ビデオが普及することで、これまで一方的に受信するだけだったテレビの映像を「保存」することができるようになる。その保存を軸に、次第に共同体が形成されていく。さらに、映像の見方そのものをファン共同体のなかで作り変えるコマ送り・編集などの「操作」をおこなうことにより、作り手の様々な仕掛けに気づくことができるようになる。こうした仕掛けを意図的に作品に導入する作り手が現れるが、それが可能になるのは、テレビとは異なった「流通」を作り出す環境が存在していたからである。そして宮﨑事件では、それら一連のものを「収集」することが問題になっていった。こうした一連の流れのなかでアニメの映像を趣味とすることで、共同性を作り出すことになったアニメファンの活動を追っていき、その活動自体がアニメ文化の重要な一部分を形成するプロセスを明らかにする。

一見すると、メディアが普及していく経験はただの統計的な事実にすぎないかもしれない。しかし、ビデオのように多様な用途を含むメディアは、固有のダイナミズムをもって展開される。それはビデオ店など、様々な環境の変容やそれをめぐる諸制度の変容を含むものである。ファンの経験だけに絞って検討したとしても、「希少性があった経験」が「誰にでもありふれた経験」になっていく変化が起きている。

こうした普及の経験というのは、個人の経験に定位して記述することが適さない領域である。そのためにもアニメ雑誌などの記述資料に基づくメディア史的な記述が重要になる。その文脈を記述していき、時期ごとのビデオの経験のあり方を復元して再構成するという作業を本書では目指す(40)。そうすることで、これまで蓄積されてこなかったビデオの初期受容に関する一局面を描き出すことにつながる。同時に、これまでなされてきたオタクをめぐる諸議論に対して新たな視点からアプローチすることができる。

本書全体で用いる資料体

本書では様々な資料を用いながら記述するが、雑誌などのまとまった資料に関してはあらかじめその性質を簡単に紹介したい。ここでの記述はあくまで資料の紹介であり、その資料をどのような視点で取り扱うかに関しては、個々の章で分析の枠組みとともに説明する。それぞれの資料は該当する範囲を各種の図書館・専門の資料館などで可能なかぎり通読し、古書店などで収集した。分析の際には資料の性質だけでなく雑誌同士の関係にも目を向けたうえで分析している。

ビデオが家庭に普及する以前に焦点を当てる一次資料として、ビデオの業界雑誌「ビデオジャーナル」(仲樹社)を取り上げる。「ビデオジャーナル」は一九六八年に創刊された雑誌であり、新聞体の冊子である。発行ペースは隔週で、巻号あたり四ページから十二ページ程度で時期によってページや価格は変動していた。本書では六八年から七八年の十年分を通読した。

本書で最も主要な資料が商業的な「アニメ雑誌」である。一般的に一九七八年の「月刊ＯＵＴ」(みのり書房)と「アニメージュ」がその起源であるとされる。しかし、突然こうした雑誌が現れたわけではなく、その前身の雑誌があった。本書では商業的な独立したアニメ雑誌の前史の雑誌として「テレビランド」(黒崎出版—徳間書店)、「FILM1/24」(アニドウ)、「ファントーシュ」(ファントーシュ編集室—バルク)の三誌を、アニメ雑誌として

「アニメージュ」「Animec」「アニメＶ」の三誌を検討し、「New Type」（角川書店）、「ファンロード」（ラポート—大都社）、「月刊ＯＵＴ」も可能なかぎり補助的に収集した。

商業的なアニメ雑誌の前身の雑誌について概説する。そのうち一九七四年に創刊した「テレビランド」は、「アニメージュ」の直接の前身となる徳間書店で発刊された雑誌であり、編集長や編集陣の多くがそのまま「アニメージュ」の発刊に引き継がれている。児童向けのテレビ雑誌であり、収益を上げるため頻繁に増刊が出されていた。そうした増刊の一つとして「ロマンアルバム」というアニメを専門とした号がいくつか出され、そこでの特集の方針がそのまま「アニメージュ」に引き継がれた。国内のアニメ専門誌としては、七一年に創刊された「FILM1/24」がある。「FILM1/24」は、アニドウから発刊された雑誌だが、アニメ制作者の同業者集団と消費者との交流という意図もあって創刊されていて、不定期刊行の同人誌に近い性質をもつ雑誌だった。商業誌として最古のアニメの専門誌は七五年の「ファントーシュ」であり、「FILM1/24」のスタッフを中心にしていた。「テレビランド」は七五年から八一年までの号を増刊も含めて通読した。「FILM1/24」（全三十号）、「ファントーシュ」（第一期七号、第二期四号）は全号を通読した。

「アニメージュ」は最大規模のアニメ雑誌であり、「月刊ＯＵＴ」と並んで最も古い雑誌である。アニメファンの最大公約数的な需要を見込んだ雑誌だった。「月刊ＯＵＴ」は当初はアニメに限られないサブカルチャー誌として創刊されたが、『宇宙戦艦ヤマト』（日本テレビ系、一九七四年）特集を契機に次第にアニメ専門誌になっていった。「Animec」と「ファンロード」は姉妹誌であり、ラポートからそれぞれ隔月で刊行されていた。「ファンロード」は投稿欄を主要なコンテンツとする雑誌であり、「Animec」は編集主導で投稿欄にも長文批評などが載せられる雑誌だった。「アニメＶ」はＯＶＡというパッケージソフトを中心に取り上げる雑誌であり、「アニメディア」（学習研究社—学研パブリッシング—学研プラス—Gakken）の別冊として刊行された。一九八五年六月に隔月刊で創刊し、八六年九月から月刊化した。ビデオの使い方などに関する言及も初期からみられる雑誌である。それぞれ「アニメージュ」（一九七八—九三年）、「月刊ＯＵＴ」（一九七七—九四年）、「Animec」（一九七九—八七年）、

「ファンロード」(一九八〇―八五年)、「アニメV」(一九八五―八八年)、「New Type」(一九八五―九〇年)について収集・閲覧可能なかぎり通読した。

これらに加えて、「おたく」という言葉が初めて使われた「漫画ブリッコ」(セルフ出版―白夜書房)も創刊の一九八二年六月から八六年二月の休刊までの号を米沢嘉博記念図書館で通読した。このように本書では計十誌を雑誌資料として用いて、以下の分析をおこなう。

4 本書の構成

本書は、一九八〇年代を通してアニメファンのビデオ利用がオタク的なあり方を示すものとして理解可能な領域に成立していくプロセスを議論する。本書は三つの段階に分けて議論する。第1部「アニメを趣味にする条件とビデオ技術」はビデオを利用することが映像を趣味にするうえで重要になり、アニメファンの集団の形成にとって重要になっていく段階(第1章「ビデオのファン利用とオタクという主体」から第3章「「テレビを保存する」ことと読者共同体の形成――アニメ雑誌「アニメージュ」を事例として」)を扱う。第2部「アニメが「独自の趣味」になる過程とビデオ技術」は、ビデオを通じて独自の市場や文化が形成されていく段階(第4章「アニメ雑誌における「第三のメディア」としてのOVA――一九八〇年代のアニメ産業の構造的条件に着目して」、第5章「コンテンツ消費における「オタク文化の独自性」の形成過程――一九八〇年代のビデオテープのコマ送り・編集をめぐる語りから」、第6章「アニメの制度化のインフラとしてのアニメ制作者の形成――一九七〇―八〇年代の労働規範に着目して」)を扱う。第3部「ビデオを通じて再定式化される「オタク」経験とアニメ文化」はアニメファンの存在が広く知られる一方でビデオを利用すること自体は普通のことになっていき、ファンと一般層との関係が問題化されていく段階(第7章「ビデオをめぐるメディア経験の多層性――「コレクション」とオタクのカテゴリー運用をめぐって」と第8

表2　各章の概要

章	登場する主要なアクター	主要な時期	用いる資料	鍵となる語
第2章	教育 企業	1960年代後半から70年代	「ビデオジャーナル」	ビデオ元年 視聴覚教育
第3章	従来のファン、新たなファン、子ども、雑誌の編集	1970年代後半から80年代初頭	「アニメージュ」 「FILM1/24」	コスト 録音の失敗 カセットテープ録音
第4章	一般層、アニメ制作者、アニメファン、雑誌の編集	1980年代中盤から後半	「Animec」「アニメV」「アニメージュ」	第3のメディア 放送から購買へ OVA
第5章	一般層、アニメ制作者、アニメファン、雑誌の編集	1980年代前半から後半	「アニメV」「アニメージュ」	私だけのコンテンツ コマ送り
第6章	アニメ制作者（アニメーター）	1970年代後半から80年代	「アニメージュ」	アニメの魂 協働 アニメ制作
第7章	一般層、アニメファン、マスメディア	1989年を終点に80年代全般	「朝日新聞」『Mの世代』「アニメージュ」「Animec」	宮崎事件 真のオタク オタクの代表 整理 コレクション
第8章	一般層、アニメファン、レンタルビデオ店、アニメ専門店	1990年代後半から2000年代と1980年代の比較	CCC関連エッセー、「アニメV」など	郊外型ビデオ店 アニメ専門店 アニメの置き場所

章「ビデオ受容空間の経験史――「趣味の地理学」と一九八〇年代のアニメファンの経験の関係から」）である。第1章では理論的な検討をおこなう。第2章「ビデオにおける「教育の場」と「家庭普及」――一九六〇年代後半―七〇年代の業界紙「ビデオジャーナル」にみる普及戦略」以降の資料や主要な図式をあらかじめ提示しておくと以下のようになる。

第1部の第1章では、アニメファンのビデオ利用を検討することがどのような理論的な射程を有するのかについて、既存の研究を整理しながら述べる。とりわけ、ビデオのメディア史的な意義とアニメファンのなかでもオタクと呼ばれる集団に注目することの意義を理論的に概説する。そして、テレビ放送を中心とする映像を趣味にすることが独自のファン経験になっていくプロセスを問うことがどのような理論的な射程を有するかについて論じる。

第2章と第3章ではそもそものビデオが

普及するまでの前史と普及初期におこなわれた代替的な実践に注目する。

第2章では、ビデオの家庭普及が始まる前史を検討することで、ビデオの家庭利用とファン利用の関係を考察する。ビデオのファン的な利用の仕方に特化したコマ送りなどの機能は、家庭普及の初期からみられた。そうした機能がテクノロジーのレベルで初期から存在していたことの背景を論じる。

第3章では「テレビを録る」という経験に着目する。第2章で論じた教育現場への導入という背景を有するため、技術としてはビデオが広く知られている一方で、あまりにも高価であるために一部の層しかもつことができなかった時期に着目する。「テレビを録る」ことへのニーズが高まるなかでみられた、テレビをカセットテープに録音するというビデオの代替的な実践に着目し、アニメファン内で知識が共有されていく様子を論じる。

第2部では、ファン固有の経験と作り手と関係の変化を議論する。「テレビとは異なった流通を作り出すこと」(第4章)、「テレビを操作すること」(第5章)に整理してビデオ利用の仕方とそれに基づくファン文化の成熟過程を記述する。

第4章では、テレビとは異なった媒体としてOVAというパッケージソフトが登場したことの意味を、テレビアニメ・劇場アニメなどの先行するメディアとの関係から検討する。テレビアニメから劇場アニメへの展開をみるなかで明らかになるのは、制作者が不自由な表現媒体に抵抗感を覚えて自由な表現が可能な媒体を目指す傾向である。だが、同時にそれはニッチマーケットへの志向を意味していて、産業全体に関わる人数が限られているというジレンマが存在していた。この状況を制作者、消費者、雑誌の編集者がそれぞれどのように意味づけていたかを議論する。

第5章では、「テレビを操作する」ことで可能になった経験を考察するために、ビデオが可能にしたコマ送り・編集という実践に着目する。コマ送りによって可能になるのは、これまでに気づかなかった作り手のこだわりについての発見である。重要なのは、コマ送りをするという知識がアニメ雑誌の読者だけでなく、作り手の側にも共有されたことである。そうしたなかで可能になった作り手と受け手の相互認識の形成を議論し、「オタク的なコンテンツ消費」の形成の一端をビデオ利用の仕方から明らかにする。

第6章では、流通のあり方の変化に伴うアニメの作り方の変容について、アニメの作り手の側から考察する。アニメーションの送り手／受け手の相互参照という論点自体はこれまでにも多くの議論がなされてきた。しかし、それがアニメ制作者の制作活動と具体的にどのようにして結び付いてきたかは明らかではない。ここでは、一九八〇年代のアニメ制作者にとって本書が問題化するような新たなアニメファンが出てきたことがどのような変化を意味するものであり、それが制作文化の変容にどのように結び付いていったのかを論じる。

第3部では、ビデオの普及率が上がるなかで次第にファンユースとホームユースの交錯が起こり始めたという経験にも焦点化する。

第7章では、オタクに関して社会問題化するきっかけになった宮崎事件をめぐる言論について、「ビデオをコレクションすること」をテーマにした議論を中心に分析する。事件の加害者が「オタクの代表」として語られる一方で、実は「真のオタクではないのだ」として語られてもいた。そのことについて、一九八九年のビデオの普及状況との関連で議論する。宮崎事件がこのように語られた条件を確認し、その語りがオタクをめぐる言論の初期値として設定されていたことの意味を議論する。

第8章では、こうした一連の変容が可能になったビデオ受容の空間的な変容について考察する。これはファンの空間と一般的な受容の空間がどのように変容したのかという点についての考察であり、レンタルビデオ店が登場し大型化するなかでアニメファンのコンテンツ受容の条件がどのように変容していったのかを明らかにする。そのことでアニメファンといわれる人々がどのように独自の文化領域を作り上げて（そしてそれが維持できなくなって）いったのかを論じる。

終章「映像視聴の文化社会学に向けて」では、本書全体の知見をまとめ、今後の課題を示す。

注

（1）一言でビデオの歴史といっても、その歴史はビデオのテクノロジーの変容や本体の価格の変容、ビデオテープなどの付属機器や周辺環境の変容などの多様な要素を含むものである。そうした多様な要素をもつ現象としてビデオを捉えたうえで、以下では文意に合わせて特定の要素に言及する場合にはビデオデッキ、ビデオテープなどと区別して記述し、ビデオとだけ書く際にはより広範な意味を込めて記述する。

（2）ビデオ技術がわれわれの映像文化の変容を支える基礎的な視点につながることは、永田大輔／近藤和都／溝尻真也／飯田豊『ビデオのメディア論』（［青弓社ライブラリー］、青弓社、二〇二二年）でより詳細に論じたものの一部である。

（3）稲田豊史『映画を早送りで観る人たち——ファスト映画・ネタバレ：コンテンツ消費の現在形』（光文社新書）、光文社、二〇二二年

（4）中国語圏で普及した言葉で、いわゆる「二次元」文化全般を指す。

（5）東浩紀『動物化するポストモダン——オタクから見た日本社会』（講談社現代新書）、講談社、二〇〇一年

（6）中森明夫「おたくの研究①」「漫画ブリッコ」一九八三年六月号、セルフ出版、一九九ページ

（7）中森明夫「おたくの研究②」「漫画ブリッコ」一九八三年七月号、セルフ出版、一七二ページ

（8）前掲「漫画ブリッコ」一九八三年六月号、二〇〇ページ

（9）北田暁大／解体研編著『社会にとって趣味とは何か——文化社会学の方法規準』（河出ブックス）、河出書房新社、二〇一七年

（10）松谷創一郎「〈オタク問題〉の四半世紀——〈オタク〉はどのように〈問題視〉されてきたのか」、羽渕一代編著『どこか〈問題化〉される若者たち』所収、恒星社厚生閣、二〇〇八年

（11）一九八八年から八九年に東京都と埼玉県で発生した、幼女を対象とした連続殺害事件を指す。

（12）「朝日新聞」一九八九年八月十二日付

（13）「朝日新聞」一九九〇年一月六日付

(14)「朝日新聞」一九八九年八月十五日付
(15) 吉岡忍『M／世界の、憂鬱な先端』文藝春秋、二〇〇〇年（再録：吉岡忍『M／世界の、憂鬱な先端』〔文春文庫〕、文藝春秋、二〇〇三年）
(16) 彼のコレクションのうち、アニメなどが占める比率が必ずしも高くなかったことについては大塚英志『「おたく」の精神史――一九八〇年代論』（〔講談社現代新書〕、講談社、二〇〇四年）に詳しい。
(17) 岡田斗司夫『遺言』筑摩書房、二〇一〇年、三二六―三二九ページ
(18) 中島梓『コミュニケーション不全症候群』筑摩書房、一九九一年（再録：中島梓『コミュニケーション不全症候群』〔ちくま文庫〕、筑摩書房、一九九五年）
(19) 岡田斗司夫『オタク学入門』太田出版、一九九六年（新潮OH!文庫版〔新潮社〕は二〇〇〇年）
(20) 前掲『動物化するポストモダン』
(21) Susan J, Napier, *Anime from Akira to Princess Mononoke: Experiencing Contemporary Japanese Animation*, Palgrave Macmillan, 2001.（スーザン・J・ネイピア『現代日本のアニメ――『AKIRA』から『千と千尋の神隠し』まで』神山京子訳〔中公叢書〕、中央公論新社、二〇〇二年）
(22) 大塚英志『物語消費論――「ビックリマン」の神話学』（ノマド叢書）、新曜社、一九八九年（再録：大塚英志『定本物語消費論』〔角川文庫〕、角川書店、二〇〇一年）
(23) 日本のメディアミックスとマーク・スタインバーグが対比するのがハリウッド型のメディアミックスである。スタインバーグはそれらの特徴について様々な水準から比較して、違いを説明している（Marc Steinberg, *Anime's Media Mix: Franchising Toys and Characters in Japan*, University of Minnesota Press, 2012.（マーク・スタインバーグ、大塚英志監修『なぜ日本は〈メディアミックスする国〉なのか』中川譲訳〔角川 EPUB 選書〕、ＫＡＤＯＫＡＷＡ、二〇一五年）。大塚英志はこの議論を日本の文化史に根差したものとして展開している。大塚英志『メディアミックス化する日本』（イースト新書）、イースト・プレス、二〇一四年
(24) Ian Condry, *The Soul of Anime: Collaborative Creativity and Japan's Media Success Story*, Duke University Press, 2013.（イアン・コンドリー『アニメの魂――協働する創造の現場』島内哲朗訳、ＮＴＴ出版、二〇一四年）

(25) 同書五ページ

(26) 同書三ページ

(27) ここでイアン・コンドリーが成功という言葉で表現するのは経済的な規模だけではない。「アニメとは、持続的で創作的な表現のスタイルとして「日本的」であると国際的に認知され、しかも（少なくとも初めのうちは）巨大企業の後押しもなかったという、草の根的な下からのグローバリゼーションを象徴する成功」とし、「アニメとは小規模で隙間的な文化的な形態が、様々な様態の人々のかかわりを経てより多くの受け手に届き、世界中の人に影響を与え」ることだと論じている（同書三ページ）。

(28) 同書三四ページ

(29) Thomas Lamarre, *The Anime Machine: A Media Theory of Animation*, University of Minnesota Press, 2009.（トーマス・ラマール『アニメ・マシーン――グローバル・メディアとしての日本アニメーション』藤木秀朗監訳、大﨑晴美訳、名古屋大学出版会、二〇一三年）

(30) 同書六ページ

(31) 同書一八四ページ

(32) 同書一九三ページ

(33) Henry Jenkins, *Convergence Culture: Where Old and New Media Collide*, New York University Press, 2006.（ヘンリー・ジェンキンズ『コンヴァージェンス・カルチャー――ファンとメディアがつくる参加型文化』渡部宏樹／北村紗衣／阿部康人訳、晶文社、二〇二一年）

(34) 浅野智彦『趣味縁からはじまる社会参加』（若者の気分）、岩波書店、二〇一一年、前掲『社会にとって趣味とは何か』

(35) 岡澤康浩「テイストはなぜ社会学の問題になるのか――ポピュラーカルチャー研究におけるテイスト概念についてのエッセイ」、前掲『社会にとって趣味とは何か』所収

(36) 前掲『「おたく」の精神史』

(37) 聞き取りという方法もあるが、本書ではそうした方法をとらない。その理由は後述する。

(38) 近藤和都「アニメブームのインフラストラクチャー──『機動戦士ガンダム』をめぐる放送格差と雑誌読者」、永田大輔／松永伸太朗編著『アニメの社会学──アニメファンとアニメ制作者たちの文化産業論』所収、ナカニシヤ出版、二〇二〇年

(39) ほかに重要な消費のあり方としてビデオを「撮る」という実践はあるが、これはアニメーションでは顕在化しなかったものである。

(40) 個人史に定位できないのは、「ビデオデッキを購入する」という経験は、買い替えなどを経るとしても、あくまで個々人にとって異なるタイミングでなされた一度きりのものだからである。それと同時に、短いスパンのなかで集団ごとの「ビデオはどのようなメディアであるか」という位置づけが短期間で入れ替わっていったことも指摘できる。

第1部

アニメを趣味にする条件とビデオ技術

第1章　ビデオのファン利用とオタクという主体

1　本書の問いをめぐる議論の配置

本章では先行する諸研究を概観する。本書は、一九八九年の宮崎事件に際してオタクを社会問題化するときの、ビデオをめぐる言説の編成が象徴するようなメディア状況から議論を始めた。こうした編成が可能になる条件を問うことはただオタクの社会問題化を問うだけではなく、われわれの社会の映像文化がどのようにしてファン集団ごとに分化していったのかを問うことにもつながる。本章はその分化の過程を、アニメファンのビデオ利用とそれによるアニメ文化の変容という観点から議論するものである。このように本書はオタク研究・アニメ研究・ビデオ研究のすべてにまたがるものである。

以下、第2節ではオタクとビデオの関係とそのなかでのアニメ文化の位置について論じる。第3節ではビデオというメディアに注目する意義とその前提としてテレビ研究での議論を検討する。第4節ではこれまでのビデオ研究を題材とした研究にどのような特徴があり、本書ではそれに対してどのような位置にあるのかを論じる。第5節では本書が主要な対象とするアニメ／アニメーションの表現とアニメ文化の特徴を検討し、それに対して本書はどのようにアプローチしようとしているのかを論じる。

2　オタクとビデオの関連性について

まず、オタクについての先行研究を概観し（第1項）、なかでもオタクとビデオを結び付ける諸言説を検討する（第2項）。第3項では、オタクを語る際に重要なものとされた一九八〇年代のアニメ文化の特徴・変容について先行するアニメをめぐる諸議論を整理する。

オタクをめぐる先行研究

オタクという「社会問題」

オタクという言葉は、現代社会や若者文化を論じる主要なキーワードと見なされてきた。中島梓は、「コミュニケーション不全症候群」という概念で現代社会に根差す様々な共通の問題性とそれに基づく様々な生きづらさを見いだそうとし、その現れ方の一類型としてオタクというカテゴリーを論じた[1]。大澤真幸はこうした議論を前提に、オタクの特徴を、社会的に無価値とされるものに過剰にコミットメントすることだと位置づけていて、そこに現代社会の一つの象徴性を見いだしている[2]。このように、オタクというカテゴリーは様々な論争を招いていて、その一つの参照点として宮﨑事件が言及され問題化されつづけてきた。

この事件を契機にオタク文化に着目する議論が次々に現れ、その文化的な特徴と現代社会の特徴が結び付けられてきた。例えば東浩紀は、美少女ゲームと呼ばれるゲームジャンルの消費様式にその特性を見いだす[3]。東は、個々人の消費性向をデータとして蓄積し、そこから新たな作品が作られ、それを再び消費していくという自足的な消費の仕方に基づく生産システムをデータベース消費と呼んでいる。東は、作品の解釈をめぐる議論や交流はみられなくなり、個々人が好みの消費をし、それが新たな消費様式を再生産するようになったと論じている。

東の議論を基礎に据えながら、七邊信重が同人文化圏に着目する議論でオタクの親密性の特徴が必ずしも東がいうような自足的な関係にあるわけではないことを論じたり[4]、木島由晶が「キャラ萌え」を対象にオタクの「人間」や「現実」との関係の取り方について論じたりした[5]。このように、社会学では東の議論を基礎に据えながら、ジャンルや作品と受容者の関わり方からオタクについて繰り返し議論されてきた。

このように「文化」としてオタクを考える研究がある一方で、構築主義に影響を受けた研究ではオタクがどのように語られてきたのかに着目してきた[6]。松谷創一郎は、構築主義を基礎にして一九八三年から二〇〇八年までの二十五年間のオタクというカテゴリーの使われ方の変容に焦点を当てている。そこでファンたちの雑誌を中心に使われていたオタクという言葉が一般に使われるようになったきっかけとして、一九八九年の宮崎事件を挙げる[7]。類似した視点に、オタクという語のカテゴリー運用をとりわけ自称／他称カテゴリーの問題系に焦点化して論じた團康晃の議論がある[8]。團は、オタクが自分たちが用いる自己執行カテゴリーとして成立したきっかけに宮崎事件を挙げている。すなわち、外部からオタクとして名指すのではなく、自分たちで名乗るような語としてオタクという言葉が用いられるようになったという変容を、團はこの事件に見いだしているのである。

事件の語られ方について、若者論の一つの類型として議論しているものに浅野智彦の議論がある。浅野は、オタクが若者語りの前線を形成してきたとし、「若者に見られる全般的な傾向を語る際に欠かせない象徴的なキーワードになっていく[9]」とする。そして、批評的言論では彼らのファン活動にコミュニケーションが不可欠であると指摘され、オタクはコミュニカティブな像ももつというものとして議論される一方で、マスメディアでは「コミュニケーション不全」な存在として流通したと論じる。そうした語られ方の分断のきっかけになったのが宮崎事件だとする。

浅野は宮崎勤について、「大塚英志がはっきり指摘したように、この青年はオタクであることにむしろ失敗していた[10]」としていて、本書もこの点に着目している。しかし、「マスメディアによってある種の誇張を受けながら増殖する彼のイメージは、オタクの典型像として社会に流布していった」[11]とし、宮﨑がオタクの代表とされ、ネガティブに語られたのは、マスメディアの報道の問題だと述べる。そのうえで宮﨑と結び付けられるようにして「オタクという語が帯びたこの強烈な否定性は、（略）大人たちが抱くある種の不安を反映」[12]したものとしている。しかし浅野は、そうした問題化のきっかけになったビデオのコレクションというメディア史的文脈を脱文脈化している。大塚が「この青年」が「オタクであることに失敗」しているかどうかを診断したり、マスメディアがオタクの典型像として「彼のイメージ」を流布させることにつながったりしたビデオというメディア自身が置かれた位置が、ここでは考慮されていないのである。

このように、オタクをめぐる社会学的な研究として、オタクの文化的特徴とそれを可能にする現代社会について論じる議論や、オタクをカテゴリー運用のプロセスとして注目する議論などが繰り返し現れてきた。これらの研究では、宮﨑事件を重要な転機として記述してきた。だが、宮﨑事件を論じるなかでビデオに焦点を当てられてきたことに対して、本書のようにメディア史的な視点から迫る研究はこれまであまりなされてこなかった。ただ、こうした視点の重要性に示唆を与えてくれるものとして難波功士の議論がある。

メディア利用体験としてのオタク

難波は、文化（カルチャー）の様々な用いられ方を検討しているが、そのなかでレイモンド・ウィリアムズのウェイ・オブ・ライフの総体として文化を捉えるという視点を採用する。そのうえで、支配的カテゴリーへの抵抗などの与件を置かず、価値自由なものとしてあくまで「具体的な様相を分析・記述することを通して、戦後日本社会の特質や変質を解き明かす」[13]という視点を採用する。そのうえで難波が取り上げるのが、「〇〇族」「〇〇系」というような日本社会で繰り返し現れてきた類型である。

難波はイギリスなどのカルチュラル・スタディーズの「族」「トライブ」の議論を念頭に置き[14]、戦後の日本でも若者をその消費性向に従って分類する言葉として「太陽族[15]」「みゆき族[16]」などの〇〇族という言葉が繰り返し現れてきたことに着目している。難波によると「族」は集まりを前提としたものであり、反対に「系」はメディアが集まりを作り出し、そこに人々が集まるという性質をもつとする。難波は前者を「多くのモノやメディアを介在させながらも、身体の群れ集いの場において、対面での相互の認証のなかから、何らかの集合的なアイデンティティを立ち上げていくプロセス[17]」をもつものであり、「ある共在の状況（下の人々）への呼び名」であり、実際の集まりを指す呼び名だったと指摘している。それに対して後者は実際の集まりとしては「きわめて希薄なつながりや、ごく不確かな前提の共有しか想定できない[18]」ものが多く、「メディアによって表象される身体とモノとのウェブ」に基づき、離脱自由な選好に根差したものだと位置づけている。「族」から「系」への移行に伴い、ユース・サブカルチャーはより社会的属性に依拠しないクラスレス・ジェンダーレスなものになっていて、それよりもメディアの表象を確認しながらおこなう自己定義が優越することになると考えている。そうした類型のなかで最も特徴的なカテゴリーとして難波はオタクを挙げている[19]。

オタクのユース・サブカルチャーとしての特徴に難波が挙げるのが、「子どもっぽいものとされる事象への耽溺をベースに、没頭を共有できる相手（が所有する、ないしは所属する知識の体系）との間にだけ成立するコミュニケーション[20]」である。そのコミュニケーションの素材として、一九八〇年代当時のメディア体験があったことが指摘されている。「共通のメディア体験」を連帯の基盤とするだけでなく、宮崎事件という「メディア体験」が問題化のきっかけになっているため、世代的な性質が「おたく族」と呼ばれていた時期には強かった。しかし、時代を経るにつれてどのようなコンテンツを好むかどうかでオタクであるか否かの区別がされるようになるという。難波は、オタクという語が、「個々人でのメディアの使用やコンテンツの享受の領域へと限定されてい[21]」くことで、「広い世代にわたる多くの人々それぞれに、ある部分は当てはまる性向としての、もしくはコンテンツの一ジャンルとしてのオタク（系）へと転化[22]」していったと指摘している。

そのような移行をしてきたとされるオタクについて考えるうえで、「おたく族」の問題化のきっかけや連帯のあり方が「共通のメディア体験」をもとにしたものだという難波の指摘は、本章の議論でも重要な視座である。

しかし、その「メディア体験」はどのようなものだったのだろうか。難波は様々なメディア現象を取り上げ、そのなかでもビデオデッキの普及率が急上昇していることや、本書でも大きく取り上げるパッケージソフトであるOVAの登場[23]に注目しているが、それは背景としてふれられるだけであり、個々のコンテンツが登場した意味や歴史的な経験の位相にふれていない。こうした議論は、オタクとビデオが結び付けられる際にしばしば繰り返されてきた。次に、同様に歴史に根差した議論ではないがビデオとオタクの結び付けられ方が様々になされてきたことに関して、いくつか取り上げることにしたい[24]。

オタクと結び付けられるビデオ利用

これまで、オタクをめぐる諸研究は様々になされてきた。そうした研究のなかでも、宮崎事件は、言説の転換のメルクマールとして参照されつづけてきた。だが、その報道だけに限らずビデオ利用とオタクというカテゴリーは結び付いてきた。

広告産業・映像産業などで活躍していた桝山寛は、「切手などのコレクションとビデオゲームが違うのは、まず自分で「コントロールできる世界」であるかないかだ。たとえばテレビが異常に好きな人がいても、それは「テレビ・マニア」と呼んだほうがピンとくる。それをビデオに採って（ママ）、リモコンで好きなように楽しんではじめて「おたく」と呼べるのだ[25]」と議論している。桝山は「コントロールできる世界」としてテレビの操作を問題とするとともに、「ビデオに採って」「リモコンで好きなように楽し」むことでようやく「おたく」と呼べると議論している。このようにしてビデオとオタクは結び付けられてきた。そこでは、リモコンで好きなようにコントロールできるという能動的なビデオ利用に基づく映像視聴のあり方と結び付くような主体像として、オタクという言葉が問題にされているのである。

こうしたビデオ利用とオタクという語のつながりについて言及した議論のうち、最も重要なのが、前述した岡田斗司夫のそれである[26]。岡田は一九八〇年前後の「近代オタク」の成立に、アニメ雑誌と並んでビデオという技術が重要な影響力をもつことになったと論じている。七〇年代以降からアニメの視聴に際してより卓越した方法を模索する集団が存在していて、それを岡田は原オタクと呼んでいる。その原オタクがしていたような視聴の仕方を技術的に洗練させ、共有しあっていったのが近代オタクという主体だという。その技術的な条件としてビデオとアニメ雑誌があり、それを用いてアニメの見方が洗練されていく様子を記述している。

アニメ文化での「オタク向けアニメ」という区分を論じた批評家の東浩紀の論考でも、ビデオというメディアの重要性が議論されている。[27]東は、一九八〇年代のアニメは、コンテンツの流通の仕方も語られる言論の状況も、ともに一般向け／オタク向けの回路に二分されていたとしている。とりわけ、流通でオタク向けの代表として語られたのがＯＶＡという媒体であり、一定のクオリティーをもつが、閉じた（オタク的な）流通環境で取り引きされていたことを論じている。そうした流通の分断が言論の環境とも重なっているというのが東の主張である。

このように主体的態度、アニメの見方、アニメの語られ方、流通など、様々な形態でオタクというカテゴリーとビデオ受容は結び付けられてきた。しかし、そうした記述は「ピンとくる」という桝山の発言にもあるように断片的なものであり、その体験や感覚をひとたび共有できなくなった際に、理解が困難になる。こうした個人の属性や記憶に根差した形態でだけ歴史が記述されることで、一部の「オタクを代表する」著名人の個人史と強く結び付いた内容だけが残されることになる。そのため、個人史に依拠しない歴史記述の再構成には意義があるが、オタク的なビデオ利用実践をメディア史的な視点から記述したものはこれまでみられなかったのである。

本書では、これまでの議論のそうした陥穽を乗り越えるために、特定のビデオ利用が通常の利用とは異なるものとして記述され、それが特定の文化圏と結び付けることが可能になるための前提について、アニメファンのビデオ利用とそれに基づくアニメ文化の制度化の過程から論じる。ビデオというメディアの利用とアニメの文化圏自体の変容が非常に強く結び付くことが、オタク的とのちに名指される文化と深い重なりをもつことになるからである。ビデオという技術の普及は、様々な分野で人々の映像受容の仕方を変えた。アニメという分野でも、その受容の仕方の変容がアニメ産業全体を巻き込むようにして特有に展開された。その過程について、個人史ではなくアニメファンの技術利用の仕方という集合的な経験のなかに位置づけることを本書では試みる。

こうしたアニメ産業全体の変容の特徴をビデオ史から記述することは、アニメ研究でも重要な意味をもつ。そのことを考えるためには、まず、一九七〇年代から八〇年代にかけてのアニメ産業の変容にどのような特徴があるかを検討する必要がある。次に、オタク的な特徴をもつものとされてきたアニメ文化の八〇年代的な特徴・変容について先行するアニメ（ーション）をめぐる諸議論から論じる。

アニメの視聴実践の変容

序章第2節でも検討したように、オタク文化の特徴的な変容がアニメ文化を中心に一九七〇年代から八〇年代にかけて起こったとされてきた。一部重複するが手短に振り返っておきたい。東浩紀は、オタクを三つの世代に区分し、第一世代と第二世代の文化的な中心をアニメに置いている。[28]

この時期の文化的な変容の特徴にアニメを映像としてだけ捉えるのではなく、キャラクター商品なども含めた文化圏として成立してきたことがある。そうした文化圏の成立にとって重要なのは、メディアミックスという現象である。スタインバーグは、アニメーションを中心としたメディアミックスの特徴を、メディア間のフラットな階層構造とストーリーよりも世界観をベースに繰り返し消費を促すビジネスモデルに見いだしている。だが、ある種の文化圏が成立して繰り返し収益を得るというモデルの前提にあるのは、繰り返し金銭を支払う消費者の存在を予期することが可能になることである。

そうした前提条件を補強するものとして、アニメ制作自体がファン志向で編成されていることが指摘される。イアン・コンドリーは、文化人類学的なアニメ産業へのフィールドワークを通して、アニメ産業の特性を分析するにあたっては多様なアクターの参入とその相互作用の重要性を議論している。コンドリーは、「メディア産業を跨いで公式な制作者たちと非公式なファンたちを結びつける協同的な創造[29]」が日本アニメの成功[30]に重要だったと議論し、「新しいスタイルを生み出し継続させる送り手と受け手の間に生じる増幅的反復、つまりフィードバック・ループを仔細に観察することを提案[31]している。コンドリーは、アニメ産業での送り手と受け手の「増幅的反復」の成立を、様々な水準でフィールドワークに基づいて見いだしていく。しかし、送り手と受け手の距離の近さは、歴史的にどのようにして見いだせるようになってきたのだろうか。

この根本的な条件が成立したきっかけとしてトーマス・ラマールが論じるのが、「ガイナックス・システム[32]」である。ラマールは、二十年間の重要性に着目してアニメを論じる。ラマールはアニメ表現の発展の背景に「制作、配給、受容のさまざまな回路[33]」が緊密になっていることに着目する必要があるとしている。そのなかでも一九八〇年代の大きな変容として挙げるのが、オタクという集団の発見と（オタクを出自とするとされる）ガイナックスというアニメ制作集団の存在である。

岡田斗司夫の議論を参照してラマールは、「アニメ・イメージにあるさまざまな要因と「その人ならではのレイヤー」の相互作用を見分ける能力[34]」をオタクという主体の特性と位置づける。ラマールは岡田の議論について、オタクが「相互作用の担い手であり、アニメ／マンガ／ゲームの世界にわたってポテンシャルな奥行きを追求することで、彼（あるいは彼女）はこの広がりゆく世界の制作と宣伝の協力者となる[35]」ことを見いだしたと評価する。そして、操作することに価値を見いだすオタクという主体とガイナックスなどのオタクを出自としたアニメ制作者集団の近さと近づくことへの拮抗などが議論されている。こうしたファンそのものが発見されることと、アニメの文化圏の変容の結び付きが、一九七〇年代から八〇年代のアニメの変化の特徴とされてきた。ラマールはそれを表現者の言説や岡田の議論から確認しているが、それを受容する受け手の側の経験について体系的に収集しているわけではない。

本書では、これらの一連の変動をアニメの表現論ではなく、当時登場したビデオの技術利用史の枠組みのなかで論じることを試みる[36]。そのために、アニメファンのビデオの技術利用に着目する意義と視点・方法の枠組みについてメディア研究に関する先行する議論を参照しながら、次節では検討する。

3　ビデオを取り扱うことの意義づけ

テレビのオーディエンス研究とビデオ

前述したようなアニメ文化における趣味の積極的な受容者（ファン）と作り手の漸近という視点はファン研究が問題にしてきた視点とも接続する。ヘンリー・ジェンキンズは、ファンの共同体では現在のネット環境やそれをめぐる文化環境の変容によって作り手と受け手の距離が近くなり「収斂」するようになったと論じている。[37]この文化の日本国内での萌芽の一つに、この時期のアニメ文化を挙げることができる。

アニメファンのビデオ利用について議論するための参照点を開いてくれるのが、テレビのオーディエンス研究である。後述するが、近年注目を集めているファン研究もその重要な起源の一つにテレビのオーディエンス研究がある。[38]こうしたオーディエンス研究はスチュアート・ホールの情報理論を基礎としている。ホールは発信する側と読み解く側の双方に着目し、発信する側の意図、すなわちencodingの側面だけでなく、読み解く側のdecodingの能動性の可能性を指摘したencoding/decodingの議論を基盤に据えながら発展を遂げてきた。[39]ディヴィッド・モーレーはその能動性／受動性というモデルの硬直性自体は批判しながらも、ホールの仕事に対して実証的な検討を加えている。テレビの番組プログラムを人々に見せ、その後インタビューをおこない、視聴者の属性によって多様な読解がなされていることを示している。[40]

そうした受け手の関わり方の多様な可能性に関する認識を切り開いたのが、オーディエンス・エスノグラフィーという視点である。オーディエンス・エスノグラフィーと呼ばれるジャンルをとりわけ牽引したのはイエン・アンであり、とりわけ重要な業績は、『ダラス』（一九七八―九一年）というアメリカ発の世界的なドラマ・シリーズのオランダでの受容に焦点を当てた議論である。[41]アングの議論が重要なのは、その受容が番組の内容の読みだけに限られず、その見方にも焦点を当てて受容について論じた点である。それは、テレビを見るチャンネル権一つをとってみても、家庭のリビングルームのなかでミクロな戦争があるという視点である。[42]これはテレビの読み方だけでなく、チャンネル権というテレビの見方の位相にまで踏み込む可能性をもった議論である。

これらのオーディエンス研究は、一般的なメディア利用をベースとして展開されている。ビデオのメディア史的な記述にはそれ以外の可能性が存在する。[43]マス・コミュニケーション研究での能動的受容者をめぐる研究は、ファン・スタディーズの領野に引き継がれた。なかでもヘンリー・ジェンキンズは作り手のメッセージに対して消費者であるファンがどのようにして草の根的でオルタナティブな読みをおこなうが、さらにその草の根的な読解を作り手の側が先回りしている様子を議論している。[44]こうした読み替えの実践は、前述した既存のアニメ研究でも注目された点である。こうしたファン研究とメディア技術の利用を接続させる意味は大きく、「オタク的な」ビデオ利用の研究もそうした視点に接続させることができる。すなわち映像の内容だけに限られず、映像の見方そのものに決定的な変容をビデオはもたらすことになる。そうした視聴の仕方自体もターゲットとして考えなければならないのである。

テレビという映像文化

長谷正人は、テレビに熱狂する人々の経験を可能態的に描き出すことで、現在のテレビ経験の可能性の掘り起こしと自明性の異化を試みている。例えば長谷は吉見俊哉の議論[45]を引き、テレビが国民的なメディアとして成立してきたという議論についてふれたうえで、テレビが個々の家庭に受け入れられていくのにはナショナリズムとはまた異なった「愛」とも表現できる経験があったことを述べている。そして、生真面目にテレビを見るのではなく、よりヴァナキュラー（土着的）な経験としてテレビへの熱狂を捉え返す必要性を提起している。[46]長谷の視点は、テレビの受容自体の楽しさがどのような経験だったかを議論するものでもある。

そうした議論はテレビ番組の作られ方の変化とも対応している。ウンベルト・エーコは一九七〇年代のテレビの変化を、旧（パレオ）テレビと新（ネオ）テレビという区分を用いて論じている。そこでは、映し出す映像として外的な現実を参照していたパレオテレビに対して、テレビ自身が自らについて語り、テレビが現実を作り出すようになったものとしてネオテレビを位置づけている。[47] こうした移行は、映像の作り方と作り手の関係を変化させることになる。映像の編集が困難な段階では、われわれはテレビのアクシデントとしての性質をしばしば楽しんだ。だが、テレビの編集が一般的になるとアクシデントのふりをした様々な映像表現がなされるようになり、自作自演としてのテレビ放送とそれを楽しむオーディエンスが成立することになると議論されている。[48] これは映像が次第に内輪向けになっていくという、その後のわれわれの映像経験を予告するものでもあったのである。

一方で長谷はテレビ経験自体のマスな局面ではなく周縁的な経験に着目しているが、前衛と対置するものとして後衛の思想と位置づけながら山田太一について論じている。[49] テレビがマスなメディアになっていくなかで、その経験を異化するものとして山田のテレビドラマはあったのだという。しかし、山田が模索したような映像表現はテレビ自体の位置の変容のなかで形式だけが定着することになったと述べている。

映像の見方の変化が映像の作られ方自体にも影響を与えたことについて、長谷は映像のパーソナル化をめぐって議論してもいる。[50] 長谷は様々な事例に対してこの概念を用いているが、少なくとも一貫しているのは一九七〇年代から八〇年代にビデオやテレビが個室に置かれることによって、共同視聴が衰退したことと、そこで一人ひとりの視聴に合わせた映像表現が作られていくという事態が起きたことだろう。そうしたなかで、テレビを好き勝手に見るということがおこなわれるようになる。

個人視聴的な見方についての代表的な議論が、ザッピングをめぐるものだろう。テレビ受容者の見方のレベルにまで踏み込んだ議論は国内では少なく、例外的なものとして稲増龍夫の『フリッパーズ・テレビ』でのザッピングへの着目があるが、試論的な位置づけを超えて展開されてはいない。[51] だが、そもそもザッピングが個人的な視聴実践の代表的なものなのだろうか。

テレビ・オーディエンスに限ったものではないが、ファン研究の文脈のなかでヘンリー・ジェンキンズはその視聴のコミットメントの形態をザッパー／カジュアル／ローヤルという大きく三つに分けるマーケティングの議論を紹介し[52]、独自の関心をもとにそれらを論じている。まさに「ザッピング」という言葉が示すように次々とチャンネルを変え、気散じ的[53]な視聴の実践をしていくザッパーだけでなく、真剣に映像を見て、その舞台裏などの検証をしていくようなローヤル、そしてその間に位置する視聴者としてカジュアルという存在がいることに注目している。そのうえで、近年、映像の発信者との距離が変わることで、映像文化におけるローヤルな視聴者の重要性に関する議論が蓄積されつつあることを指摘する。こうしたジェンキンズの視点はファンをアーリーアダプターと位置づけ、そうした先端的な消費者が映像視聴文化を含む様々な文化の形成に影響を与える可能性があることを明らかにした。

このように、映像を熱心に見ることを可能にするために重要なのが、ビデオ技術の登場である。映像を細かく見るようなローヤルなやり方もザッピングと同じでパーソナルな映像視聴を前提にしている。そしてローヤルなファンの実践との相互作用のなかでテレビ番組や「YouTube」上のコンテンツが作られているのもまた事実だろう。だが、そうした映像の見方自体はどのように形成されたのだろうか。その重要なきっかけの一つとして、ビデオを通したファンの共同的な視聴文化の育成があったというのが本書の仮説である。このように、テレビ研究の蓄積をみたうえでビデオ技術を考察する必要がある。しかし、ビデオという技術について具体的にどのような議論ができるのだろうか。

4　ビデオをめぐるメディア論的視点

ビデオをめぐるメディア研究

ビデオはわれわれの映像文化への接し方を変えたという点で、非常に重要な媒体である。しかし、国外を含めてビデオについての研究はそれほど多くない。そうした数少ない研究のなかで重要なのは、視聴文化の多様性が階層やジェンダーの多様性によって担保されるようになっていったという議論である。

そもそもビデオ技術は家庭に普及する以前から映像の担い手を多様化させていくメディアだった。ビデオが映像文化にもたらした大きな変化が、映像を撮ることを簡単にし、映像をいわば「民主的」なものにしたことである。ビデオカメラという装置は比較的安価で、「素人」でも操作しやすく、かつどこにでも持ち運ぶことができる。そのため少数のテレビ制作者以外でも映像を撮ることが可能になり、ビデオ・アーティスト、ジャーナリストなどの台頭を促した。(54)

よりオーディエンスに寄り添ってビデオ受容経験を論じたものとして、アン・グレイの議論がある。グレイは、ビデオが出てきたことで家庭内の映像視聴の経験がどのような広がりをみせたかについてフィールドワークによって明らかにしている。(55)

メディア史的な検討をするうえで最も重要な業績の一つがダニエル・ハーバートの議論である。(56)ハーバートはアメリカでの映像受容の過程に注目し、ピエール・ブルデューの『ディスタンクシオン』(57)の議論などを独自に援用しながら、各地域で展開されたビデオ店について議論をおこなった。

ハーバートによると、アメリカでは日本に先行して、ソフト販売店舗やレンタルビデオ店が普及していった。しかし、この普及過程は一様ではなく、地域ごとに店舗の分布や提供される商品の内容に差異があった。そのため、ビデオを介して映像を趣味にすることが可能な地域が当初は限られていて、次第に多くの地域で展開されるようになった。そうしたなかで生じる、映像を趣味にすることをめぐる条件の違いを、ハーバートは「趣味の地理学」と呼んでいる。(58)

「趣味の地理学」という視点は、私たちが趣味にしているものが経済資本的な条件だけでなく、メディア史あるいは文化史的な条件と地理的・制度的環境によってはじめて可能になることを示している。都市には都市の、地方には地方の固有の仕方で、レンタルビデオ店はそれぞれの場所の映像文化を変えていった。ハーバートは、映像文化では、ヘンリー・ジェンキンズがいうような趣味に「参加」することが可能になる条件、さらにファンになるプロセスなどが、地理的な条件に大きく規定されていることに目を向けさせてくれる。

このようにハーバートの論考は、映像を趣味にすることの条件を歴史的に検討し、さらにそれが一部の人に限られた受容であること自体が社会的な条件によるものだったことなどを示している。これはファンなどの初期利用実践に注目しながらも、それが成り立つ社会的条件を問うことでビデオの受容のあり方そのものを問うという本書の分析視角とも、大きく共鳴するものである。

近藤和都による近年のレンタルビデオ店に関する研究は、こうした趣味の地理学の日本と英米圏の条件の違いにとりわけ焦点化したものである。日本国内のビデオ店をめぐる経験は日本の一九八〇年代の郊外化と関連していて、大型複合書店としてビデオ店が登場したことの重要性などにも注目を促している。[59]

このようなテレビ受容者の見方にアプローチするものが少ないという研究状況もあり、テレビの見方に大きな変容をもたらすことになるビデオに関する国内研究の蓄積は少ない。ビデオ独自の受容のされ方を扱ったものとしては、アダルトビデオに関する研究以外はほとんど蓄積されていない。そうしたなかで、家庭に普及する以前に着目した研究として溝尻真也のモーテルなどでの受容を扱ったものはあるが、家庭普及が始まってからについての研究は蓄積されていない。[60] 長谷正人はビデオ受容がもたらした映像の見方の変容がテレビや映画などの作られ方を変えたことを試論的に議論しているが、[61] 実際のビデオ受容がどのようになされているかの実証的な検討には踏み込んでいない。

ビデオのオーディエンスに着目した例外的な研究には、音楽ファンの音楽番組のエアチェックの実践に着目したものがある。[62] 特に溝尻の議論は、オーディエンス研究に限られない点に大きな可能性があり、この点については次に検討する。ファン的な技術利用への着目にどのような意味があるのかを先行する議論から検討し、オタクという主体の像を検討することのメディア論的な意味についても議論する。

メディアの技術利用に関する研究

ビデオについて考えるためにはオーディエンス研究だけではなく、メディア研究のもう一つの分野である技術の利用をめぐる研究についても検討する必要がある。技術を使いこなす先端的な利用者がいたことに着目する研究は技術マニアについてであり、オーディエンス研究とは別に蓄積がある。それはメディアの受容を社会史的な水準で記述していく技術の社会史という観点に影響を受けた議論である。そうした研究のなかに、技術の利用との関係で特定の主体のありようが浮上していく様子を記述する一群がある。

こうした議論の古典の一つであるキャロリン・マーヴィンのものは、十九世紀当時は新しい技術だった「電気」が、専門家や大衆、人種やジェンダー、階級、支配する側／される側などの社会的カテゴリーをどのように編成しなおしていったのかに着目し、技術の専門家がメディア論的に編成されるプロセスを明らかにしている。マーヴィンは、メディア研究が、「マス・オーディエンスの機器需要を刺激するようになった時点に固定[63]」されてきたことを批判的に捉え返す。マスメディアなどがなかった時代には、新たな技術が専門性をどのように再定義し、社会的境界をどのように引き直したかに着目しているのである。

例えばテレビに関して、オーディエンスの受容ではなく、こうした技術者に着目した研究に、飯田豊の議論がある。[64]飯田は、トーマス・パーク・ヒューズの電力をめぐる技術史的な議論[65]や、マーヴィンの議論[66]を土台にして議論している。とりわけ、電気技術が利用されるなかで専門家とそうでないものの区分が成立したという議論に大きな影響を受けている。飯田は街頭テレビから始まるテレビの歴史記述を相対化するとともに実験放送などに関わる技術者に着目し、技術者と上映との関係についても議論している。こうしたなかでアマチュアという主体が浮かび上がっていく様子を議論している。

こうした「アマチュア」という主体の像に積極的な意義を見いだす研究が、水越伸の議論である。とりわけ飯田の議論も含め、後続の研究に大きな影響を及ぼすことになった議論が、アメリカのラジオについて「メディアが社会的に生成されるということに力点[67]を置いて検討したものである。水越はマーヴィンのニューメディアに対する議論などを参照しながら、「混然一体となっていたエレクトリック・メディアのなかから、のちにラジオとして社会に定着し、やがてテレビを生みだすことになる系譜[68]」の記述を目指し、「ラジオ無線が、ラジオ放送というかたちで社会に姿を現わし、「ニューメディア」としてとらえられ、やがて社会に定着し、産業的に発展していく過程[69]」を検討している。テオドール・アドルノの文化産業論などで批判されてきたような、マスメディアの代表としてのラジオというイメージに対する一つの反駁として系譜学的な議論がなされている。そこで、送り手／受け手という枠組みに還元されないような「アマチュア無線家」が「メディアを生成する[70]」うえでの重要な主体と見なされているのである。このように開発者・生産者の意図を超えた独自の実践に着目し、メディアの社会性を記述していく「ソシオ・メディア論」として理論化される議論[71]の素地がここで作られている。このように、あるメディアを固定的なものと捉えず、「アマチュア無線家」というような主体に着目し、送り手／受け手という区分を引いたときに看過されるようなメディア自体の生成過程に着目して動態的にメディア史を議論する視点は、前述した飯田の議論にもみられる[72]。

特定の技術利用の仕方と主体の像がどのような関係を結ぶかについて示唆的な議論をしているのが、模型について論じる松井広志の研究である。松井は江戸期から始まる模型というメディアについて理論的・歴史的検討をおこなっている。そうしたなかで松井は、歴史的に模型というメディアと特定の主体が時代ごとにどのように結び付いていたのかを議論している[73]。模型は「「製作する」という能動的な実践がないと成立しないメディア文化領域[74]」であり、模型製作の主体が問題になりやすいという。その主体は、戦前期の「エンジニア」戦時期の「少国民」、そして「モデラー」「アマチュア」「コレクター」などとして移り変わっていく。このように技術と主体の結び付きは、「アマチュア無線家」のように「メディアの生成」に関わる主体に限らず、メディアごとや時代ごとに様々な形態でみられることになるのである。

技術利用とビデオ

ビデオ受容について議論するうえで踏まえるべき重要な論点の一つが、テレビ・ラジオなどのマスメディアと異なり、ビデオという媒体の利用の仕方が多様だということである。ビデオには一見すると不必要にもみえる様々な技術が家庭普及の初期から付加されているため、その技術を使いこなすには技術的習熟をする必要があった。その点に関してはのちに詳述するが、ただのテレビ（に関連する媒体）の受容者としてではなく、技術の利用者という視点からの議論を参照する必要がある。

趣味とは異なるものとして技術利用とその利用者の主体のありようを結び付ける議論は、若者をカテゴライズする定型的な議論としてこれまで存在してきた。例えばオーディエンス像として、テレビの受容の仕方と結び付けたものとしてソファーに寝ころびポテトチップスを食べる若者を指すカウチポテト族などがあるし、ウォークマン受容と結び付けたものとしてはカプセル族[75]などの呼称が存在してきた。だが、こうしたカテゴリーとオタクが異なるのはメディア上でそれについて語られるだけではなく、そのメディア受容に関わる当事者が語る語としても存在してきたという点である。[76]単なる送り手／受け手としてではなく、当事者性について問題になる際にその区分をおこなう根拠として技術利用という論点が浮上することが多い。[77]

溝尻真也は音楽ファンのビデオ利用に関して、水越らの「アマチュア無線家」の系譜に位置づける議論をしている。彼が着目するのは、複数のオーディオ技術利用の間のオーディオマニアという主体を軸にした連続性である。溝尻は、ビデオのエアチェックについて、それ以前の共同体との連続に着目する。音楽ファンの共同体での聞くという行為に基づくビデオ利用は、先行するオーディオファンとの関係性[78]のなかから発生したものである。[79]また、そうした「メディア遊び[80]」をする技術利用者ではないビデオの初期利用のあり方にも特徴があるはずである。

本書が対象とするアニメファンのビデオ利用実践は必ずしも、ビデオ自体の「メディアの生成」という枠組みのもとで議論されていた視点とは一致しない側面がある。技術の初期利用者とマニアを単純に等値するのではなく、ビデオという技術とアニメファンという集団性との結び付き方／結び付けられ方をこそ本書では検討したい。

重要なのは、オタク的と呼ばれるビデオ利用はただの技術のマニアの系譜とは微妙に異なるものとしても議論されていることである。オタクというものが結び付けられる文化圏では、技術を楽しむというよりは映像視聴をよりよく達成することが最大の目標になっていることが前提になっている。一九八〇年代以降、オタク文化の一つの中心はアニメであるとされつづけていた。[81] 前述した岡田がビデオと結び付いたオタク的な視聴技法の洗練の第一の念頭に置いていたのはアニメ視聴である。アニメファンのビデオ利用の仕方は技術と深く結び付いてはいるものの、オタクというカテゴリーは単純な技術への耽溺に基づく技術利用だけではなく、そうした（アニメなどの）視聴を通して特定の趣味文化を形成していくような文化圏にも強く結び付いたものだったのである。実際に、こうしたアニメファンたちの多くは、溝尻が議論するアマチュア無線家などのような技術利用のリテラシーが高い主体とは必ずしも連続性がない。

個々のファンたちのアニメ雑誌などでなされる報告は、アニメに特化したものとして試行錯誤とともに語られることが多いのである。そうした試行錯誤しながら技術利用をするファンを発見するなかで、アニメ産業は独自の形で市場化していく。こうしたアニメの見方とビデオという技術の結び付きと、オタクというカテゴリーは（宮崎事件という象徴的な出来事も経ながら）接続していくことになる。その際に存在していたアニメを見るための工夫が、一般的な技術利用に統合されていなかったからこそオタクをめぐる議論は展開されていったのである。つまり、「アニメの見方」と「技術的利用」に関連した課題のなかで、「オタク的な」消費が理解可能なものとして形成されていったのである。

5　アニメという対象

アニメーションとアニメ

　ここまで、先端的な利用者としてのアニメファンに注目することとその意義について論じてきた。それでは、先端的な映像としてのアニメを対象とする研究に対して、本書のような研究はどのような意義をもつのだろうか。アニメないしアニメーションの歴史を振り返ることで、本書の問題の射程を明らかにしたい。

　アニメーションに対する様々な研究が近年蓄積してきている。そのなかでも、アニメーションを映像文化論のなかに位置づけるものが存在感を増している。例えばその一例にレフ・マノヴィッチの議論がある。彼は、アニメーションは映画などから派生した一ジャンルだというこれまでの通俗的な理解に対して、映画こそがアニメの一ジャンルなのだと定式化してみせた。長谷がマノヴィッチの『ニューメディアの言語』[82]を整理する言葉を借りれば、インデックス性（実在への希求）を本質とするような映画的な理解では捉えきれないものとしてアニメーションがあるという枠組みである[83]。つまり、現実にあるものを写し取るというのとはまた別の次元の表現として、加工が可能でデジタル的なアニメーションを位置づけているのである。

　これは現在の映像文化全体にとって重要な論点であり、映像が本来表象しようとしているものは何か、ということをめぐる議論だといえる。実際に映像を趣味にするときに、実在性をめぐる違いは映像をどのように楽しもうとするのかということの違いとして現れてくることになる。特に手書きのアニメーションの場合はその一枚一枚の絵の作り手が存在し、さらにそれを動かさなければならない。外的な世界を映し出そうとすることとは異なった様々な映像経験がそこにはあるはずである。

　一方で、日本国内のアニメーション産業を指す際にはアニメという略称が使われることが多い。例えば両者の区別について、「おおむね、海外の作品を含めた全般的な語を「アニメーション」とし、主に『鉄腕アトム』以降で日本のテレビや映画を媒介として商業ベースで制作された作品を「アニメ」と呼ぶことが多い[84]」という用例が存在する。こうした定義を踏まえると、「アニメ」とは、日本で毎週放送される手描きのテレビアニメーションを中心とした分業構造から進展したアニメーションとして位置づけることができる。本章ではそうした定義に沿ってアニメに関する議論を展開する。

こうした分業構造の進展を踏まえると、アニメについて考えるべき論点にはどのようなものがあるだろうか。そうした論点について筆者は『アニメの社会学』の序章[85]ですでに提示している。そこでは、アニメの特徴に関してアドルノが問題にした文化産業という論点にさかのぼって議論を展開した。

具体的には、片上平二郎が問題にしたアドルノ論を土台にした。特に片上が問題にしたのは、文化産業論の目的は「文化」と「産業」という、これまで必ずしも結び付いてこなかった言葉を融合して考えざるをえない事態に批判的なまなざしを向けることだったということである。アドルノが問題にしたのは「娯楽」化だと理解されているが、文化が娯楽になることそのものよりも、ある形式以外の娯楽が認められないという偏狭さにこそ問題があると論じている。つまり、「娯楽」がある決まった形態でしか存在しえないことへの批判だったのである。こうした「娯楽」を画一化し批判の可能性を封殺するものとして「技術」や「産業」化が存在した。それと同時に週に一度の放送のためにアニメを作るという性質上、その作品の内容が作る条件のなかで大きく規定されている[86]。

本書での議論もこうした視点を踏襲している。アニメ産業は集団的な労働に基づく受注生産的な産業である。そうしたなかで、アニメファンと呼ばれる映像を趣味にする消費者が浮上したことに基づく両者の関係の変化については、既存研究でコンドリーなどが指摘してきた。そうした関係性の変容がどのような相互作用のなかで形成されてきたのかを本章では明らかにしていく。

その前提として、本章が対象とするアニメーションが市場化するとはどのような事態であり、どのような点が重要なのかという点を次に議論する。

産業としてのアニメーション

本書がおこなうのは、日本のアニメブームと呼ばれる経験についての検討である。これがいわゆる「オタク」と呼ばれる人々を可視化するうえで重要な転機だったこと自体は繰り返し指摘されてきた。しかし、アニメの産業史的な視点ではこの転機について、あまりまとまったものとしては議論されてこなかった。[87]

そもそも日本のアニメーション産業はどのような変化を遂げてきたのだろうか。アニメを産業として捉える視点の重要性を社会学内で提起したものに雪村まゆみの研究がある。雪村は、戦後に東映動画の長篇動画制作で活躍する数人のスタッフが、「戦時下、中心的な役割を担った漫画映画製作のスタッフ」[88]だったとし、「アニメーションのいかなる特徴が戦時中に重要視されたかについて分析」[89]することの重要性を指摘している。そこで「アニメーション製作の分業化の過程と、そのなかで職業としてのアニメーターが誕生する過程」[90]に注目し、「戦時下において胚胎したアニメーション製作体制が戦時アニメーションの基礎となった」[91]ことを明らかにすることを試みている。戦時中にプロパガンダや軍事教育技術としてアニメーターが要請される一方で、迅速な制作をするためには既存の制作システムでは人員が足りなかったことや、戦争に男性が多く登用されたこともあり新たに業界に参加した女性が多かったことで、多くの作業を担わなくてすむように分業が達成されたことが雪村によって明らかになっている。さらに、分業には規格化して描くことが必要だったために「何でも描ける」ことが技能として評価されることにつながり、それが戦後から現在までのアニメーターの働き方に引き継がれていることを主張している。

ただ、論文の末尾で主張される戦中体制と東映動画とのつながりには疑問を提示する議論も多い。文献学的な検証はここではおこなわないが、プロパガンダとして国家主導でアニメが制作されることと、企業組織を中心としたアニメ産業が採算の成り立つようにしてアニメ制作をしつづけることの間には大きな距離が存在するからである。

こうした問題を考えるうえで重要な視点を提供してくれるのが、たつざわさとしと萱間隆の事例研究である。占領期にアニメーション制作をしていた日本漫画映画という会社に着目し、アニメ産業が産業として成り立つ重要な条件を描き出している。一九四九年に制作期間一年十カ月、費用六百万円という当時としては莫大な予算をかけた『王様のしっぽ』（監督：瀬尾光世、一九四九年）という四十七分にわたる作品を同社が制作していたことに注目し、「戦後日本におけるアニメーション産業は、東映動画による『白蛇伝』（一九五八年七十九分）から始まるとされる[92]」という長篇アニメについての歴史観を相対化している。これまで作家論としてこの作品に注目する議論はあったが、この論文では東映動画に先駆けて「大規模な製作体制を整えていたこと」を「企業と企業間関係を含めて[93]」検討することが試みられている。

同社の前身の日本動画社は「太平洋戦争期に軍事教育映画を製作していた練馬の教材映画研究所を拠点に発足し[94]」た。教材映画研究所自体はほかの企業同様軍需に依存していたが、新日本動画社として新たなスタートを切るにあたり「東宝からの受注という民需のもと、著名な製作者が大合同するとともに大規模な新規採用を行っ[95]」たという。東宝が発注した『桜』（監督：政岡憲三、一九四六年）は製作スタッフの力で一定の成功を収めたが、二作目の『すて猫トラちゃん』（監督：政岡憲三、一九四七年）は制作スケジュールが遅延し、東宝は人件費増を出し渋った。「新日本動画社はスケジュールの遅延により賃金不足に陥[96]」ったというが、当時、大手映画会社以外にはアニメーション制作の資金供給源はほとんどなかったのである。それでは新日本動画社から日本漫画映画社に変わることで、どのようにして大資本を備えるようになったのだろうか。

それは新日本動画社の新たな社長になった飯島徳太郎の投資によるものであり、これによって巨大な資本を有する独立プロダクションができあがった。そこから日本漫画映画社が発足し、大規模な制作体制に基づく量産に成功することになる。しかし、配給に大きな問題を抱えていた。「当時は一般的に短編映画を映画館へ供給することが困難だったが、一方で映画館へ配給しなければ企業として十分な収益が見込めなかった[97]」ためである。通常、短篇映画は教育に用いられる文化映画の潮流を汲み、教師が引率する映画教室などでの利用が想定されるものだったが、日本漫画映画社が作った短篇アニメーションはより大きな収益を上げるため、一般興行を狙わざるをえなかったのである。そのため、長篇制作が目指されることになる。

一時、映画産業への参入障壁が下がり、大手制作者以外も参入できるようになっていたため日本漫画映画社は自主配給を目指した。『王様のしっぽ』の制作もこうしたなかでおこなわれた。同時に資金を得るため経営の多角化を狙い、ほかの部門では経営改善もおこなうが結局のところ経営難になる。何とか完成まではこぎ着けるが、『王様のしっぽ』はその頃には「当時大手映画会社で劇映画作品の不足が回収され、独立プロダクションの作品を拒絶[98]」するようになったため、配給に失敗することになる。一応会社としては存続するが、以降、こうした長篇に同社が参入することはなかった。結局のところ、大手映画会社という母体なくして民需でアニメーションを作ることができなかったのである。

そこで長篇が可能になるのが母体を大手映画会社にもつ東映動画だった。東映動画に関してはその存続した年数に比して初期の数年間だけに注目が集まってきた。それに対し、木村智哉は通史的にその歴史を記述し、これまであまり注目されてこなかったテレビアニメ定着以降の歴史をまとめている。東映動画は映画製作やＣＭアニメを制作しながら、テレビアニメの制作も続けざるをえなかった。しかし、テレビアニメの制作を続けるためには大きな労働力が必要だった。テレビアニメを増産するにあたり、東映動画はテレビアニメ制作に従事する社員に多くの基準外賃金を払うことで対処しようとした。しかし、この施策は制作費の高騰につながることになる。この影響は当時制作していた『狼少年ケン』（日本教育テレビ、一九六三―六五年）が一九六五年五月に終了した際に顕在化した。スポンサーの側が制作費の高騰を懸念し、次の番組の受注が困難になったのである。

テレビアニメ産業は受注産業としての性質が強く、いつそのラインを維持できなくなるかがわからない。東映動画は受注を継続するために、賃金体系とスタッフ編成方針を見直すことになる。前述した割増賃金は廃止され、優れた技能者に対する「褒賞制度」を導入した。さらに最終的には映画製作に関して従来の正社員を中心にした制作をおこない、テレビアニメを中心に「契約職」と呼ばれるフリーランサーでまかなう体制を試みることになる。このように発注元の動向に左右されるテレビアニメ制作では、固定給の社員よりも作業量に基づき報酬を支払う契約者を用いるほうが適切だと判断されたのである。つまり、テレビアニメの「受注の不安定性は雇用の不安定性によって賄われた」[99]のである。さらに、次第に東映動画は内部に常時制作のラインを抱えることを避けるようになり、外注が増えるようになる。それに伴って外注を専門とする企業も増えることになる。このように、テレビアニメという新たな市場の登場は労働者の雇用のフリーランス化を招くことにつながったのである。

これは東映動画では映画製作の側にも必然的に影響を及ぼした。特にアニメ産業はテレビアニメが成立して以降、次第に子ども向けのコンテンツを中心に制度化していった。従来からの東映などでのアニメ映画の作品も子ども向けに特化して制作されるようになっていった。[100]「東映まんがまつり」のような子ども向けに特化した短篇・中篇を中心とした作品の制作が軸になって、それまで定期的に作られていた、ターゲットを必ずしも子どもにしない長篇作品の制作を本格的に打ち切ることにつながるのである。

木村の東映動画の議論から明らかなことは、テレビアニメが受注産業化していったということであり、それに影響されないようにみえる映画でもその影響はみられたということである。同時にテレビアニメにしろ、劇場版アニメにしろ、子ども以外のオーディエンスの存在感は次第に小さくなっていくことになった。

こうした状況が変わり始めるのが、一九七〇年代後半である。この時期の「アニメ雑誌」を中心としたアニメ産業の変化はしばしば「アニメブーム」と呼ばれてきた。アニメ産業の制作分数を計測した増田弘道の議論[101]によると、一九七〇年代は二万分台の中盤で長らく推移してきたが七六年に三万分を超え、七八年には四万四千四百三十四分、八一年には五万分となるなど数年間で制作量がほぼ倍増していることがわかる。

後述するが、なかでも大きな変化として議論されるのが『宇宙戦艦ヤマト』のブームであり、それによってアニメ雑誌が相次いで創刊されていったとされる。このブームによって、アニメが必ずしも子ども向けにかかわらない「オタク」と呼ばれるアニメファンへと広がっていったことは繰り返し議論されてきた。

近藤和都は、アニメ雑誌はただコミュニティーや情報などが載っているだけでなく、そもそも視聴を補助する媒体として機能していて、それをインフラとして利用することでアニメブームを全国的なものにしたことを明らかにしている。[102] 当時テレビアニメの地方での放映が限られたものであり、一方で雑誌は全国性をもっていた。その誌面を見ることで、地方のアニメファンは『機動戦士ガンダム』などのコンテンツのストーリーに追いつくことが可能になっていたというのである。さらにそれと同時に、アニメ雑誌はその見方を指示するような媒体でもあった。

このようなアニメブームによる子ども以外のオーディエンスの発見と地方を含めた巻き込みは、一体どのようにアニメ産業を変容させていったのだろうか。前述したようにアニメブーム以降の変化については生産者と消費者の距離感の変化として語られてきた。そうした変化がどのように達成されていったのかについて、技術的条件の観点から本書はビデオというメディアに注目して議論を展開したい。そうすることが、ファン研究やテレビ研究が前提にしているパースペクティブが歴史的にどのように変化してきたのかということへの一つのモノグラフの記述にもなるだろう。

注

(1) 前掲『コミュニケーション不全症候群』

(2) 大澤真幸「オタクという謎」、関西社会学会編「フォーラム現代社会学」第五号、関西社会学会、二〇〇六年

(3) 前掲『動物化するポストモダン』

(4) 七邊信重「「純粋な関係性」と「自閉」――「同人界」におけるオタクの活動の分析から」、ソシオロゴス編集委員会編「ソシオロゴス」第二十九号、ソシオロゴス編集委員会、二〇〇五年

(5) 木島由晶「なぜキャラクターに「萌える」のか――ポストモダンの文化社会学」、南田勝也／辻泉編著『文化社会

学の視座――のめりこむメディア文化とそこにある日常の文化』所収、ミネルヴァ書房、二〇〇八年
(6)相田美穂「おたくをめぐる言説の構成――1983年~2005年サブカルチャー史」「広島修大論集 人文編」第四十六巻第一号、広島修道大学総合研究所、二〇〇五年、前掲「〈オタク問題〉の四半世紀」
(7)前掲「〈オタク問題〉の四半世紀」
(8)團康晃「「おたく」の概念分析――雑誌における「おたく」の使用の初期事例に着目して」、ソシオロゴス編集委員会編「ソシオロゴス」第三十七号、ソシオロゴス編集委員会、二〇一三年
(9)浅野智彦『「若者」とは誰か――アイデンティティの30年』(河出ブックス)、河出書房新社、二〇一三年、一〇四―一〇五ページ
(10)同書一〇三ページ
(11)同書一〇四ページ
(12)同書一〇四ページ
(13)難波功士『族の系譜学――ユース・サブカルチャーズの戦後史』青弓社、二〇〇七年、二二ページ
(14)難波功士は同書のなかで一九五〇年代のイギリスのモッズ・カルチャーを事例として紹介している。同書六三―七三ページ
(15)石原慎太郎原作で石原裕次郎のデビュー作である『太陽の季節』(監督:古川卓巳、一九五六年)やその周辺の映画に影響を受け、そこで描かれたライフスタイルを模倣しようとした裕福な若者たちのことを指す。
(16)一九六〇年代に銀座のみゆき通りに集まった若者が、「その特異なファッションゆえに「みゆき族」として話題となっていく」(前掲『族の系譜学』一三四ページ)という。とりわけハイティーンの男性であり団塊の世代と重なる。
(17)前掲『族の系譜学』三八三ページ
(18)同書三八三ページ
(19)オタクという言葉は、難波の議論でも重要な位置にある言葉である。難波が取り上げる類型のうち、二〇一八年現在、日常的に用いられている若者類型は「暴走族」と「オタク」(そしてやや頻度は劣るが「ギャル系」)だけである。その時期の射程だけが問題なのではない。同書のなかで「オタク」という言葉は、「おたく族」「オタク系」などのよ

うに同書のなかで双方の使い方がされている唯一のカテゴリーである。つまり、若者類型を考えるうえで難波が提起した図式の両面の性質をこの類型はもっていたのだ。

(20) 前掲『族の系譜学』二五一―二五二ページ
(21) 同書二五九ページ
(22) 同書二五八ページ
(23) 同書二五〇ページ
(24) なお、本章はオタクの社会問題化の過程を明らかにするのではなく、オタク的な文化全般を対象とするものでもない。ここでのメディア史の記述の対象になるのは、オタクという言葉とともに語られてきた広範な現象のなかでも、ビデオ利用についてであり、そのなかでさらに特定のファン文化に限定されたものである。だが、そうした限定的な形での歴史記述を積み重ねていくことが、個別の文化史や作法のあり方を与件としないメディア史的な記述では重要になるのである。
(25) 桝山寛「彼女にキーボードがついていたら」、別冊宝島編集部編『別冊宝島104 おたくの本――ハッカー、ロリコン、やおい、デコチャリ、コミケ、カメラ小僧、ゲーマー、アイドリアン、などなどの知られざる生態！』ＪＩＣＣ出版局、一九八九年、一六九ページ
(26) 前掲『オタク学入門』
(27) 東浩紀「庵野秀明は、いかにして八〇年代日本アニメを終わらせたか――『新世紀エヴァンゲリオン』について」「ユリイカ」一九九六年八月号、青土社（再録：五十嵐太郎編『エヴァンゲリオン快楽原則』第三書館、一九九七年）
(28) 前掲『動物化するポストモダン』
(29) Condry, *op. cit.*（前掲『アニメの魂』三ページ）
(30) 同書三ページ。詳細は序章の注（27）を参照。
(31) 同書三四ページ
(32) LaMarre, *op. cit.*（前掲『アニメ・マシーン』）
(33) 前掲『アニメ・マシーン』六ページ

（34）同書一八四ページ
（35）同書一九三ページ
（36）これはフィールドワークや映像分析をおこなうコンドリーやラマール、スタインバーグの議論の全体をビデオの利用から説明することを目的とするものではなく、その一端を歴史的史資料に根差しながら再構成するという試みである。伝説的な人物の自伝などに依拠するのではなく、ファンの具体的な実践に根差したこうした議論を記述していくという営みはこれまでなかった。
（37）前掲『コンヴァージェンス・カルチャー』
（38）瀬尾祐一「ファンカルチャーの理論――ファン研究の展開と展望」、前掲『アニメの社会学』所収
（39）Stuart Hall, "Encoding/decoding," in Stuart Hall and Dorothy Hobson and Andrew Lowe and Paul Willis eds., *Culture, Media, Language: working papers in cultural studies, 1972-79*, Hutchinson, 1980, pp. 128-138.
（40）David Morley, *The 'Nationwide' Audience*, British Film Institute, 1980. 記号論的な読解の多層性をテレビを中心に論じたものとして、John Fiske, *Television Culture*, Routledge, 1987.（J・フィスク『テレビジョンカルチャー――ポピュラー文化の政治学』伊藤守／藤田真文／常木瑛生／吉岡至／小林直毅／高橋徹訳、梓出版社、一九九六年）がある。
（41）Ien Ang, *Watching Dallas: Soap Opera and the Melodramatic Imagination*, Methuen, 1985.
（42）Ien Ang, *Living Room Wars: Rethinking media audiences for a postmodern world*, Routledge, 1996. 本章とも関連するビデオ受容の多様性について議論したものとしては、こうした視点を発展させたアン・グレイの議論がある。Ann Gray, *Video Playtime: The Gendering of a Leisure Technology*, Routledge, 1992.
（43）ほかにもビデオという技術に関する先端的な可能性に着目したものとして、ハンス・マグヌス・エンツェンスベルガーの議論がある（Hans Magnus Enzensberger, "Baukasten zu einer Theorie der Medien," *Kursbuch*, heft. 20, Enzensberger, 1970.（H・M・エンツェンスベルガー『メディア論のための積木箱』中野孝次／大久保健治訳〔ST叢書〕、河出書房新社、一九七五年）。そうした議論の展開例としてアレクサンダー・R・ギャロウェイが、インターネットのプロトコルとビデオを比較・検討している（Alexander R. Galloway, *Protocol: How Control Exists after*

Decentralization, MIT Press, 2004.（アレクサンダー・R・ギャロウェイ『プロトコル――脱中心化以後のコントロールはいかに作動するのか』北野圭介訳、人文書院、二〇一七年）。
(44) Jenkins, *op. cit.*（前掲『コンヴァージェンス・カルチャー』）
(45) 吉見俊哉「テレビが家にやって来た――テレビの空間 テレビの時間」「思想」二〇〇三年十二月号、岩波書店
(46) 長谷正人『ヴァナキュラー・モダニズムとしての映像文化』東京大学出版会、二〇一七年
(47) ウンベルト・エーコ『ウンベルト・エーコのテレビ論集成』和田忠彦監訳、石田聖子／小久保真理江／柴田瑞枝／土肥秀行／山﨑彩／横田さやか訳、河出書房新社、二〇二一年
(48) 長谷正人／太田省一編著『テレビだョ！全員集合――自作自演の１９７０年代』青弓社、二〇〇七年
(49) 長谷正人『敗者たちの想像力――脚本家 山田太一』岩波書店、二〇一二年
(50) 長谷正人「映像文化の三つの位相――見ること、撮ること、撮られること」、井上俊編『全訂新版 現代文化を学ぶ人のために』所収、世界思想社、二〇一四年、など
(51) 稲増龍夫『フリッパーズ・テレビ――ＴＶ文化の近未来形』筑摩書房、一九九一年
(52) Jenkins, *op. cit.*（前掲『コンヴァージェンス・カルチャー』）
(53) 北田暁大『広告の誕生――近代メディア文化の歴史社会学』（現代社会学選書）、岩波書店、二〇〇〇年
(54) 前掲『ビデオのメディア論』一七―一八ページ
(55) Gray, *op. cit.*
(56) Daniel Herbert, *Videoland: Movie Culture at the American Video Store*, University of California Press, 2014.（ダニエル・ハーバート『ビデオランド――レンタルビデオともうひとつのアメリカ映画史』生井英考／丸山雄生／渡部宏樹訳、作品社、二〇二一年）
(57) Pierre Bourdieu, *La Distinction: Critique sociale du jugement*, Les Éditions de Minuit, 1979.（ピエール・ブルデュー『ディスタンクシオン――社会的判断力批判』石井洋二郎訳、全二巻〔Bourdieu library〕、藤原書店、一九九〇年）
(58) Herbert, *op. cit.*
(59) 近藤和都「レンタルビデオ店のアーカイヴ論的分析に向けて――初期店舗の生成過程とその条件」、大東文化大学

社会学研究所編「社会学研究所紀要」第一号、大東文化大学社会学研究所、二〇二〇年
(60) 溝尻真也「ビデオテクノロジーの歴史的展開にみる技術/空間/セクシュアリティ――1970年代日本におけるビデオ受容空間とそのイメージの変遷」、メディアプロデュース学部論集編集委員会編「愛知淑徳大学論集 メディアプロデュース学部篇」第二号、メディアプロデュース学部論集編集委員会、二〇一二年
(61) 前掲「映像文化の三つの位相」
(62) 溝尻真也「日本におけるミュージックビデオ受容空間の生成過程――エアチェック・マニアの実践を通して」、日本ポピュラー音楽学会編集委員会編「ポピュラー音楽研究」第十号、日本ポピュラー音楽学会、二〇〇六年
(63) Carolyn Marvin, *When Old Technologies Were New: Thinking About Electric Communication in the Late Nineteenth Century*, Oxford University Press, 1988.(キャロリン・マーヴィン『古いメディアが新しかった時――19世紀末社会と電気テクノロジー』吉見俊哉/水越伸/伊藤昌亮訳、新曜社、二〇〇三年)
(64) 飯田豊『テレビが見世物だったころ――初期テレビジョンの考古学』青弓社、二〇一六年
(65) Thomas Parke Hughes, *Networks of Power: Electrification in Western Society, 1880-1930*, Johns Hopkins University Press, 1983.(T・P・ヒューズ『電力の歴史』市場泰男訳、平凡社、一九九六年)
(66) Marvin, *op. cit.*
(67) 水越伸『メディアの生成――アメリカ・ラジオの動態史』同文舘出版、一九九三年、一一ページ
(68) 同書八ページ
(69) 同書九ページ
(70) こうしたメディアの生成という議論は、メディアを「人間の拡張」として捉えるという、技術によって人々の行為や実践が規定されると考えるマーシャル・マクルーハンの枠組みへの対抗として議論されている。Marshall Mcluhan and Lewis H. Lapham, *Understanding Media: The Extensions of Man*, McGraw-Hill, 1964.(マーシャル・マクルーハン『メディア論――人間の拡張の諸相』栗原裕/河本仲聖訳、みすず書房、一九八七年)
(71) 水越伸『デジタル・メディア社会』(叢書インターネット社会)、岩波書店、一九九九年
(72) 飯田と水越の議論は、エルキ・フータモのメディア考古学という議論にも接続する。特に飯田の議論はマスメディ

アとしてのテレビを相対化していて、特定のメディアに依拠しないでスクリーンに注目する大久保遼の議論（大久保遼『映像のアルケオロジー——視覚理論・光学メディア・映像文化』〔視覚文化叢書〕、青弓社、二〇一五年）にも接続する。またこうしたメディア考古学とは隣接しながらも、異なった捉え方としてフリードリヒ・キットラーの議論がある。Friedrich A. Kittler, *Aufschreibesysteme 1800/1900*, Fink, 1985, Friedrich A. Kittler, *Discourse Networks 1800/1900*, Stanford University Press, 1990.（フリードリヒ・キットラー『書き取りシステム１８００・１９００』大宮勘一郎／石田雄一訳、インスクリプト、二〇二一年）、Friedrich A. Kittler, *Gramophon, Film, Typewriter*, Stanford University Press, 1999.（フリードリヒ・キットラー『グラモフォン・フィルム・タイプライター』石光泰夫／石光輝子訳、筑摩書房、一九九九年）

（73）松井広志は、ラトゥールらのアクター・ネットワーク理論やハーマンなどのオブジェクト指向哲学にふれながら、模型をめぐるメディア論的な視点を模索している。

（74）松井広志『模型のメディア論——時空間を媒介する「モノ」』青弓社、二〇一七年

（75）平野秀秋／中野収『コピー体験の文化——孤独な群衆の後裔』時事通信社、一九七五年。こうしたメディアと関連したカテゴリーは様々な水準のものが存在する。マスメディアが作るだけでなく、アカデミックに近い領域で作られた造語もある。

（76）前掲「「おたく」の概念分析」、團康晃「学校の中の物語作者たち——大学ノートを用いた協同での物語制作を事例に」、日本子ども社会学会紀要編集委員会編「子ども社会研究」第二十号、日本子ども社会学会、二〇一四年。この誰が語るかという視点で重要なのが、ハーヴェイ・サックスの自己執行／他者執行に着目した議論である。Harvey Sacks, "Hotrodder: A Revolutionary Category," in George Psathas ed., *Everyday Language: Studies in Ethnomethodology*, Irvington Publishers, 1979.（ハーヴェイ・サックス「ホットロッダー——革命的カテゴリー」、ハロルド・ガーフィンケルほか『エスノメソドロジー——社会学的思考の解体』所収、山田富秋／好井裕明／山崎敬一編訳、せりか書房、一九八七年）

（77）Sacks, op. cit でも自身が乗る車などのマシンに関しての技術的な語りが、カテゴリーの自己執行をおこなう資源として重要になっている。

(78) 溝尻真也「「音楽メディア」としてのFMの生成――初期FMにみるメディアの役割の変容」(日本マス・コミュニケーション学会編「マス・コミュニケーション研究」第七十一号、日本マス・コミュニケーション学会、二〇〇七年)では、オーディオマニアの実践に即してFMメディアの生成を議論し、さらにさかのぼり、ラジオの自作文化に着目している。同「ラジオ自作のメディア史――戦前/戦後期日本におけるメディアと技術をめぐる経験の変容」、日本マス・コミュニケーション学会編「マス・コミュニケーション研究」第七十六号、日本マス・コミュニケーション学会、二〇一〇年

(79) 前掲「日本におけるミュージックビデオ受容空間の生成過程」

(80) 溝尻真也「放送番組の保存と所有をめぐる系譜学――一九七〇―八〇年代の音楽ファンとエアチェック文化」、前掲『ビデオのメディア論』所収

(81) 前掲『動物化するポストモダン』

(82) レフ・マノヴィッチ『ニューメディアの言語――デジタル時代のアート、デザイン、映画』堀潤之訳、みすず書房、二〇一三年

(83) 長谷正人「はじめに」、トム・ガニング『映像が動き出すとき――写真・映画・アニメーションのアルケオロジー』長谷正人編訳、みすず書房、二〇二一年

(84) 津堅信之『日本アニメーションの力――85年の歴史を貫く2つの軸』NTT出版、二〇〇四年、二〇ページ

(85) 永田大輔「アニメを社会学する視点」、前掲『アニメの社会学』所収

(86) 片上平二郎「愉しいアドルノ――「文化産業論」における「娯楽」と「技術」の可能性」、立教大学社会学部編「応用社会学研究」第六十号、立教大学社会学部、二〇一八年

(87) 本項の議論は永田大輔/松永伸太朗『産業変動の労働社会学――アニメーターの経験史』(晃洋書房、二〇二二年)で用いた先行する歴史的な議論の整理に基本的には依拠している。

(88) 雪村まゆみ「戦争とアニメーション――職業としてのアニメーターの誕生プロセスについての考察から」、ソシオロジ編集委員会編「ソシオロジ」第五十二巻第一号、社会学研究会、二〇〇七年、八七ページ

(89) 同論文八七―八八ページ

(90) 同論文八八ページ
(91) 同論文八八ページ
(92) たつざわさとし／萱間隆「日本漫画映画株式会社の実態解明――占領期におけるアニメーション製作事業の資金調達」「アニメーション文化調査研究活動助成制度研究成果発表 2018年度」徳間記念アニメーション文化財団、二〇二〇年、一ページ
(93) 同論考一ページ
(94) 同論考三ページ
(95) 同論考四―五ページ
(96) 同論考六ページ
(97) 同論考一三ページ
(98) 同論考二三ページ
(99) 木村智哉「アニメーション制作事業の不安定性とその対策――歴史研究の視点から」、前掲『アニメの社会学』所収、一一八ページ
(100) 木村智哉「東映動画株式会社における映画製作事業とその縮小」、谷川建司編『戦後映画の産業空間――資本・娯楽・興行』所収、森話社、二〇一六年
(101) 増田弘道『デジタルが変えるアニメビジネス』NTT出版、二〇一六年
(102) 前掲「アニメブームのインフラストラクチャー」

第2章 ビデオにおける「教育の場」と「家庭普及」
――一九六〇年代後半―七〇年代の業界紙「ビデオジャーナル」にみる普及戦略

はじめに

ビデオの受容経験について考えるために、本章ではまず家庭普及以前の初期ビデオ史に着目する。日本のビデオ普及史では、VHSとβの対立[1]は、家庭普及の初期からビデオ産業を考えるうえでの重要な論点として注目されてきた。日本での家庭への普及が本格化するのは一九八〇年ごろになってからだが、七七年の雑誌「ビデオジャーナル」にも、「VHS対β、PR戦に火ぶた[2]」という見出しの記事が掲載されている。本章では家庭普及に際して強調されたこうした図式以外にも存在した、それ以前のいくつかの論点に焦点を当てる。

この規格競争が注目されたことに加え、一九八〇年代にはビデオデッキの家庭での普及率が二パーセントから約七〇パーセントに急速に高まっていったこともあり、ビデオの普及の過程を検討することはあまりされてこなかった。長らくビデオに対する研究は、アダルトメディアを個室的に消費していたことに着目するもの以外驚くほど少なかった。それはビデオを考えるにあたり現代のイメージが念頭にあるために、アダルトや「VHS対β」などのわかりやすい議論が主流を占めているからである。しかし、メディアの初期展開を考えるうえで重要なのはむしろ、現在では忘却されたイメージである。そもそもビデオという技術には、われわれの日常的な経験をどのように変えうる機能があったのだろうか。

　ビデオの家庭普及が本格的に始まるのは、一九八〇年代になってからだといわれている。本書で焦点を当てるアニメファンたちにとっても、この八〇年代という時期は重要である。前述したように岡田斗司夫によるとアニメファンたちにとって決定的な機種が登場したのは八〇年のことであり、この機種の登場によってぶれずにコマ送りができることや繰り返し再生などのアニメファンにとって重要な視聴行為が広く可能になっていったという[3]。しかし、一見するとアニメファンなど一部のマニアにしか需要がないようにみえるコマ送りやスロー再生などの機能が、なぜ家庭普及が本格化する段階ですでに高性能なものとしてビデオに備わっていたのだろうか。このことを考えるために、ビデオは家庭普及以外にどのように受容されていたかに着目する。

　本章では、初期のビデオ普及で重要な意味をもつにもかかわらず、これまであまり体系的に論じられてこなかった教育現場での受容に焦点を当て、そこから家庭普及の初期までを論じる。ビデオというテクノロジーのニーズが初期にどのように見いだされていったのかをたどるために、一九六〇年代後半から七〇年代のビデオ業界紙「ビデオジャーナル」を資料として用いる。

1　ビデオ受容をめぐる諸議論

　こうしたビデオ受容に着目する既存の議論を、本章の趣旨に関連するように整理しておきたい。主流を占める性的な消費をめぐる議論、性的な消費のなかでも個室的な消費とは異なった消費が存在したことを示唆する議論、趣味集団での消費実践に関する議論をそれぞれ概観し、本章の意義を述べる。

性的な消費をめぐる研究

ビデオに関して展開された議論として代表的な一つの領域は、ビデオの性的で個室的な消費の展開を分析する研究群である。例えば、成人のための性的なコンテンツ（アダルトビデオ）が発売されるようになり、βとＶＨＳの競争では、この領域での普及に先んじていたＶＨＳが勝利を収めるうえでの決定打になったという神話がある。こうした側面がなかったわけではないだろうが、ビデオデッキ全体の普及を説明するには、過大な神話である。アダルトビデオの普及に際して重要だったレンタルビデオショップなどが展開される一九八〇年代の中盤に、すでにβとＶＨＳの普及に関してはある程度大勢が決していたという事実をみただけでも、それが神話にすぎないことがわかる。

一方で、映像として性的なコンテンツを私室で見ることができるという経験自体を重要なものとして論じる研究がある。赤川学をはじめとしたポルノグラフィー研究でも、ビデオというメディアの重要性が指摘されている。赤川はビデオの性的な受容を検討し、アダルトビデオは個々の視聴者が「自己がいかなる性的な人間であるか」を自らに問いかける装置になっていたと指摘している。[4] アダルトビデオの受容経験が個々人の性的な経験を大きく変容させたのは確かだ。ビデオと性的なイメージを結び付けて捉えることが説得力をもったことは事実であり、むしろどのようにしてそうした議論が強固に存続したのかを問うことが重要な意味をもつ。

すでに述べた一九八九年の宮﨑事件に際して、宮﨑の自室に大量に積まれたビデオテープに言及することがビデオを性的なイメージと結び付けて問題化するうえで重要な戦略として機能したという大塚英志の指摘をあわせて考えると、ビデオの性的なイメージの強固さはビデオというメディアを考えるうえで重要である。[5] アダルトビデオを実際に見ていたかどうかにかかわらず、見うることとそれを（自分が見たとして）表立って語らないことはビデオをめぐる想像力について大きな示唆を与える。

同時にビデオにおける性的なイメージの重要性という「神話」がどこか怪しいものであるという感覚も、この

「神話」を聞いた多くの者が感じることである。最終的にはほぼすべての世帯に行き渡る家族普及の決定因として、性的なコンテンツの効果だけで説明することが困難だからである。考えるべきは、性的なイメージを含めたビデオの複数のイメージである。そこで、本章が注目するのはビデオの初期展開にどのようなイメージがそのつど付与されていったのかということである。

「私秘的」なイメージの存続

ビデオのイメージを、アダルトビデオを個室で消費する男性というイメージ以外に複層化する試みを、あえて性的なコンテンツを主題にしておこなった研究がある。溝尻は、一九七〇年代のビデオの「性的な」受容をめぐる議論を展開している。モーテルなどでのビデオの性的な使用に着目し、七〇年代にビデオをめぐって提起された性的なイメージが、赤川が指摘した「オナニー」を前提として個室で「見る」個人的な消費とは異なった[6]、恋人同士や夫婦などが互いに行為を「撮る」という「親密な関係」に基づいたものだったとしている[7]。

しかし、そうした親密性に基づいた性的なイメージが存在したとしても、それが現在の「私秘的」なイメージにどのように接続したのかを考える必要がある。そのことを考えるためにも、家庭に普及する以前の利用から家庭普及に結び付くまでのプロセスをひとまずたどりながら、性的なコンテンツ以外の初期受容に注目することにしたい。

趣味集団における初期受容をめぐる研究

性的なイメージに限られない幅広い使用実践に着目した研究には、例えば国外であればアン・グレイなどのようにビデオの家庭での視聴実践に焦点を当てたものがある[8]。しかし、日本国内での放送文化との違いなどのため、単純な比較をすることはできない。日本国内の視聴実践に焦点化した研究領域として、「マニア的」[9]な趣味集団に着目した研究群がある。溝尻は、日本でミュージックビデオを受容する場がどのようにして形成されたのかを明らかにすることを目指す議論のなかで、相互作用のなかでオーディエンスが立ち現れたことと、オーディエンスの存在が作り手の意識を変化させることに着目し、それ以前のオーディオマニアの経験との連続性に着目している。[10]

本書でものちのいくつかの章で、ビデオを使用することがアニメファンの視聴文化が成熟していくうえで重要な機能をもっていることに着目している。なかでもビデオを用いた編集やコマ送りなどの操作に着目し、そうした操作をおこなうことで作り手の側の仕掛けに気づくと同時に、作り手の側もそうした仕掛けに気づく受け手の存在を意識していることについてアニメ雑誌上で言及されていくことを論じる。[11]しかし、こうした議論の技術的な前提になるコマ送りという機能が家庭普及の初期からかなり広範にビデオの機能として存在していたことをまず問わなければならない。

こうした一見すると「マニア」や「一部のファン」にしかニーズがない機能が、なぜビデオというメディアに（使用のレベルに差異はみられるものの）家庭普及の初期から存在したのかを問わなければならない。これは家庭普及の際に必要と見込まれたと想定するにはやや過重な機能だといえるからである。

そのことを考える一つの手がかりとして、ビデオの初期の販売規模を満たすために、その宛先にしていたのは家庭ではなかったことがある。家庭普及がなされるまでに別の場所で一定の需要が存在したのではないかと考えられるはずである。そこに着目することではじめて、ビデオに対するメディアのまなざしの意味を考察することができる。本章ではビデオの市場での展開プロセスを追うなかで、のちにアニメファンなどが使うコマ送りなどの技術がどのようにニーズとして浮上し、家庭普及に際しても残り続けたのかに着目する。

2　資料の特性

本章では、一九六〇年代後半から七〇年代のニーズを考察するためにビデオの業界紙「ビデオジャーナル」に着目する。

業界紙に着目する理由は、その需要が十分に見定められていない受容段階で特定の先端的受容者を取り上げる雑誌に着目すると、短期間で受容者の核となる層が移り変わるため、その変化を追うことができないからである。そこで、ビデオのニーズを見定めようとする様々な業界の側がどのように市場をみていたのかを考察することが、家庭普及が始まる以前の段階を考えるうえでは有効な手法だと考えられる。そうすることで、ビデオの一九七〇年代の受容を継起的に考えるときに、性的なイメージがどのようにして先行してついたのかや、市場化する段階でどのように性的なイメージを払拭しようとしたのかを含めた複雑なプロセスを連続的に追い続けることができる。しかし、家庭普及以前の受容を考えるうえで業界紙を対象とすることには当然限界がある。

初期受容に関する研究は、現在当たり前になされている受容以前の潜在的な可能性・あり方に着目するものだが、それを雑誌で考察することは困難である。業界紙として存在している以上、一定の市場としてある程度の見定めはすでにおこなわれていて、それ以前の段階を検討するには社史などの一次資料に基づく必要があるからである。しかし、本章での課題は初期の受容のありようを明らかにすることではないので、本章では初期に様々な市場のなかでどのようなニーズを業界の側で見定めて提示しようとしたのかという観点から分析する。

本章で対象とするのは、一九六八年三月一日に伸樹社が創刊したビデオの専門紙であり、現在でも存続している業界紙「ビデオジャーナル」である。「ビデオジャーナル」は対象とする時期の範囲内では隔週で発行されていた。価格は発刊当初は年間六百円だったが、物価の上昇に伴い価格が上がり、七八年時点では一年間で四千八百円程度だった（現在は月刊で価格は一号あたり九百八十円とかなり変容している）。新聞体の雑誌でページ数は一号あたり、はじめのうちは四ページ（増刊時は八ページ）だったが、第百号あたりから一号につき八ページで統一されていく（増刊時は十二ページ）。

3　教育の場とビデオ

ビデオをめぐる教育的な意味

初期の業界紙で、ビデオのハード面で一定の販売規模を満たすのに特に重要だと認識されていたのは、企業でも家庭でもなく教育の現場だった。それは、一つには以下のような文脈があったからである。

これまでテレビといえば、学校放送などを除くと、とかく余暇の手軽な消費財として考えられがちで、しかもそれが話題になるときは青少年に及ぼす悪影響とか〝一億総白痴化〟といったマイナス面が強調されることが多かったが、社会教育分野における放送利用の総合的試みとして、くらしに生かす放送利用運動は地域社会の人々の参加で新しい課題を提起しながらしだいに生活の中に定着している。[12]

ビデオは、大宅壮一がいう〝一億総白痴化〟というマスメディアの負の側面がテレビで強調されていたことを前提にして展開されたメディアだった。それを乗り越える可能性があるメディアとしてビデオが着目され、「社会教育分野における放送利用の総合的試み」がなされることに強い期待が注がれている。

例えば、通信教育での利用や社員研修用にピーター・ドラッカーのビデオがダイヤモンド社から早い時期に発売されるなど、社会のなかでの様々な教育需要に応える技術としての期待がビデオに対しては存在していた。大学と連携して企業の説明会に代替するものとしてビデオを利用する試みもあった。このようにリアルな場でおこなわれることを前提にした教育（や説明）を代替するものとして、企業側としては大きなコストがなくビデオを作ることができ、受容側としては好きなタイミングで再生することができるというビデオ技術の重要性が着目されていたのである。

そのため、ビデオの視聴覚教材としての優位性は様々な点で強調される。

ビデオ教材は、他の自主教材と異なり、画面と音が完全に同期された、具体的でもっとも新しい感覚の教材、という特性をもっている。これは、わたしたちが現在の時点で求めることができる最高のものであることを示している。[13]

このように、ビデオがその時点で「最高」の可能性をもつメディアであるという評価が一九六〇年代の後半にはあった。では、なぜこれほどの可能性をもつものとして注目されたのか。

ビデオの利点は、学校教材として考えたときに最大限に発揮される。この時期の教育機関の映像上映で問題になっていたのは、八ミリなどの映写によるものかテレビによるものかという点だった。八ミリは個別的な教育の可能性として注目されることも多かったが、[14]コストが高く、教育予算が投下されることも次第に少なくなっていった。八ミリなどのソフトの映写に対して、ビデオによるコストの大幅な削減がしばしばビデオの可能性として論じられていた。

ビデオの可能性についてはもう一つ、教室で用いられる視聴覚教材の主要なものが、（そのほかの機器も存在したが）テレビだったことを考えなければならない。テレビを視聴覚教育で利用する最大の制約として、放送は原則一回限りであることと、その放送時間に合わせて、学校内に数カ所しか設置されていない視聴覚教室の順番を待たなければならないという条件が存在したのである。

生視聴を重視することは間違いないが、今大会ではＶＴＲを使って繰り返し再生などの方法を取り入れ、教材を最も効果的に使う方法を考え、問題を提起したい。[15]

このように、テレビがもっていた「生視聴」という制約を乗り越えるツールとしてビデオの使用が強調されていた。それまでは、テレビで放映される番組を見るために決まった時間を確保するという視聴形態をとらなければならなかった。このような限界を乗り越えるメディアとしてのビデオに対する期待が、とりわけ教室という制約が多い場を利用する教育現場にはあったのである。

視聴覚教材予算と規格の統一

ビデオの教育現場への普及は、初期のビデオの普及で重要な位置を占めることが業界紙で議論されていた。

VTRの機能をいち早く取り入れてきた教育界は、文字どおりVTRの普及促進に果たした役割は大きい。初期のころ単にテレビ番組の録画再生の機能しか知らなかったがしだいに目覚め、いまではかなりVTRの機能を理解してきておりテレビに対する主体性をにぎるようになった。校内テレビ放送に、教材の自主制作に、テレビカメラなどVTRの関連機器を駆使している。またVTRを導入していない学校も、購入に強い意欲をもっており、「教室の近代化」の主役として、欠かせない機器になってしまった。[16]

このように「VTRの機能をいち早く取り入れてきた教育界」がビデオ普及の重要なアクターとして着目されていた。一九六八年の時点では、教育現場でも普及率は決して高くないという認識があった。また、のちに詳述するが、「単にテレビ番組の録画再生」しか知らなかった教員が「目覚め」始めたことが強調され、「テレビに対する主体性をにぎる」ために、それ以上の機能を駆使することが暗に推奨されていることがわかる。ただ、教育現場は注目されている市場の一つではあるが、一方で普及が伸び悩んでいるという感覚もあった。

昭和四十四年小学校三・三％（台数九〇三台）中学校六・四％（同九百二十六台）高校十九・八％（同千百二十七台）となっている。一方昭和四十五年度予算政府案では、高校に対するVTR設備補助（高等学校視聴覚教材整備に必要な経費）が前年度の百九台、一千九十万円から四百九台、四千九十五万円への大幅な増加が認められ、高校のVTR普及は、四十五年度中には三〇パーセントをこえるものと予想されている。またかねてから注目された教材基準の対象品目としてのVTRの追加は、総額が前年度の六十億円から七十二億円に増加しながらも実現せず今後も実現性は薄いようだ。[17]

このように二年間で高校で大きく普及率を高め、一九七〇年（昭和四十五年）には、三〇パーセントの普及率を超えるはずだと予想されている。その際に懸念事項として指摘されているのが、「規格の統一化」である。それは「教材基準の対象品目」にビデオを挙げるうえで大きな争点となる。規格化は教育現場で予算を得るうえでも重要な争点になったのである。

かねてからその出現を待たれていた〝統一型VTR〟が仙台市で開く第二十回放送教育研究会全国大会で初めて姿をみせ、各社から出された統一I型VTR間でテープ交換の試みが、大会参加者の前に公開されている。（略）各メーカー間で互換性がなかったわけだが、こんど各社間の規格を統一し互換性のあるVTRの登場によって〝欠陥VTR〟を解消するもので、ビデオ界にとって今年最大の話題になりそう。[18]

統一型VTRは、放送教育では重要なものと見なされていた。規格が異なると、最新の機種に交換したときに、これまで所持していたテープが無駄になる危険性があるからである。そのため互換性がないことは、普及過渡期のビデオにとって不利な条件だった。I型（白黒）では、一九七〇年の時点である程度互換性をもった規格統一がなされていた。

特に放送教育の一環として急速な普及が見込まれている教育界から規格の統一について強い要望が出はじめ、〝規格統一〟問題は、VTRが通過するべき大きな勘所とみられ、関係者の話題になっていた。[19]

互換性を希求している消費者としてこのとき「ビデオジャーナル」上で想定されていたのは、「放送教育の一環として急速な普及が見込まれている教育界」だったことが述べられている。そうしたなかで規格が統一され、普及率が次第に増加する。時代は下るが、一九七七年の二百十五号（二月一日発売号）では、ある地域で「全日制高校 普及率九九％[20]」とあるように、教育現場では、家庭普及が始まる以前にビデオの普及はほとんど飽和した状態になっていた。それでは、教育現場での利用はどのようなものとして実際には着目されていたのか。

ビデオの高度な技能の要求と誰にでも使えるメディア

ビデオが教育現場に導入された際、教育現場ではビデオに対して独自のニーズがあり、そして、そのニーズを汲み取る回路が存在していた。教育現場に導入された際の前提として重要なのは、まずこれまで視聴覚教育は、テレビの教育番組をライブで受容するという限られたものだったことである。

ビデオが導入されて第一に達成したのは、まずビデオを効果的に撮りためて用いる教育が可能になったことである。そして、それらの教材を最も効果的に使う方法が議論される。ひとまず、どのような映像を見せれば「教育効果」があるのかが議論されることになる。

〝テレビっ子時代〟〝テレビチャイルド〟といわれるほど、テレビと子どもが密着してしまったいま、子どもたちの世界を豊かにするテレビ、とくに子どもたちに強く訴えるカラーテレビは、幼児教育に欠かせなくなる。[21]

例えば、このようにカラーテレビは一つの教育効果があるメディアとして着目された。カラーテレビが「子どもたちに強く訴える」強い刺激をもつものとして所与のものになりつつあり、子どもたちはその環境を当たり前のものとして、かつ日常に根差したものとして受容していた。そのため、カラーでビデオを録ること自体は初期から求められていた。ただ、これはビデオというよりもカラーテレビの特性について述べたものである。ビデオにしかない特有の機能に着目するような言説としては以下のようなものがみられた。

スポーツだけでなく、学校や体育や理科の授業で〝動〟を学ぶとき、スロービデオがあれば、効果は一段と大きい。〝動きを捕える〟――これがスロービデオの最大の機能だ。これが小型ＶＴＲにも実現した。スピードあふれる動きを分解したり、決定的瞬間も確実にキャッチする[22]

このように、スポーツだけでなく授業の教材としても〝動きを捉える〟ためのスロービデオの需要が存在していたことがここから見て取れる。こうしたスローモーションは業務用ビデオでは以前からあったが、普及機でこうした機能が洗練されていったのはこの教育現場でのニーズが大きい。このように、テレビを録画する以外の、録画だけにとどまらない様々な技術への要請があったことがわかる。そしてちょうどこのころに、そうした受容を想定した普及機が発売されている。

日本ビクターはこのほど、普及型ＶＴＲでは世界でも初めてというスローモーション再生ができる画期的なＶＴＲ〝ＫＶ８１０〟を開発、価格二十八万円（現金価格）[23]

こうしたスローモーション再生ができる機種はのちにカラーでも求められるようになる。加えて一九六八年の大卒初任給が三万六千円程度だったことを考えると、二十八万円という金額は個人が簡単に買えるものではないことがわかる。公費であってもこの費用を出すには一定の説得性が必要だった。だからこそ、ある程度の耐用年数が想定されていなければならず、とりわけ互換性が論点として大きく取り上げられていったのである。

このように、はじめは教材研究などを前提とした高度なビデオの使用が、教員によってなされていた。ビデオは、高等教育での受容が着目されていた。ビデオが技術として十分に普及していない段階でも、ビデオの使用をある程度前提とした様々な通信教育への可能性が着目されていたのである。一九七二年に放送大学の実験放送がなされたことを、その象徴的な事例として考えることができる。

だが、ビデオの普及率が高くなってきた一九七〇年代になると、むしろ誰にでも使えるという側面のほうが次第に重要視されていくことになる。

従来のVTRはセミ・プロ向きのシステムだったが、新しいVCR[24]は〝女性や子どもにも使える〟線を狙いたい。女の先生にもビデオになじんでもらえると思う[25]。

教育現場では誰にでも使えることが強調され、高度な技術という語りは次第に後景に退く。それは、教育の可能性として模索され導入されながらも、多くの学校でビデオを使いこなせていなかったからである。ビデオ機器は使用できる個人の技能に依存し、かつ学校のなかで縦割りで導入されているところがあった。一九七〇年代中盤での、ビデオを視聴覚教育として利用しにくい多くの理由は、使える教員の数が限られるというものだった。例えば七六年の平田賢一らの調査では、ラジオやテープレコーダーは九〇パーセント近い教員が使える一方で、テレビの生放送を有効に取り入れられる教員は六〇パーセント程度、VTRは四〇パーセントの教師しか使えていなかったという結果が残っている[26]。

それまでのビデオは「セミ・プロ」向きであることが強調されていたが、「女の先生」や「子ども」（児童）にも使用できる製品が目指されることになる。視聴覚教育を洗練させるよりも、多くの人がどのように使えるかが模索されるようになる。そして、その誰にでも使えることが家庭普及を促す前提になる。しかし、一九八〇年代以降、急速に家庭に普及するまでには一定の時間が必要だった。そのように家庭への普及が遅れていることを「ビデオジャーナル」では以下のように意味づけていた。

「兌換性という大きな障害を乗り越えたことは大いにけっこうだが、家庭用として伸び悩んでいる八ミリの道をたどらないようにするためには、ソフトウェア面での決め手を同時に考えていかなければならない」と本質的な問題を提示。[27]

規格統一をして「兌換性という大きな障害」を乗り越えたことが肯定的に語られる一方で、普及に関する障害について「八ミリ」と対比して「ソフトウェア面での決め手」が必要であることが一九六九年の時点で意識されているのである。

この節での議論をまとめる。教育現場では、ビデオは「一億総白痴」というイメージを払拭するような新しいメディアとして着目されていた。高校を中心として各種学校の教育現場でビデオの普及率が上がっていくが、そのプロセスのなかでビデオの規格統一も目指されていた。教育現場で研究会などが頻繁におこなわれるなかでニーズの見定めとフィードバックをおこないやすい環境があり、「高度な」教育工学的なニーズを満たす機能が付けられていく。だが、普及に際しては同時に簡素に最低限の機能を使えるというニーズも意識される。こうした状況を前提とし、家庭のニーズへと関心が移行していくなかで何が起こったのかを次節では考察する。

4 「教育」と「家庭」の間

遅れる家庭普及

ここまで述べてきたように、教育現場での受容が見込まれながらも、「ビデオジャーナル」ではかなり早い段階から家庭普及への展望が繰り返し述べられる。

ビデオ元年　七二年がやってきた！「家族業界のビック・ビジネスはもちろんのこと、日本を代表する企業のほとんどが名をつらねるほど、ビデオ産業の進路は、各方面の注視を浴びている。[28]」

一九七二年には、ビデオ元年として家庭普及への意気込みが語られる。しかし、その普及はなかなか進まなかった。ビデオは高価だったが、長く使用することを前提として家電の高い買い物をする層自体は存在する。そのため、価格にその原因があったわけではない。むしろ、その耐用年数への疑いこそがビデオの普及を遅らせることになる。白黒テレビの家庭普及率は飽和する一方でカラーテレビの普及の過渡期だったことと関連して、家庭への普及が実際にはかなり遅れることになる。七八年に「今年こそ元年かも[29]」と、繰り返し元年が語られた。そして需要としては教育現場や企業などが依然として主流を占めていた。そのため、ビデオは技術的には様々な映像を映し出せるメディアでありながらも、各社にそうしたビデオ向けのパッケージ映像を作るのをためらわせることになる。

VP（注：ビデオパッケージ）のレンタルという現象が成立するためには、ハードを所有している人がおり、彼らにVPを使う欲望をおこさせることが前提になる。[30]

この記事からも明らかなように、購買だけでなくより安価に利用できるレンタルなどで消費者側のコストを下げたとしても、ソフトが展開されるためには、まずもってハードの需要が満たされる必要があることが強調される。

こんど住友スリーエムが市販するテープはスコッチ印（米国スリーエム社製）361で、六十分用（361-1/2-2400一万円）と三〇分用（361-1/2-1250五千五百円）の二種類。これをVTRメーカーをはじめ録画済みテープメーカーのソフト各社、教育関係、さらに一般ユーザーへ販売する。当面は直販体制をとるがいずれは全国の販売拠点に特約販売店を設け、店頭販売に持っていく考え。[31]

このように生テープの市販が業務用ではないものとして始まるようになったことからも、少しずつではあるが、家庭への普及に関心が集まっていたことがわかる。芸能人（とりわけ俳優）がどのようにビデオを用いているかという特集がしばしば組まれていたことからも明らかなように、それはあくまで高所得者層に限られたものであり、直販体制という限られた形態をとっていた。だが、そうした特集が一般に向けて購買意欲をあおるように組まれていたことも明らかである。

「やって来るビデオテープ時代　七月から続々と家庭用も発売へ」[32]のように、一九七〇年七月には家庭用も通常のような店頭販売が予告されている。そうしたユーザー層の拡大のためには、前述したようにソフト面の充実が重要であることが意識されていた。そこで将来的に広く家庭普及をさせていくうえでの論点として挙がってくるのが、アダルト向けのコンテンツをどのように取り扱うべきかということである。

ソフト展開と性的なイメージ

一九七〇年代の前半では白黒VTRが主流を占めていて、カラーVTRは可能性を感じさせるメディアだったが、技術的には十分なものとはいえなかった。

白黒VTRが統一I型で互換性がとれ、カラーは各社の方式がまちまちだという現状で、ポニービデオがカラーで出てきたということについて「現在のビデオ・ソフトの市場がカラーに期待しており、また、カラーの方が危険性が少ない[33]。」

白黒のビデオが広く普及しはじめていた段階で、カラーは互換性がなく、「各社の方式」が統一されていない状況でも、コンテンツ制作では「市場の期待」と「(海賊版などでの複製の)危険性が少ない」ことからカラー作品が優先して作られる状況にあった。このオリジナルコンテンツのニーズは主にレコード会社などの企業にあった。

ヤング層のレコード客の獲得と、レコード店のイメージ・アップ、ビデオ利用の市場開発をねらったもので、全国百の主要レコード店にVTR再生装置を設置、十日に一本、若者向けの音楽情報、レジャー情報(三〇分のビデオソフト)を流すというもの[34]。

家庭でのソフトの受容が期待されながらも、実際のニーズはこの記事にあるように、レコード店が店頭で流すなどの用途で、企業が用いることが中心だった。ソフト制作でも積極的な展開が模索されるが、制作本数が増加していく割には、市場を十分に見定められていない時期が続いていた。そうしたなかで、安定して一定の需要をもつ媒体として想定されたのが成人向けコンテンツである。そのことは以下のように振り返られている。

　去年八月から三〇〇〇本を売り今年の目標は二万本だという。やはり成人ものがかなりウェイトを占めているのは否定できないようだ。[35]

　ビデオの普及展開では成人向け作品に注目が集まっているが、その展開については「ウェイトを占めているのは否定できない」というようにネガティブな評価を伴って語られていた。こうしたネガティブな評価は、以下で引用する「くたばれピンク・ビデオ」という記事でも展開されている。

　レジャー旅館に咲く仇花、モーテルやアベック旅館を対象にピンク・ビデオブームをまきおこしたことは、週刊誌などを通じてごぞんじの読者も多いだろう。（略）ハードウェアも一年前は〝苦難の時代〟。学校へ、企業へお百度まいりを踏んでもビデオを売りにくい商品の筆頭だった。それが現在、いや最近までは、ピンク情報の分野で、売れに売れた。〝書かれざるブーム〟として潜行しながらも、それは燎（りょう）原の火のように広がっている。[36]

　このように、一九七〇年の時点で「レジャー旅館に咲く仇花」としての「ピンク・ビデオブーム」が週刊誌などで報じられていたことが語られている。そして、それは〝書かれざるブーム〟であり溝尻真也が指摘したような現在にも続く性的なイメージの一つの起源としてあったといえる。[37]しかし、それに対して「正統派ソフトを育てよう」という処方箋が示されている。

　ビデオ産業はポルノビデオでイメージを落とすべきではなかった。ＶＣといえばモーテルを連想させては健全な学習手段としての信頼感をもたせることはできない。ビデオはもっと自分自身を一つ一つの作品を大切にするべきではなかったか。[38]

このようにビデオ産業がポルノビデオでイメージを落とそうとしていると批判される一方で、採算を取るために仕方がなかったという議論も存在していた。しかし、実際にそれほど多くの領域をアダルトソフトが担っていたのだろうか。溝尻が中村朗の議論[39]に示唆を受けて指摘するように、[40]ソフト面では初期には性的な領域が中心だったのかもしれない。しかし、市場規模が次第に大きくなりはじめる一九七八年には、少なくともアダルトソフトが中心という状況ではなかったといえる。

ビデオソフト流通調査　総額八万六千七十一万円　教育一万一千九百五十八万円　一三・九％　児童向け一万九千四百九十万円　二二・六％　医学・保健・衛生・育児　一万七千六百五十万円　二〇・五％　成人娯楽一万三千五十万円　一五・二％　圧倒的に業務中心[41]

この記事では、一九七〇年代末の時点のビデオソフトの流通量のなかでは成人娯楽の割合は一五パーセント程度である。決して低いわけでもないが、大きく普及の運命を決定づけるほどの割合になっているとはいいがたく、個人利用よりも企業や教育の現場で依然としてビデオソフトは流通していたことがわかる。にもかかわらずそうしたイメージが存続したのは、溝尻がいうようにイメージがもつ力だといえるだろう。[42]

録画という「可能性」

しかし、前述したソフト展開よりもテレビの録画へのニーズがビデオの初期のユーザーのなかで強くみられた。誌上アンケートでも、録画をビデオの購入目的の一位に挙げるものが多かった。だが、その録画にはただ単に利便性や娯楽という用途だけではなく、テレビの視聴態度の変容という積極的な意義が読み込まれている。

録画しておきたい「読みとる」「聞きとる」「見とる」の態度が必要だろう。特に映像情報についていえば「見とる」の〝とる〟は〝撮る〟ではあるまいか。ほんとうにいい番組を残しておくために、四月新番組の中から、いくつかを選んでみた。[43]

ここで特徴的なのが、「見とる」の〝とる〟は〝撮る〟ではあるまいか」という能動的な行為としてビデオの視聴行為を意義づけるような議論がなされていたことである。そこで「ほんとうにいい番組」を選ぶ必要があることが語られ、そのために雑誌上に番組リストが掲載されることになる。

日本のレジャーはゴロ寝とテレビに代表されるが、もっともメーカーやソフト屋さん達が望んでいる使用ひん度が低くて需要の広い、家庭用品に仕上げるためにはゴロ寝の対象たるビデオを容易に供給することが、第一の条件である。（略）最も重要なことは、ＶＰの内容についてもいえることであるが、〝見てしまえばそれまで〟のテレビの内容から、じっくり見る内容の開発が、ぜひとも必要である。[44]

このように「ゴロ寝」の対象としてテレビがあることが強調されながらも、「じっくり見る内容の開発が、ぜひとも必要である」と、テレビ番組の制作に対して警鐘を鳴らすような可能性があるメディアとしてビデオに関する議論がなされている。こうしたテレビの作り手に対してビデオが訴求力をもつはずだという予測は、溝尻などの議論でもみられたものである。[45]

もちろん、今のところテレビの録画番組は「一回性」のものであり、視聴者の映像要求に送り込まれる消耗品にすぎなかった。（略）だが、ビデオの登場により、テレビや〝映画〟という強敵を迎えたことにより、テレビはニールセンやビデオ・リサーチの視聴率という〝虚像〟よりはるかに恐るべき審判官の前に立たされたことになる。[46]

「一回性」しかもたなかったテレビの視聴経験は「消耗品に過ぎなかった」のであり、ビデオというメディアの誕生によってテレビの性質自体が変わりうることが強調されている。そこで「恐るべき審判官」として、能動的な視聴者が誕生するうえでの一つのメディアとしての可能性を読み込まれている。これも前述したような教育メディアやその延長線上にある教養メディアとしてのビデオのイメージに強く枠づけられた議論であり、「繰り返し見る」ことへの可能性が読み込まれていることがわかる。

家庭普及への条件

ビデオが家庭に普及する際に、実際に多くの需要があったのは録画機能だったことを論じた。しかし、家庭普及にあたり、そのシンプルな条件がいまだに完全にクリアされていなかった。それが問題になりつづけてきた規格の統一である。

家庭用ビデオの規格統一ということになれば、当然、小型軽量、機構の簡易化、高品位の再生画質取扱いの容易さ、そして低コスト化がそれぞれ条件となろうが、特に大切なのは後発メーカーにも容易に生産できることで、いたずらに高度な技術を必要とする複雑なものは避けるべきであろう。また近い将来の技術の進歩をも考慮に入れた規格の決定が重要であって数年にして内容の更改を必要とするような統一規格であってはならないことは当然であろう。[47]

つまり、家庭普及の条件の一つが低コスト化で、もう一つは規格が統一されることだった。白黒ビデオでは、一九七〇年代初めにある程度規格統一が達成されていたが、カラーテレビの完全な規格統一の達成は七〇年代にはまだ達成されていなかった。さらに、録画の機能が主な需要の一つである以上、テープの長さがもう一つの重要な争点になってくる。

いま最も関心を集めているのはソニーが1／2インチベータマックス方式で「いつ二時間ものを出すか」であろう。昨年末から今年初めにかけて、ソニーの首脳陣へのマスコミの質問には、規格統一とからんで、必ずといってよいほど、この話題が出たようだ。（略）販売店で単純比較できる材料として価格や画質も争点だが、機能的には「一時間」か「二時間」くらいしかないこと。[48]

ここで重要なのは、二時間録画の機能をもつビデオに受容者がただ飛びついただけではないということである。確かに映画を録画できるかどうかは、ビデオを一つの録画メディアとして考えたときには重要な論点だといえる。しかし、注目するべきなのは、販売店で商品を単純比較するためのリテラシーとして、「一時間」か「二時間」かという論点が決定的に重要なものとされたことである。つまり、一般の家庭普及に必要だと考えられたのは、あとの章で具体的に検討するスローやコマ送り・編集などの様々な機能ではなく、値段かテープの長さかというコスト的な側面にあったのである。

教育現場で教材研究などを通して要請された多様な使い方は、家庭普及に際してはむしろ重要視されることはなく、両者は分断していた。家庭普及に際して重要なのは、単に日常的に録画をすることであり、次にパッケージソフトの受容であり、すなわち低コストで映像を楽しめるかどうかだった。だが、前述したように家庭普及が遅れるとともに録画中心という家庭の正確なニーズがそのほかのアクターの受容から乖離していたことから、教育現場が依然として重要な市場だった。そのため、教育現場で要請されたような機能が、マニアが再発掘して楽しむための機能として残り続けていくことになったのである。

5 結論

ここまで、一九六〇年代後半から七〇年代のビデオの業界紙「ビデオジャーナル」を対象に、ビデオの初期ニーズがどのように見いだされてきたかに着目してきた。本章で明らかにしてきたことは大きく分けて二つである。

一つは、教育現場が初期の市場にとって重要だと意識されていて、様々な技術的なニーズが教育現場では存在していたことである。ビデオの教育効果をめぐる頻繁な意見の交換をもとに市場として成立していて、その時期に家庭普及では初期にあまり問題とされていなかった、様々な高度な技術的機能へのニーズが存在していた。そうしたなかで家庭普及以前から、マニア(やのちの章で検討するアニメファン)が満足するような高度な技術の下準備がなされてきた。

さらにもう一つ明らかにしたことは、教育現場や企業以外の受容者として家庭に着目する際に、すぐに正確なニーズを見定めることには成功していなかったことである。そのため、どういった技術が役に立つかが必ずしも見定められておらず、本格普及がいつ始まるかわからないなかで、教育現場でニーズが存在したコマ送りなどの技術が残り続けた。つまり、家庭と教育現場の両にらみの普及戦略が初期のビデオではとられていたのである。

そのなかでビデオの家庭普及に際して初めに重要と見なされたのが、オリジナルコンテンツの制作であり、教育メディアとしてのビデオというイメージに枠づけられながら、当時のコンテンツのイメージについて回った性的なイメージの払拭が目指された。しかし、そうしたイメージが問題になるよりも受容者の側のニーズとして重要だったのは「テレビの録画メディア」としてのビデオという側面だった。

ここまでの議論から、先行研究で性的なイメージが前景化されて語られることと、複雑な技術実践が家庭普及の初期ニーズとしてなぜ設定されたのかという点に関して一定の見通しをもつことができた。家庭に普及することだけを目指すには多様すぎる機能があったことが、ビデオというメディアのファン利用やアンダーグラウンドなどを含めた多層的な需要と言説状況を作り出したといえる。

本章が明らかにしたのは、性的なイメージが前面に出てくる一方で、それを抑圧する教育的な可能性のメディアとしてもビデオが受け取られていたことである。このようにビデオは、普及の過程で多様なイメージが付与されたうえで、家庭に普及することになる。しかし、そうした通史は本書全体の関心の中心からは外れる。

本書ののちの章との関わりのなかで重要なのは、こうした多層的なイメージの一つの終着点として、一九八九年に起きた宮﨑事件があるということである。そこでは性的なものとオタク的なものが短絡され、有害なメディアとしてのビデオという、教育的な性質が忘却されたビデオに関する言説が展開されていく。そこに至るまでの一つのプロセスをのちの章では考察することになる。それは、ビデオがもった多層的なイメージの条件との関係なしに考察することができない。そのために次章からは、本章で論じたこうしたビデオ自体がもっていたメディアとしての歴史性を前提としてアニメ雑誌でのビデオ利用実践に着目して論じていく。

注

（1）一九七〇年代後半から起こった競争である。日本ビクターが制作したＶＨＳ（ビデオ・ホーム・システム）とソニーが制作したベータマックスをめぐるものであり、日本の産業史での重要な競争とされている。そうした競争の経緯についての開発者側の証言としては佐藤正明のルポルタージュに詳しい。佐藤正明『映像メディアの世紀――ビデオ・男たちの産業史』日経ＢＰ社、一九九九年

（2）「ＶＨＳ対β、ＰＲ戦に火ぶた」「ビデオジャーナル（219）」一九七七年四月一日号、伸樹社、二ページ

（3）前掲『オタク学入門』

（4）赤川学「セクシュアリティ・主体化・ポルノグラフィー」、ソシオロゴス編集委員会編「ソシオロゴス」第十七号、ソシオロゴス編集委員会、一九九三年

（5）大塚は宮﨑勤を取り上げる際に、同時に彼の部屋にあった「若奥様」をめぐる雑誌を強調して取り上げることで性をめぐる議論のなかに配置したことが、一時代前の取材をする側の性のイメージに根差したものであると指摘している。前掲『「おたく」の精神史』

（6）前掲「セクシュアリティ・主体化・ポルノグラフィー」

（7）前掲「ビデオテクノロジーの歴史的展開にみる技術／空間／セクシュアリティ」

（8）Gray, *op. cit.*

（9）ここでいうマニアという言葉は溝尻真也の用法であり、以下、本章でマニアという言葉を使う際は溝尻が用いていた意味で使っている。溝尻真也「オーディオマニアと〈ものづくりの快楽〉——男性／技術／趣味をめぐる経験の諸相」、宮台真司／辻泉／岡井崇之編『「男らしさ」の快楽——ポピュラー文化からみたその実態』所収、勁草書房、二〇〇九年

（10）前掲「日本におけるミュージックビデオ受容空間の生成過程」

（11）これに関しては第3章で詳しく議論する。

（12）「広がるテレビ教育——テレビと子供たち 心と生活に根をおろす」「ビデオジャーナル（2）」一九六八年三月十五日号、仲樹社、一ページ

（13）「自作ビデオ教材 その特性と役割」「ビデオジャーナル（18）」一九六八年十一月十五日号、仲樹社、一ページ

（14）大月健三「学習の個別化を志向する8ミリ資料の自作と活用」「視聴覚教育」一九七三年三月号、日本視聴覚教育協会

（15）「独自の研究進める VTRの活用に意欲——公開授業の問題提起を」「ビデオジャーナル（7）」一九六八年六月一日号、仲樹社、三ページ

（16）「活発に動き出すVTR界の最前線の話題」「ビデオジャーナル（4）」一九六八年五月一日号、仲樹社、一ページ

（17）「ビデオ導入、急速に増加」「ビデオジャーナル（48）」一九七〇年二月十五日号、仲樹社、二ページ

(18)「待望の統一型ＶＴＲついに誕生」「ビデオジャーナル（41）」一九六九年十一月十五日号、仲樹社、一ページ
(19)「教育界の要望実現――従来品の規格を上回る」、前掲「ビデオジャーナル（41）」一九六九年十一月十五日号、二ページ
(20)「五一年度学校放送利用調査まとまる――全日制高校 普及率九九％へ」「ビデオジャーナル（216）」一九七七年二月十五日号、仲樹社、七ページ
(21)「色彩が感動を生む――〝美の表現〟で豊かさを育てる」「ビデオジャーナル（3）」一九六八年四月一日号、仲樹社、一ページ
(22)「ビデオの話題を追って」、前掲「ビデオジャーナル（7）」一九六八年六月一日号、四ページ
(23)「画期的なＶＴＲ 日本ビクターで開発」、前掲「ビデオジャーナル（2）」一九六八年三月十五日号、六ページ
(24)Video Cassete Recorder の略であり、カセットテープを用いたレコーダーである。日本ではカセットを中心に展開されたが、言葉としてはＶＴＲという表記のほうが主流になる。
(25)「停滞ムードを破る――ビデオ界に新たな動き」「ビデオジャーナル（89）」一九七一年九月一日号、仲樹社、一ページ
(26)平田賢一／今西国晴／清水秀美／北岡武「授業における新しい教授メディアの利用を予測する変数」、日本視聴覚教育学会編「視聴覚教育研究」第七号、日本視聴覚教育学会、一九七六年
(27)「各社の協力が結実――異口同音に喜びを語る」、前掲「ビデオジャーナル（41）」一九六九年十一月十五日号、三ページ
(28)「72年がやってきた」「ビデオジャーナル（93）」一九七二年一月一日号、仲樹社、一ページ
(29)「77年ビデオ各社の戦略を展望する」「ビデオジャーナル（215）」一九七七年二月一日号、仲樹社、二ページ
(30)「軽井沢ビデオ・レンタルの成果」「ビデオジャーナル（109）」一九七二年九月一日号、仲樹社、四ページ
(31)「生テープ、市販へ」「ビデオジャーナル（56）」一九七〇年六月十五日号、仲樹社、一ページ
(32)「やってくるビデオテープ時代」「ビデオジャーナル（57）」一九七〇年七月一日、仲樹社、六ページ
(33)「毎月15作品ずつ発刊――ビデオテープカラーでスタート」「ビデオジャーナル（58）」一九七〇年七月十五日号、

伸樹社、二ページ
(34)「一石二鳥――レコード客の獲得とVTRの新市場開拓」「ビデオジャーナル」(95)」一九七二年二月一日号、伸樹社、七ページ
(35)「ヤング・ビデオ・ミュージックの人気を探る」「ビデオジャーナル」(71)」一九七一年二月一日号、伸樹社、一ページ
(36)「くたばれピンク・ビデオ――正統派ソフトを育てよう」「ビデオジャーナル」(59)」一九七〇年八月一日号、伸樹社、三ページ
(37)前掲「ビデオテクノロジーの歴史的展開にみる技術/空間/セクシュアリティ」
(38)「ビデオ産業は安易すぎはしなかったか」、前掲「ビデオジャーナル」(93)」一九七一年一月一日号、六ページ
(39)中村朗『検証 日本ビデオソフト史』映像新聞社、一九九六年
(40)前掲「ビデオテクノロジーの歴史的展開にみる技術/空間/セクシュアリティ」
(41)「ビデオソフト流通調査」「ビデオジャーナル」(236)」一九七七年十二月十五日号、伸樹社、二ページ
(42)前掲「ビデオテクノロジーの歴史的展開にみる技術/空間/セクシュアリティ」
(43)「ビデオの本質を見る」「ビデオジャーナル」(118)」一九七三年一月十五日号、伸樹社、五ページ
(44)同記事五ページ
(45)前掲「「音楽メディア」としてのFMの生成」
(46)「録画時代が近づいている」「ビデオジャーナル」(138)」一九七三年十一月十五日号、伸樹社、五ページ
(47)「規格統一のゆくえ」「ビデオジャーナル」(209)」一九七六年十一月一日号、伸樹社、一ページ
(48)「春の商戦」、前掲「ビデオジャーナル」(215)」一九七七年二月一日号、一ページ

第３章

「テレビを保存する」ことと読者共同体の形成

――アニメ雑誌「アニメージュ」を事例として

はじめに

本章では、一九七八年に創刊したアニメ雑誌「アニメージュ」の読者層が定まっていくプロセスを、メディア史的な視点から考察する。「アニメージュ」は単なる一雑誌としてだけでなく、アニメ文化全体が参照するある種の基準を作り出した雑誌である。「アニメージュ」を舞台に、一定の規模で「アニメファン」という読者像が独自性をもつものとして雑誌上で認識・形成されていった。本章では、「テレビを保存する」というニーズがそうしたプロセスで果たした役割に着目する。その際に、「テレビを保存する」ことをめぐる技術的条件と社会的条件の関係を踏まえて分析する。

岡田斗司夫はアニメ雑誌と「テレビを保存する」技術であるビデオの存在が「オタク」[1]と呼ばれることになる独自のアニメファン層の形成にとって重要であり、こうした環境が成立したのが一九八〇年前後だったと論じている。[2]ビデオが一般家庭に普及しはじめるのが八〇年であり、アニメ雑誌の相次ぐ創刊も八〇年前後である。そのアニメ雑誌の最初期の雑誌とされたのが、ともに七八年に創刊する「月刊ＯＵＴ」と「アニメージュ」である。

それに続く「アニメディア」「Animec」、そして純粋なアニメ雑誌ではないが、読者投稿を中心にした雑誌の「ファンロード」などが当時のアニメ文化を形成・牽引する重要な媒体とされ、なかでも「月刊OUT」と「Animec」が重要な雑誌とされてきた。[3]「月刊OUT」は、「オタクを象徴する伝説の名雑誌」[4]であり、「Animec」は「知的な評論を読ませる固いイメージが魅力であった」[5]という。

それに比して「アニメージュ」は、アニメ雑誌の起源とされながらも、オタク文化／アニメ文化を論じる書籍のなかでは重要とされてこなかった。それは「アニメージュ」がアニメ雑誌として、比較的最大公約数に近い媒体だったことに関連する。[6]

「アニメージュ」の販売が開始して以降の一九六八年に創刊した「FILM1/24」の投稿欄の書き込みが、当時の「アニメージュ」が置かれた言説状況を照らし出している。

1/24読者としての誇りをもとう！と思っていますが、先日予備校でまわりの奴らが「アニメージュ」片手に井戸端をひらいているとき、1/24を隠してしまうのは、「少数」という性のせいでしょうか？かくれキリシタンのような気持です。[7]

「FILM1/24」の特徴として「アニメの本というのは、カラー・ストーリーと設定資料の載ってる本だと思っている人があまりにも多い」[8]のに比べて「文字ばっかり」という点がある。そして「FILM1/24」のような雑誌は、アニメブーム全盛期には他人に勧めても見向きもされないということが語られている。そこで挙げられている「アニメの本」の特徴は「アニメージュ」などによって形成されたフォーマットであり、[9]「アニメブーム」はこうした読者を作り出したことが語られているのである。

重要なのは「FILM1/24」の読者が「かくれキリシタン」として自らを位置づけなければならないほど、「アニメージュ」という雑誌は旧来のアニメファンたちにとって大きなインパクトをもっていたことである。

「アニメージュ」は初の単独アニメ雑誌とされていて、『宇宙戦艦ヤマト』以降のアニメブームに乗じて創刊されたとされる。本章では、誌面のなかでも、とりわけ初期の読者欄「My animage!」を中心に、そのほかの記事も分析する。

初期の「アニメージュ」は、明確な読者像を見込むことができていなかった。そのため、初期からの展開をみることで読者層を見定めていく過程を追うことができる。[10] 初期のアニメージュの誌面全体がアニメブームなるものによって現出した読者／視聴者像[11]を認識してはいたが、うまく見定められていなかった。では、雑誌の展開のなかで見いだされていく読者／視聴者像とはどのようなものだったのか。本章では、その読者／視聴者像がアニメ雑誌上で「発見／創造」されていくプロセスを記述する。

1 「テレビを保存するという実践の成立」と「新たなアニメファン」

「アニメブーム」という起点

本章が問題化するのは、日本のアニメブームと呼ばれる経験である。これがいわゆる「オタク」と呼ばれる人々を可視化するうえで重要な転機だったこと自体は繰り返し指摘されてきた。アニメ産業はテレビアニメが成立して以降、次第に子ども向けのコンテンツを中心として制度化し、従来の東映などでの映画作品も子ども向けに特化して制作されるようになっていった。[12]

こうした状況が変わり始めるのが、一九七〇年代後半から起こり始めたとされるアニメブームである。後述するが、なかでも大きな変動として議論されるのが『宇宙戦艦ヤマト』のブームであり、それによってアニメ雑誌が相次いで創刊されていったとされる。これによってアニメが必ずしも子ども向けにかかわらない「オタク」と呼ばれるアニメファンへと広がっていったことは繰り返し議論されてきた。こうした「アニメ雑誌」を中心としたアニメ産業の変化は、しばしば「アニメブーム」と呼ばれてきた。

こうしたアニメブームをきっかけにして、のちに「オタク」と呼ばれるようになる新たなアニメファンの集団が現れ始めることになる。[13] 前述したようにトーマス・ラマールは、こうしたファン集団が現れるだけでなく、そのファン集団に向けて作品が作られ続けるようなあり方を、そうした展開を意識しておこなったガイナックスの名前をとって「ガイナックス・システム」と名づけた。[14] こうした方法によって、ファンと制作者の緊密な結び付きと、それに合わせて展開されるアニメにかぎらないメディアミックスと呼ばれる複合的な商品の展開につながっていくことになる。[15] しかし、そうした経験がどのようなものだったのかについてラマールは、後続の言説に引っ張られてしまっていて、当時の資料に根差した議論をおこなっていない。そもそもアニメブームははじめのうち、どのようなものとして捉えられ、受け取られていたのだろうか。

「新たなアニメファン」をめぐる混乱

初期の「アニメージュ」のターゲットの定まらなさについての議論は、例えば大塚の指摘にもみられる。[16] これは当時の「アニメージュ」の編集長がアニメとは異なる分野の雑誌を編集していたことも関連する。[17] その読者層の定まらなさとはどのようなものなのだろうか。ここでは編集者の回顧資料や回想記などではなく当時の記事に根差して、「アニメージュ」自体が置かれた位置に着目しながら議論していく。

当時は、「いい年になってアニメを見るような人」が、多くの場合アニメというメディアに対して強い関心をもっているという想定があった。さらに、こうした関心をもつ人にはクリエーターを志望している人が多いという暗黙の前提があった。[18] 例えば創刊号の東京アニメ同好会というもとはアニメーターが中心だったアニメサークルへのインタビューのなかで、クリエーター志望ではないサークル参加者がいることが強調される。[19] つまり、強調が必要な程度には、こうした認識は根強かったのである。この点については第6章で詳述する。

アニメファンというのは、いわゆる『宇宙戦艦ヤマト』以降に爆発的に増えたものであり、その実態をつかめていなかった。そのこともあり、「最近アニメのファン」になった人々に対して教育的な意図がある記事がいくつもあった。そうした読者層の位置づけを象徴するのが、初期「アニメージュ」の読者欄での対立だった。その対立軸がどのようなものであり、それが存在したことの意味はどのようなものなのかを次に論じる。

従来のアニメファン／アニメブーム以降の新たなファン

ここで考えておかなければならないのは、そこで導入された対立軸がどのような性質をもち、それがのちに独自の読者層を見いだすうえでどのように重要だったのかである。

従来のオタク論をめぐる議論で、オタクというものを大量に生み出した起点として語られるのが『宇宙戦艦ヤマト』である。例えば東は、オタクの世代を大まかに三つに分けたときに、第一世代の代表的な作品を『宇宙戦艦ヤマト』だとしている。[20] このアニメが生み出したムーブメントが、「アニメブーム」とも呼ばれるものだった。

しかし、当時はアニメブームで現れたユーザーはむしろ「ミーハー」なものとして位置づけられていた。例えば、第二号の読者欄にアニメブームの作品をめぐる批判がいくつか寄せられている。以下のような言説である。

> ところで、近ごろはアニメブームとかで新しいアニメが氾濫しているようですね。多くの人がアニメにふれる機会が多くなったのはよいのですが、数多くのアニメのなかで〝名作〟とよべるものが、いったいどれだけあるでしょうか。
>
> だいたい、きめられた時間内でたくさんのアニメをつくれば、時間に追われ手抜き工事となってしまうのは当然ですよね。いまの日本にはアニメが多すぎます!!
>
> アニメなんて週に何十本もやらなくてもよいのです。それよりも少しでもいいから、もっと質のよい、いつまでも、心に残るような傑作アニメをつくってもらいたいのです。とにかく、アニメは量より質です!![21]

このように、「アニメブームに乗せられる」のではなく、「質」を重視するべきだという言説が寄せられる。そしてそこでは「時間に追われ手抜き工事になる」としてアニメを作るリソースが問題化され、その量と質のトレードオフ性が指摘されるとともに、量の問題を「アニメブーム」に帰責していることがわかる。

一九七八年九月号には「にわか人気を作り上げたのは「ヤマト」だ[22]」という書き込みが寄せられている。一九七八年十月号にも、昨今のアニメブームを批判したうえで「きちんと作ってあるむかしのアニメの再放送を望みます[23]」というものがみられる。これに対して、同じ一九七八年十月号にはこの「アニメブーム」をめぐる論争コーナーが読者投稿欄上に設置されている。一九七九年四月号にも、ヤマトファンのせいで「ヤマトぎらいにおちいてしまった[24]」というヤマトファン／それ以外という対立コードが示されることになる[25]。

そうしたアニメブーム批判の一つとして、キャラクターブーム批判がある。一例として「アニメブームはキャラクターブームではない。（略）昔のアニメに戻ってほしい」（一九七九年五月号）という書き込みをみることができる。では、そうしたキャラクター主導のブームとは違うものとして、こうした批判者たちが挙げていたものとは一体何なのだろうか。

そこでしばしば評価されているのが、「白黒アニメ」と「テレビアニメ以前のアニメ」である。例えば「テレビアニメ以前のアニメ」の評価に関して、一九七八年八月号には以下のような投稿がみられる。

アニメーションがアニメと略され、略語であるアニメのほうの通りがよい現在、アニメはアニメーションから解き放たれ、アニメーションとはべつの〝アニメ〟という怪物になってしまったような気がする。アニメではなく、アニメーションに、それも劇場での長編漫画映画に魅せられているぼくにとって、アニメブームは去ったほうがいいように思えてならない[26]。

テレビアニメそのものが「アニメーションとはべつの〝アニメ〟という怪物」と表現されるなど、「本来のアニメ」ではないという批判がなされている。そして、現在のような「アニメ」ではなく、本当の「アニメーション」の動きを見てほしいという書き込みがなされている。ここでの詳述は避けるが、日本のテレビアニメは、毎週三十分のアニメを低予算で仕上げるためにリミテッドアニメという手法がとられている。ディズニーをはじめとしたフルアニメーションに比べて、少ない枚数で動いているように見せる技法が探究されることになる。そして、ここでいうテレビアニメ批判は、そのこと自体に対する批判でもあったのである。だが、テレビアニメ制作の体制は完全にそうした統一がなされているために、そのなかで少しでも「よい作品」であることが求められるようになったといえる。

そもそもアニメというものは、動きに魅力がなければいけない。そういう点で昭和三十八―四十年ぐらいのＴＶアニメはじつにアニメらしい。モノクロの画面がなんて素朴であったかいのだろう。（略）いったいだれだ。アニメブームなんていったのは？　かくいう私も〝ケン〟のファンでしかないが、アニメブームというのなら、フリーのアニメーターの作品とか人形アニメも支持されていいはずだ、こんなのはアニメブームではない‼[27]

投稿者は、東映アニメーションの『狼少年ケン』という作品をここで挙げていて、同作へのファンであることが語られている。さらに白黒アニメに関しても「あったかい」などその「すばらしさ」が称揚されることになる。（この投稿者がブームという言葉を理解しているのかという点に疑問はあるが）アニメに注目が集まるのならば白黒アニメや人形アニメなどの幅広いアニメが見られるべきであり、そうでないならば「アニメブームではない」と語っているのである。

現在放映されているアニメだけでなく、いろいろなアニメを見るべきという穏当な提案にみえる指摘も、当時のメディア状況を考慮すれば異なる側面がみえてくる。もちろんテレビアニメ自体が、再放送を待たなければ一度しか見られなかったが、それに輪をかけて白黒アニメを見ることは難しくなっていった。「モノクロTVアニメはなぜ再放送しないのだろう[28]」など、それは一般の視聴者にも認識されている問題だった。なぜならカラーテレビの普及が飽和するとともに、一九七〇年代後半には白黒テレビの市場撤退が進んでいたからである。そのため、白黒アニメが再放送されることは目に見えて少なくなっていたと認識されていた。だから、「ミーハーなヤマトファン」がこうしたアニメを見ることは原理的にできないという構造が存在したのだ。

ここでの対立軸としてしばしば持ち出される、最近のアニメファンやアニメは「動き」を軽視している、あるいは「乱造」されているというような批判が実際に仕掛けているのは、自分はこんなアニメを消費してきたというほかのアニメファンとの差異化である。そうすることで、批判者たちは自己の立ち位置を確保しようとしているのである。つまり、この差異化は「古くからアニメを見てきた」という昔のアニメの愛好者という立場で「アニメブーム以降」に参入していたアニメファンに対して仕掛けた差異化だったといえる。

アニメが、当時の漫画などのメディアとは違い、上映会などの特殊なコストをかけることがない一般のユーザーにとっては一度見逃したらもう見返すことができないものだったことがこうした差異化の根底にある[29]。その〈いま・ここ〉でしか見られないという問題が解決するためには、「テレビを保存する」メディアの誕生を待たなければならなかった。とりわけ、白黒アニメが再放送されなくなるなど、アニメの変容とともに従来のアニメが次第に「失われていく」という感覚が、従来から存在したそのメディアに対する欲望を少しずつ高めていくことになる。それが、ビデオでの受容をできるだけ早くおこなおうとするインセンティブにつながるのである。

「子ども向けアニメ／アニメファン向けアニメ」というコードの分化

ここまで白黒アニメやそれ以前の劇場アニメなどを見ていたファンと「アニメージュ」によって新たに浮かび上がってきた読者集団との断絶を描き、それが「撮ること」の欲望の編成の一端を担った可能性を論じた。しかし、その新たな読者集団が好むアニメは同時に従来の一般的なアニメ視聴者のそれとは異なるものだともされていた。

従来の視聴者とは異なる一九八〇年代の新たなアニメの視聴者の成立が一般に意識されるようになるのは、一体どのようにしてなのだろうか。それは子ども向け[30]とはズレた消費層が意識されるようになってからである。起源としてはいくつか見いだすことができるが、コンテンツレベルで最初に明示的に現れたのは、『伝説巨神イデオン』(東京12チャンネル、一九八〇―八一年。以下、『イデオン』)である。『イデオン』は『機動戦士ガンダム』のテレビシリーズ(名古屋テレビ、一九七九―八〇年)の制作終了後、富野由悠季監督らが継続して関わったサンライズ作品だった。初めから「中・高生向け」を押し出していて、意識して子ども以外に向けて作られたということを公表したのである。

子ども向けでないターゲットが明示的に語られたということは、このころには、子どもだけをターゲットにしなくても、アニメは収益を上げられるのではないかというもくろみがあったということである。つまり、作品の内容水準の問題ではなく、それまで作り手の側の想定視聴者が子ども以外になかったのである。

そのことについての象徴的な一例として挙げることができるのが、「アニメージュ」の『ベルサイユのばら[31]』のアニメ(日本テレビ系列、一九七九―八〇年)についての作者インタビュー[32]である。このなかで原作者の池田理代子はアニメの想定視聴者を聞かれたときに、漫画よりも年が若い「幼稚園から小学三年生」くらいまでの女の子に見てほしいと回答している。しかし、実際には『ベルサイユのばら』のファンは中学生・高校生以上が多く、内容もそうした層が好むものだった。このように当時のアニメは内容の問題というよりも、「子ども向けのアニメ」以外の存在が認識されていなかったことがわかる。

この乖離が目に見えるものとして明らかになっていく事例として、誌上人気投票である「アニメグランプリ」の一九八〇年上半期投票を取り上げる。この投票では、作品部門で『宇宙戦艦ヤマト』の劇場版が二位に対して五倍以上のスコアを取って首位を収めていた一方で、そのとき一般的に最も人気を集めていたアニメがベスト20圏外へと追いやられることになった。それは当時劇場版が最もヒットしていて、視聴率も独り勝ち状態だった

『ドラえもん』（日本テレビ系列―テレビ朝日系列、一九七三年―）である。「アニメージュ」編集部はその結果を「衝撃」として受け止め、一般的なアニメを見ることも必要なのではないかという総括的なコメントが付されている。[33]

ここでそうした差異を合理化するために持ち出されたのが、中学生・高校生向けアニメというジャンルの成立である。劇場版アニメによる再採算化はそれを後押しするものだった。そのとき、「お金を払ってまで見る視聴者」というカテゴリー化が重要な意味を帯びる。そこで劇場／テレビという差異が、お金を払う／払わない区分として理解される。

そうした図式の一例として、一九八二年二月号の「1981―82アニメ総括と展望」での「テレビから映画へ。条件はなぜか低視聴率放映打ち切りの不思議な図式」という記事がある。そこでは、「①野心作がテレビシリーズとして放映される②アニメファンには受けるが一般読者には知らん顔である③劇場映画としてリメイクされ、アニメファンを動員する④その動員の徹底ぶりが一般の人々の話題になる」として、先行的受容者としての劇場版アニメ視聴者が強調される。このように、アニメを見るのに特殊なコストをかける集団が一定の規模で見込まれだしたのである。つまり『ガンダム』『イデオン』などを好むということは、古くからのアニメファンからみた際には「ミーハー」と記述される一方で、これまでの「子ども向け」を中心としたアニメ視聴者とは異なる層が登場してきたとみることも可能だったのである。そうした「子ども向け」とは異なる価値観の醸成に関してメディア史的な視点からその一端を論じることにしたい。

2 「テレビを保存する」ことの前提条件

ビデオの普及状況に関して

岡田によると、初めて登場した市販の家庭用カラービデオは、一九七六年のパナソニックのＶＸ―２０００だとされる。なかでも画期的な機種が、八〇年七月に発売されたという。その当時のビデオは価格にして三十万円前後であり、当時の中学生・高校生が容易に手に入れられるようなものではなかった。実際に「アニメージュ」が創刊された七八年当時のビデオ普及率は決して高いものではなく、雑誌上でビデオが話題になることはほとんどなかった。

繰り返し述べてきたように、基本的にはビデオの家庭普及に関しては、一九八〇年代に急カーブを描いて広まっていった。それ以前はアニメファンといえども、ビデオデッキをもっているものはほとんどいなかったといっていい。

こうした状況では、肝心のビデオデッキをもっていたとしても、「ビデオに録る」という行為がなされるのはあくまでもリアルタイムでテレビが見られないという「非常時」に限られた。それは当時のビデオテープの値段とも深い関係がある。一九八一年六月号の「アニメージュ」上にビデオの広告が載る。そこではポータブルビデオの価格が十八万八千円とされている。さらに、ビデオテープ自体の値段も記載されている。百二十分用のビデオテープが四千八百円、九十分用が四千三百円、六十分用が三千五百円、三十分用が二千八百円になっている。このことから、百二十分用のビデオテープがかなり高価であることと同時に、九十分用・六十分用・三十分用などのテープがあったこともわかる。[34]

こうした値段の制約があるため、たとえビデオを手に入れても、複数話のアニメを全部録画するのは困難だった。例えば、この時期の「アニメージュ」のいくつかの誌上アンケートの結果によると、「アニメージュ」読者は中学生・高校生が多く、小遣いの平均額は三千五百円だった。そのため、ビデオテープは繰り返し上書き録画せざるをえないものとされていたようである。後述するように繰り返し、繰り返し、暗記するように見るという視聴行動がおこなわれることになるのはこうした制約のためである。[35]

この暗記をどこまで一般化するべきかは議論が分かれるところだが、ビデオがコスト面からアニメファンのアニメに対する視聴行動を限定することになったことは確かである。だが、ビデオはほかにもパッケージソフトの提供や自分でビデオを録るという消費の可能性をもつメディアだった。当初の制作者は、むしろテレビ的でないパッケージソフトの可能性に注目していた。(36)

ソフト展開への可能性があるにもかかわらず、なぜまずアニメ視聴で「アニメを録る」という行為が顕在化することになったのかを考えていく必要があるだろう。ビデオが普及する以前に、ビデオというメディアの使い方を決定づけるような欲望の言説が準備されていたのである。そこでは、ビデオというものはまだ到来しない(厳密にいうならば存在はしているが、家庭に普及していない)理想のテクノロジーとして存在していた。第2章で論じたようにビデオという技術は、一九七〇年代後半には教育現場で広く受容されていて、存在自体は広く認知されていた。「アニメージュ」の読者欄では「手作り」的な疑似ビデオをいくつも作り出していく消費者像が描き出されることになる。

ビデオ研究の不在状況

次節では、「テレビを保存する」という実践に着目しながら「アニメージュ」の読者/視聴者像をみていきたい。そうした録画・保存を家庭のレベルで広くおこなうことを可能にしていったのが、家庭用ビデオデッキである。だが、ビデオデッキに関する研究は、国内では性的なコンテンツとして論じる議論(37)以外ではあまり蓄積がないが、国外では古くからビデオに関する研究は蓄積されてきた。特にビデオがテレビの相対化を可能にするメディアとして注目され、その映像表現としての可能性に注目が集まってきた。(38)テレビの視聴経験や能動的な視聴実践に着目した研究(39)は多くあって、その延長線上に家庭用ビデオデッキに絞ったときにもその視聴経験の多層性に着目してきたものがある。(40)

そうした研究のなかでも重要な意義をもつのが溝尻真也の研究である。溝尻が注目するのはミュージック・ビデオの映像視聴経験という視点である。こうした映像の経験はそれ以前のラジオの聴取実践に起源を有するものだといえる。[41] 本章もそれと類似した概要で録画実践に注目する。

録画実践と関連して録音という実践に注目した研究もある。例えば、ウォークマンをめぐる多様な文化産業的な視点を論じたカルチュラル・スタディーズの研究がある。それらは消費者の実践についての既存の研究を延長して論じている。こうした議論・論点で消費者の共同性の可能性について論じたものとしてポール・ウィリスの議論がある。[42] ウィリスは、若者たちの文化的な価値観の共有として彼らが好む音楽テープの交換コミュニティーを論じている。このように、価値観を共有するメディアとしてテープはあったという。しかし、録音と録画の関係について具体的なケースを分析して学術的に論じた研究は存在しない。それはカセットテープが聴覚を基礎としたメディアであり、ビデオはもっぱら映像を保存するメディアであるからだ。しかし、本節で注目するのは映像を保存したいと思いながら、コストの面からどうにか代替的なものとして音声を保存するような実践である。そのため、映像メディアの代替的な利用として録音を使うというのはどのような実践だったのかという点については、十分な検討がなされてこなかったのである。次節では、アニメを視聴するという実践と「録画」「録音」がどのように結び付き、その視聴がどのようにアニメ雑誌の読者同士の共同体を形成することに資してきたのかを論じていきたい。

3 「テレビを録る」ということを軸とした読者共同体の形成

「テレビを録る」という欲望をめぐって

一九七八年創刊号の表紙は、『さらば宇宙戦艦ヤマト 愛の戦士たち』（監督：松本零士／舛田利雄、一九七八年）だったが、裏広告には、BIP HONIC というステレオサウンドのカセッターに関する広告が載せられている。こうした音を録る機械が、アニメ雑誌の創刊号になぜ載せられたのかを、前述したビデオとの関わりのなかで考察することが重要になる。

アニメを録ることに対する欲望の高まりの表れと見なせる。そのことを示す事例がある。それは「アニメージュ」第二号で、投稿者の一人が、モノクロアニメの再放送がないことを嘆いたあとに続けて書いた、以下の記述である。

アニメの特集などの本、レコードなどを買い集めたり、日曜特バンなどから録音・画面を写真に録ることに凝っている。やってみたいことはアニメを、テレビをビデオに録るということなのです。[43]

こうした視聴行動は、一見すると特異な例であるようにみえるかもしれない。しかし、この時期の読者投稿欄には、こうした視聴行動があらゆる場面で報告されている。例えば、読者投稿欄のなかの一コーナーである「アニメQ&A」という質問コーナーには、こうした視聴行動をおこなうために以下のような技術的な質問がいくつも寄せられている。

Q：いつもテレビの音をカセットテープに録音するとザーザーという雑音が入ってしまいます。どうすれば雑音を入れずにきれいに録音できますか。

A：どうやっても多少の雑音は入ってしまいますが、なるべく雑音を入れないようにするためには、抵抗体入りのジャックを買ってきて、テレビとカセットデッキをつなぐといいでしょう。ジャックはふつうの電気屋さんで売っています。またステレオを持っている人は一度アンプをつないでから録音すると雑音が少なくなります。テレビの前にカセットデッキを置いて録音するという方法もあります。[44]

「いつもテレビの音をカセットテープに録音する」という言葉から、日常的にこうした行為がおこなわれていたことがわかる。そうして、「抵抗体入りのジャックを買って」きたり、「一度アンプをつないでから録音」したり、「テレビの前にカセットデッキを置いて録音」したりするなどというように、いろいろな解決法を編集の側が提示することが可能になるほど、様々な試行錯誤が実践されていたこともわかる。[45]こうした技術利用をめぐる知識共有の場として、初期の投稿欄や編集への質問欄はしばしば利用されていたのである。

そうした技術の知識を使いこなすことで、「テレビアニメ視聴者」のなかから「大人になってもアニメを見る」という視聴者が次第に生まれてくる。

補完装置としての読者共同体

前述したように一定の規模で、ビデオをもっていなかった人々が、カセットテープなどを利用することで何とかして「テレビを録ること」が、かなり頻繁にみられていた。だが、こうした「テレビを録ること」をめぐる実践は、ビデオを利用するのに比べてコレクションとして集めようとしたときに経済的コストはそれほどないが、手間暇という観点では非常にコストが高いものだった。前節で紹介した読者投稿をみればわかるように、そうした録音や録画という行為はビデオの「繰り返す」という条件は代替しえていても、「リアルタイムで必ずしも見なくてもいい」という条件を満たしてはいなかったからである。また雑音などの排除もテクニックがいるだけでなく、運に左右されるものだった。例えば以下のような投稿が存在する。

聞いてください。わが家のテレビのオハナシを……。それは『ガンダム』の再々放送第十話のときのことです。十話といえば知る人ぞ知る、ガルマがシャアにひっかかって死ぬというと!!私はガルマの大ファンなのです。前にこの記念すべき(?)瞬間を録音しそこねた私は今度こそしっかりテープに収めようとテレビの前でがんばっていました。「聞こえていたら、きみの生まれの不幸を呪うがいい」というシャアの声につづき、ガルマの「シャア、はかったな!!」のセリフ。そして……このときです!!突然、画面はまっ暗、音はプッツリ……。そうです!!テレビが故障したんですヨ!!あ〜んまたいちばんかんじんなところを撮りそこねたあ!! 東京都(46)

このような事例が多発していたように、テレビアニメを収集しようとしたときには、非常に「抜け」ができやすい収集方法だったのである。そうした録音を補完するものとして存在したのが、伝言板にある「かしてください」「こうかんしてください」という読者同士の短信欄である。この欄ではもちろんほかのアニメグッズなどの交換募集もみられたが、「かしてください」「こうかんしてください」にはカセットテープの特定の話数がしばしば募集されていた。(47)これは、カセットテープには劣化の危険はあるが、ダビングが比較的容易だったことも理由の一つとして挙げられる。「貸す」ことでその話数を相互共有することが可能になっていたのである。

このようにアニメの写真を撮ることや「カセットテープを録る」ことはかなりメジャーな行為だったようである。そうした欄で繰り返し交換の募集がなされていたが、次第に、その欄にビデオが入ってくることになる。そこでカセットテープでの録音は、ビデオの代替テクノロジーであるために、その拮抗が問題化されていく。それは、同コーナーを以下のように評価する投稿にうかがえる。

まるでビデオを持っている人が優越感を、持っていない人が劣等感を味わうためのコーナーのようだ。(48)

ビデオの交換は、一九八一年という世帯普及率五パーセント程度の段階では、非常に重要なものになっていたといえる。ビデオをもっている人が「優越感」を覚えているという語りからは、ビデオを所有していることがネガティブなものとして定位されていたことがわかる。それはやはり、アニメファンのなかでビデオをもっている者が少数派だったためである。さらに時期が下るとその入れ替わりが意識されることになるが、完全な競合関係として認識されるようになる過渡期までには、以下のような書き込みが存在する。

近頃ビデオの所有率が高くなり、アニメのビデオソフトも続々と販売される時代がきたというわけです。そこでぼくは、いままで集めたＡｎ（’80年３月～’83年４月）の伝言板〈かしてくださいい〉のコーナーではどのくらいビデオが普及しているか、またカセットテープとの比較をしてみたいと思い調べてみました。(49)

この投稿者の前述の集計結果によると、カセットテープが百四十九本であり、ビデオテープが百八本（うちＶＨＳ五十九、ベータ二十六、その他・両方二十三）だったという。ここではその統計が正確どうかや、何かの実質的な意味をもつ数字であることを示すというわけではない。創刊号から集計している以上、年ごとに大きくその割合が違うこともある。注目するべきなのは、こうした比較をしようとする言説がみられたこと自体である。

この言説には、前提とされていることが二つある。第一にビデオの普及がカセットテープに肉薄していることが驚くべきこととして受け取られていることにある。一九八三年はくしくもビデオの生産台数がカラーテレビを超えた年だが、ビデオにアニメを録るという行動の率がカセットテープにアニメを録ることに肉薄したことに驚く程度には、アニメをカセットテープに録るという行為は一般的なものだったのである。だが前述したように、ビデオはハードにしろテープにしろ非常に高価で容易に入手できるものではなかったために、代替的利用だけではなく、ビデオを利用することにも工夫がみられることになる。

コストの制限によるセレクション

ビデオの普及初期には、テレビをビデオに録ることは非常に大きなコストを必要とした。一年分のアニメを録り続けるのは中学生・高校生にとってかなりの負担がかかる行為だったことがうかがえる。例えばそのことは、『新世紀エヴァンゲリオン』（テレビ東京系列、一九九五―九六年）の監督・庵野秀明の語りからもわかる。以下は彼が『ガンダム』を「ビデオに録」っていた体験を回顧的に記述したものである。

庵野：起き上がって眼が光るっていう有名なカットなんですけれど！　予告を見た瞬間ですね、新しい！って感じですね。それで一話みたらしびれてしまいまして。後はビデオ撮りですね。
竹熊：もうビデオは持ってたんですか？
庵野：持ってないですよ、だから近所の電気屋にビデオテープ買うからビデオデッキ貸してくれって。(50)

『ガンダム』放映当時のビデオの所有率は二パーセントに満たないものだった。それでも「録る」という行為に向かうにはある一定の情熱が必要になる。中学生・高校生でこうした視聴をするのは一シーズンに一本が限界であるため、ビデオに続けて録るアニメは厳選する必要がある。

ビデオデッキをもたないで店頭でビデオを借りて録るような視聴行動は特異なものに思えるかもしれないが、同時期の「アニメージュ」誌上にも、庵野と同じように友達にデッキを借りてビデオテープを見せてもらうような視聴行動はみられた。(51)

「そうしてまで見たいアニメ」としては、必然的に一話完結的なものよりは、壮大なストーリーのSF物などが選ばれる傾向がある。さらにこうした作品の収集は、依然として交換などによって補われる必要がある。それと同時によく好まれる作品が特定の作品に集中したことは、ビデオやカセットテープがそのようにして交換されていたことも強く関連する。(52)

だが、こうした交換という実践は存続しながらも雑誌上で衰退することになる。別雑誌ではあるが、以下のような誌上の応答が重要になる。「TV番組の録画テープを見たい人が雑誌を通じてテープを持っている人を探してはいけないのでしょうか？　できれば著作権に関して教えてください」という質問が寄せられる。これに対して、「旧作のガンダムの頃は雑誌で紹介してあげる事もできたのですが、諸般の事情でやれなくなりました。一応個人で楽しむ場合のビデオの貸し借りは、著作権的には問題がないのですが、まったく会った事のない人を友人といいえるかどうか引っ掛ります[53]」と応答されている。これはレンタルビデオ店などでビデオソフトが販売されるようになったことに強く関連している。ビデオが一定の普及をしたことによって、読者の互助的な交換のネットワークは（ビデオサークルなどの）よりインフォーマルな共同体へと移行していくのである。[54]

おわりに

本章が着目してきたのは、アニメブームの起点・象徴とされながらも、まとまって議論されることがなかった雑誌「アニメージュ」の初期の読者共同体の形成過程の一端である。その際に注目したのが、「テレビを保存する」というニーズがアニメファンではとりわけ重要なものとされてきたということである。「テレビを保存する」ときにアニメを映像に録るメディアとしてのビデオが高価だった当時は、カセットテープの交換などの技術的な創意工夫がなされた。だが、こうしたコレクションは抜けが生じやすいものだった。そこでアニメ雑誌上での交換コミュニティーなどが発達していった。これはビデオが普及しはじめてからも存続し、それが共同性を形作るうえで重要な意味をもった。

アニメファンの共同性が形成されることによって見る番組の評価がおこなわれるようになり、また、ストーリー志向を強めていった。さらに繰り返し見られ、放送されたとおりの見方とは異なる仕方で見られるようになるということは、（例えばコマ送りなどの）別様の消費の局面も切り開いていくことになる。その新しい側面を初めから意識した作品作りが次第になされるようになっていき、それを可能にする流通環境が整えられていくのである。

注

(1) 岡田斗司夫は、アニメの見方を成熟させるために独力で試行錯誤をおこなった少数の人々を「原オタク」と呼んでいて、テクノロジーの助けを借りることで「近代オタク」と呼ばれる集団がそこから発生し、一定規模で形成されるようになる。そのテクノロジーがビデオとアニメ雑誌であるという（前掲『オタク学入門』）。さらに、こうした近代オタクたちはアニメに限らず複数の分野をクロスオーバーさせる知識を育んでいったと議論している。

(2) 前掲『オタク学入門』

(3) ほかにも北田暁大は、パロディー文化を一つのオタク文化の成立の契機として重要なものとしたうえで、「月刊OUT」と並んで重要な媒体として「ファンロード」の存在を挙げている（北田暁大『嗤う日本の「ナショナリズム」』〔NHKブックス〕、日本放送出版協会、二〇〇五年）。團康晃もオタクカテゴリーの成立を論じるなかで「ファンロード」の重要性に着目している（前掲「「おたく」の概念分析」）。飯塚邦彦は二次創作文化の系譜学的な探求のなかで、「月刊OUT」と「ファンロード」の重要性にふれている（飯塚邦彦「二次創作する読者の系譜――「おたく系雑誌」における二次創作の背景を探る」、成蹊大学大学院文学研究科編「成蹊人文研究」第二十三号、成蹊大学大学院文学研究科、二〇一五年）。

(4) むらやまじゅん「オタクのココロ――拡大するオタク雑誌ワールド」『雑誌狂時代！――驚きと爆笑と性欲にまみれた「雑誌」というワンダーランド大研究！』所収、宝島社、一九九七年、一七九ページ

(5) 同論考一八〇ページ

(6) 一例ではあるが、東浩紀が一九八〇年代のアニメ文化が陥っていた陥穽を論じた小論での記述が重要だ。そこでは八〇年代の言論と流通の双方がともに二分されたと指摘されている。八〇年代中盤のOVAという媒体の登場によって、クオリティーは高いが対象が特化したニッチ志向の「オタク向け」アニメと、これまでにあったお茶の間の「一般向け」アニメに二分化していたという流通状況を東は語る。それに対応して言論の環境も閉鎖的だが「濃い」オタク向けと、開放的だが「薄い」一般向けに分かれていたと指摘した。その区分のなかで一部の声優のラジオや同人誌などでだけ流通する言論を「オタク向け」としたのに対し、一般向け情報の代表的なものとして「アニメージュ」の

雑誌上でのアニメ紹介を挙げている。このように、同誌はオタク向けの代表というよりは、アニメの一般向け媒体の代表として位置づけられているのである。

(7)「FILM1/24」第三十一号、アニドウ、一九八一年、八九ページ

(8)同誌八八ページ

(9)徳間書店の「別冊テレビランド」からスピンオフして、ビジュアルを中心に「アルバム」としてアニメを提示する『ロマンアルバム』というムックが出された。同誌が直接の「アニメージュ」の起源になることからも、「アニメージュ」路線の重要な特徴として指摘できる。

(10)大塚英志はこの初期の読者層の混乱に関して当時の編集状況にふれるとともに、目次を具体的に挙げながら検討している。大塚英志『二階の住人とその時代――転形期のサブカルチャー私史』(星海社新書)、星海社、二〇一六年

(11)この両者は重なっていて、それとともにどちらかに明確に統一することが困難なため、文脈によって使い分けることにする。

(12)前掲「東映動画株式会社における映画製作事業とその縮小」

(13)前掲『動物化するポストモダン』

(14)LaMarre, *op. cit.*(前掲『アニメ・マシーン』)

(15)Condry, *op. cit.*(前掲『アニメの魂』)

(16)Steinberg, *op. cit.*(前掲『なぜ日本は〈メディアミックスする国〉なのか』)

(17)前掲『「おたく」の精神史』、前掲『二階の住人とその時代』

(18)「アニメージュ」は大衆向けのアニメ雑誌としては初の雑誌といわれているが、それ以前にもいくつかアニメの専門雑誌は存在した。「FILM1/24」はアニドウから発刊された雑誌だが、同誌はアニメーターの同業者集団と視聴者との交流という意図もあり設立された雑誌だった。

(19)「サークル紹介●東京アニメ同好会の巻」「アニメージュ」一九七八年七月号、徳間書店、九八―九九ページ

(20)前掲『動物化するポストモダン』

(21)「アニメージュ」一九七八年十月号、徳間書店、一一七ページ

(22)「アニメージュ」一九七八年九月号、徳間書店、二九ページ
(23)前掲「アニメージュ」一九七八年十月号、一〇五ページ
(24)「アニメージュ」一九七九年四月号、徳間書店、一一五ページ
(25)こうしたアニメブームの象徴として『宇宙戦艦ヤマト』を位置づけ、それに対して卓越性を示すような実践は、例えば以下のような書き込みにもみられる。「「FILM1/24に載るには、東映とヤマトの悪口を書けばいいのか!?」と友人に訪ねられました。一応「そうです」と答えておきましたが、間違っていたら、しかってぇー」(「FILM1/24」第二十五・二十六合併号、アニドウ、一九七九年、五三ページ)。ここでは「FILM1/24」という雑誌に載るには、アニメブームで新規参入してきた『宇宙戦艦ヤマト』のファンでないふりをすればいいのだということがネタとして自己言及的に語られているのである。
(26)「アニメージュ」一九七八年八月号、徳間書店、一一八ページ
(27)同誌一一六ページ
(28)同誌一一七ページ
(29)一九七五年に創刊された初の商業アニメ雑誌とされる「ファントーシュ」創刊号では、「何かとアニメ界の話題にはこと欠かないのだが、商業ベースの制作、自主作品の制作、アニメ上映運動、とどれを取っても切実な問題を抱えていて、それらが係り合い混沌とした様相を呈している」ことが問題として語られている。そして、商業ベースの代表的なものとしてテレビアニメが挙げられるなど一つの堕落として位置づけられ、それでも「いいところを少し考えていきたいのです」(「ファントーシュ」創刊号、一九七五年、ファントーシュ編集室、一二ページ)と語られている。同誌ではテレビアニメと並ぶ論点として「上映運動」「自主作品の制作」が挙げられていたのである。
(30)「アニメージュ」の前身である「テレビランド」は一九七五年に創刊した雑誌であり、特撮やアニメなどに関する特集を主要なコンテンツとする児童向けの雑誌だった。「テレビランド」と「アニメージュ」の初期にともに編集長を務めていた尾形英夫の自伝によると、「テレビランド」の赤字補塡のために『ロマンアルバム』という「アニメージュ」の創刊につながる増刊が次々と出されていった。前身雑誌である「テレビランド」は依然として発行していたために、そうした児童向け雑誌とは差異化してアニメをめぐる言説を作る雑誌として創刊された可能性がある。尾形

英夫『あの旗を撃て！――『アニメージュ』血風録』オークラ出版、二〇〇四年

(31) フランス革命前から革命が始まるまでの数年間を男装の麗人で近衛兵だったオスカル・フランソワ・ド・ジャルジェの視点で描いた一代記の漫画である。一九七二年から七三年まで「週刊マーガレット」（集英社、一九六三年―）で連載されていた。確かに雑誌の特性上、低年齢層の読者も多かっただろうが、フランス革命を舞台とすることなどから内容は決して低年齢向けとはいえなかった。宝塚歌劇団などの演目の一つとして現在でも根強い人気を獲得している漫画作品である。

(32) 「アニメージュ」一九八〇年四月号、徳間書店、六七―七〇ページ

(33) 同誌三三ページ

(34) 「アニメージュ」一九八一年六月号、徳間書店、一二七ページ

(35) 前掲『オタク学入門』

(36) 例えばビデオ開発をめぐる佐藤正明の一九九九年のノンフィクション『陽はまた昇る』のなかには、テレビの録画に加えて、「それだけでは消費者には何も目新しい発見がありません。買ったその日から本当に楽しめるのは、テレビの録画再生だけでなく、ビデオカメラを使ったプライベートソフト」であり、「何年かたちビデオがある程度普及すれば、ソフトメーカーから大量のソフトが提供され、どの家庭でも、手軽に劇場用の映画を楽しめるようになる」とあるように、この二つの可能性が初めからメディアの制作意図に内包されていた。前掲『陽はまた昇る』

(37) 前掲「セクシュアリティ・主体化・ポルノグラフィー」

(38) Enzensberger, *op. cit.*（前掲『メディア論のための積木箱』）

(39) Paul Willis, *Common Culture: Symbolic work at play in the everyday cultures of the young*, Open University Press, 1990, Morley, *op. cit.*, Ang, *Watching Dallas*, Ang, *Living Room Wars* など。

(40) Gray, *op. cit.*

(41) 前掲「日本におけるミュージックビデオ受容空間の生成過程」

(42) Willis, *op. cit.*

(43) 前掲「アニメージュ」一九七八年八月号、一一七ページ

(44)「アニメージュ」一九八〇年八月号、徳間書店、一三八ページ

(45)「テレビから録音しようと接続レコード（RF91）を買って使用してみると雑音がすごいのです。テレビからの上手な録音方法を教えてください」（前掲「アニメージュ」一九八〇年八月号、一三八ページ）、ほかにもこの時期には「テレビ画面からの写真とりの方法を教えてください」（「アニメージュ」一九七九年四月号、徳間書店）という質問が寄せられた。それに対して、それぞれ編集部が詳細に返答している。

(46)「アニメージュ」一九八二年三月号、徳間書店、一一五ページ

(47)カセットテープの交換とファンコミュニティーの結び付きがあったことはビデオについて論じる溝尻の議論（前掲「音楽メディア」としてのFMの生成」）でもみられる。溝尻はこれをオーディオマニアの実践の系譜に位置づけているが、本書では異なる立場を取る。

(48)「アニメージュ」一九八一年七月号、徳間書店、一四六ページ

(49)「アニメージュ」一九八三年六月号、徳間書店、一二五ページ

(50)庵野秀明、大泉実成編『庵野秀明 スキゾ・エヴァンゲリオン』太田出版、一九九七年

(51)「アニメージュ」一九八二年九月号、徳間書店、一二七ページ

(52)こうした視聴行動を前提にして繰り返し見たり、アニメ誌で設定を確認したりすることの重要性が立ち現れてくる。そして、そうした「人気がある作品」に関する設定を解説するような枠組みが成立していくことになる。このようにしてはじめて、大塚英志が「物語消費」として論じる世界観を単位とした消費につながるのである。

(53)「Animec」第八巻第七号、ラポート、一九八五年、一三八ページ

(54)このビデオの交換コミュニティーがどのようなものかの研究は蓄積されていない。しかし、ビデオ店にある程度隣接したコミュニティーにそれがあったことはしばしば語られている。特にこうした交換コミュニティーの利用が別の文脈で問題になってくるのが宮崎事件の報道である。これについては第8章で断片的にではあるが指摘する。

第2部

アニメが「独自の趣味」になる過程とビデオ技術

第4章 アニメ雑誌における「第三のメディア」としてのOVA
――一九八〇年代のアニメ産業の構造的条件に着目して

はじめに

本章では、一九八〇年代のアニメ雑誌上でのOVAに関する言説を、アニメ産業の産業史的な条件を含めて分析する。OVAの登場は「放送」中心の採算モデルとは異なる、映像を直接「購買」「貸借」するというアニメの流通の回路を生み出していくことになる。とりわけビデオの急速な普及という社会全体が経験した変動のなかでのアニメファンの立ち位置をめぐる問題と、アニメ制作者の人口の少なさというアニメ産業に特有の事情を踏まえ、制作者・編集者・消費者のそれぞれの視点から、OVAに関する言説を考察する。その際に、アニメ雑誌上でOVAが、テレビアニメと劇場版アニメに次ぐという意味での「第三のメディア」として位置づけられていたことの意味に特に注目する。

OVAは、東浩紀が一九八〇年代の「オタク向けアニメ」の代表的なものとして語るなど、一時代のオタク文化を象徴するメディアである。そもそもオタクという集団や、それと紐づけられるメディア文化は学術的に語るうえでは様々な議論を呼ぶ対象である。現代社会論のなかでオタクに関して頻繁に議論されてきたのが、その消費のあり方とコミュニケーションのあり方だ。中島梓は、消費社会全体の病理の一つとしてオタクを「コミュニケーション不全」[1]として名指し、その対他意識の欠如を指摘した。[2]このようにオタクという集団とコミュニケーションの欠如（あるいはその否定）は、強く関連づけられてきた。また、そうした人格類型としてのオタクとオタク的な消費文化との関係についての議論もある。

そうしたオタク的な消費文化の代表的なものとしてのデータベース消費[3]という議論もコミュニケーションのあり方と関連するものである。東によると、一九九〇年代以降のオタク第三世代の消費傾向のなかに、彼らが好むような断片（萌え要素）を消費し、さらにそれを組み合わせて新たな作品を作り出し、それを再度断片化するような消費様式が観察できるという。つまり、二次創作的な傾向をもつ消費と萌え要素に基づいた消費である。最終的には東がいうように両者を連続的に問う必要はあるにしても、社会学的な文脈で考えるうえでは両者をひとまずは分けて考える必要がある。[4]断片の消費に絞って考察すると、そうした消費と前述したコミュニケーションのあり方は関連している。というのも、東が問題化したような様々な萌え要素の集積を前提とした消費には、その趣味をもつ人々の間でのリテラシーの共有と、そのリテラシーに合致した作品が作られるなどの共同性の成立が必要になるからである。

同時にこうした文脈の形成を外部から観察するまなざしにとって、彼らは外部からはわけのわからないことをする者たちだということになる。[5]

大澤真幸によると、社会的に無価値とされる趣味を共有する他者との関係で自己を位置づけることがオタクの特徴である。[6]これは東がいうデータベース消費のようなオタク的な消費が世俗的な価値からかけ離れた消費という指摘であり、データベースを共有する者としかコミュニケーションを積極的におこなわない存在としてオタクを描き出している。しかし、実際にデータベース的な消費の積み重ねは外部の価値をまったく意識しない「閉じた」消費なのだろうか。本章では、むしろオタクという集団が外部の集団との関係でどのように自分たちの文化の独自性を記述しているのかという視点から、オタクという集団の社会性をみていく。

そのために本章では、OVAという媒体に着目する。後続する様々な言説でデータベース消費の議論はみられる。しかし、東自身が問題化したのは、当初は漫画・アニメなどのオタク文化という限定的な文脈だった。ひとまずは、その限定的な文脈のなかでここでいわれたオタク文化の特性を考える必要がある。

そうした文脈で重要になるのが、一九八〇年代の新たなメディア環境によって生み出されたアニメ文化とそのファンのなかにオタクの中心を見いだそうとする議論である。岡田斗司夫は、高度なリテラシーをもつそれなりにマスな集団としての「近代オタク」の成立にとって重要だったのが、ビデオの普及とアニメ雑誌の登場だったと述べる。[7] 東は、八〇年代のアニメが言説の状況とアニメ産業の双方で「二重の困難」に陥っているという。[8] 言説に関するコアな話はできるが閉じているオタク向け回路と、アニメの無難な感想が述べられるにすぎない一般向け回路の分化が進行したのが八〇年代を通じてであり、アニメを取り巻く環境も「オタク向けアニメ／子ども向けアニメ」として分化した、というのが東が指摘する言説の状況での困難である。東は、「オタク向けアニメ」の代表的なものとしてOVAを挙げている。OVAは数千本という単位でしか流通しておらず、コアなファン以外にはあまり見られていないが、一定のクオリティーをもつメディアだとしている。もちろん、こうしたオタク向けアニメは現在では深夜アニメやDVDの販売市場など、様々な流通の回路でみられるだろう。しかし、本章ではひとまず、この八〇年代のOVAのなかのオタク向けアニメに関してその歴史的文脈に着目する。

本章では東や岡田の議論[9]に示唆を受け、アニメ雑誌上のOVAをめぐる語りを検討する。OVAはある種のアニメファンが増加するなかで生み出されたメディアであり、初めから特定の視聴者像を当て込んで展開された。つまり、OVAというメディアが登場したこと自体が、本章での分析にとって重要な意味をもつ。本章では、OVAをオタク的なものとして了解する視点がどのように成立していったのかに着目し、一九八〇年代のアニメ雑誌を読み解く。

OVAというメディアを考えるうえで重要なのは、このメディアを制作者の側も表現の場として重要視する一方で、制作者全体の数が物理的に制約されていたことである。このことを踏まえながら、東らが問題化したような一九八〇年代のオタクをめぐる消費文化のありようを検討し、そのことを社会学的に検討する意義の一端を示す。

本章の構成は以下のとおりである。第1節では、本章で分析の資料とするアニメ雑誌の特徴を紹介する。第2節では、ビデオの普及状況とアニメ制作者のリソースというOVAをめぐる構造的条件に関するアニメ雑誌上での認識にふれる。第3節では、「第三のメディア」であるOVAが登場してくるまでのアニメ史の文脈を検討し、「第一のメディア」であるテレビアニメと「第二のメディア」である劇場版アニメにそれぞれどのような文脈があったかを明らかにする。第4節では、OVAという媒体の「自由な表現」をめぐる制作者・編集者・消費者それぞれの側の意味づけを検討する。第5節では、本章の議論をまとめる。

1　本章で取り扱う分析資料

一九七〇年代後半から相次いで創刊したアニメ雑誌群は、前述した岡田の指摘[10]にあるように、オタクの成立を分析するうえで重要な意義をもつ。

本章の分析の資料として主に用いるのは、「アニメージュ」（一九七八年創刊）と「Animec」（一九七八年創刊）、そして「アニメV」（一九八五年創刊）という三つのアニメ雑誌である。本章ではこれらの資料を用いて、OVAという新しいメディアの受容をめぐってどのような言説が形成されたのかを分析する。本書ですでに紹介した内容とやや重複するが、各誌の特徴を整理すると、現在でも刊行されている「アニメージュ」は、アニメ雑誌として独立して創刊した初の雑誌で、最盛期の発行部数は二十五万部といわれる。長らく最大部数を誇り、アニメファンの最大公約数的な需要を見込んだ媒体である。「Animec」は、批評的な投稿が多いことが特徴で、一人の読者の投稿が一ページ以上にわたって掲載されることもある。編集側と読者との論争も多く、自らをアニメ文化のなかで特権的に位置づける傾向がみられた。「アニメV」はOVAを専門にした雑誌であり、ビデオに関する記述が他誌よりも多くみられ、OVAの紹介やビデオ使用の様々なテクニックの記述もみられる。

アニメ雑誌の特徴としてまず挙げられるのが投稿欄の重要性である。投稿欄がアニメ雑誌の主要なコンテンツになるという事実は、投稿欄をただ読者像を反映するものとしてだけ論じることを困難にする。投稿欄はその雑誌の審査機能をもつと同時に、一つのコンテンツである以上、編集の意図も入り込む。アニメ雑誌のインタビューを受ける制作者は、投稿欄に目を通すことで読者を意識する。これによって生産者と消費者の意見が交換される場としてアニメ雑誌全体が編成されることになり、編集はときに両者を媒介して相互交流を促進させるようになる。そうした条件を開く場として投稿欄は捉えるべきである。本章では、OVAをめぐる言説から制作者・編集者・読者が、アニメ雑誌内でどのような集団を外部として意識し、距離を取ったかをみていく。東が問題にしたOVAが「オタク向け」アニメとされるような文脈が生じる過程を明らかにし[11]、それがどのような帰結につながるかを論じる。

2 OVAをめぐる構造的条件

OVAの制作状況

日本で初めてのOVA作品は『ダロス』[12]（スタジオぴえろ、一九八三年）である。当時『うる星やつら2 ビューティフルドリーマー』（監督：押井守、一九八四年）でアニメファンたちの話題を集めていた押井守が制作に関わった。以降、OVAは一九八四年に六本、八五年には三十本、八六年には八十六本と驚異的に制作本数を増していく。

この背景には、ビデオをめぐる環境の二つの変化がある。一つはビデオデッキの家庭への普及率が爆発的に増加したという、一九八〇年代中頃までに整備されつつあったメディア環境である。八〇年に約二パーセントだったビデオデッキの普及率は八〇年代を通じて七〇パーセントに迫る。もう一つはビデオに関する法整備がおこなわれたことである。この当時、ＯＶＡだけでなくビデオソフトは一万円を大きく超えるものが多く、レンタルの需要が大きかったが、コンテンツのビデオレンタル（二次利用）はアニメ以外であっても著作権上グレーな場合が多く、レンタルビデオ店などもアンダーグラウンドな市場が多かった。しかし、日本ビデオ協会のはたらきかけもあり、レンタルが合法なものとして整備されていき、レンタルビデオ店の数が急速に増加した。[13]

メディア環境が整備されるにしたがって、ビデオというメディアが、テレビとは異なったコンテンツを準備するような回路が成立した。しかし、単純にビデオの普及がなされたからＯＶＡなども売れるようになったと結論づけるのは早計である。ＯＶＡは制作本数が増加しながらも、採算の水準でいうと、制作本数に市場全体が追いついているとはいえなかった。[14]採算が取れるコンテンツは一部であり、それ以外は制作費を回収するのも困難だったのである。[15]また、ＯＶＡがアニメファンを超えて一般に語られることもほとんどなかった。

それでもＯＶＡが作られ続けていくが、そこで繰り返し現れる言説の意味に着目する。とりわけ、特集名などで繰り返し言及されることになる（テレビや映画に次ぐ）「第三のメディア」という言葉に注目し、それをめぐる言説の展開について議論していく。そうした言葉が用いられるなかで、制作者の側が採算を取れなくても作り続ける論理と、第三のメディアに消費者の側がどのような期待を抱いていたのかをみる。

生産人口の制約性

一九八〇年代のアニメをめぐる状況を考えるうえでもう一つ重要なのが、アニメーターの労働力というリソース自体が制約されていたことである。このことがアニメ雑誌上で消費者の側にも共有されていたことが、本章の分析では重要な意味をもつ。まず、テレビアニメの増加に伴ってアニメの生産人口が不足していることが誌上で問題化された。

現状が生産能力の限界というのは、ある程度、数字で裏付けできる。二年前、全アニメーターの数は七百人たらずだった。いまでも千人未満。かりに九百人とする。三十分番組一本作るのに、原画三人、動画七人で約一カ月かかる。現在週に三十八本、月に百五十二本、単純計算するとアニメーターが千五百二十人必要ということになる。不足の六百人分は、かけもちと海外への発注でしのいでいるというわけだ。[16]

アニメの制作本数の増加だけでなく、映画・OVAなどの市場の多様化が起こり、それにアニメーターの人数が追いつかなかった。OVAは、一本あたり四十五分から八十分程度が主流だった。テレビアニメはCMなどを除き、一本あたり二十五分だったことを考えると、OVA一本につきテレビ二、三本分の労働力が少なくとも必要になる。八五年には八十六本のOVAが作られていて、OVAの制作者とテレビアニメの制作者が必ずしも明確に分化しておらず、生産人口は限られていた。次節ではそうした構造的限界が作り出した文化的展開をみるために、テレビアニメに対して劇場版アニメが作られる際に問題になった論点を確認する。

3 「第一のメディア」と「第二のメディア」

「第三のメディア」とはどのような含意がある言葉だろうか。それを考えるには、「第一のメディア」と「第二のメディア」が何を指していたのかを考える必要がある。ここで想定されている「第一のメディア」とはテレビアニメであり、「第二のメディア」は劇場版アニメだった。[17] この二つのメディアへのアニメファンと制作者の受け止め方の推移を追い、「第三のメディア」にどのような意味が込められたのかを論じる。

一九六〇年代のテレビアニメは、子ども向けという性質を背負い込まざるをえなかったが、七〇年代のアニメブームを起点として子どもやファミリー層以外のアニメファンの存在が発見されていく。
「第一のメディア」である国産テレビアニメ第一号は一九六三年の『鉄腕アトム』であり、手塚治虫主導で作られた。それ以前に年に数本制作された劇場アニメに対して、テレビアニメは、一週間に三十分の放送を低予算で可能にするための手法が用いられた。このために、テレビアニメはディズニーアニメのようなフルアニメになることができず、アニメーションとして低品質なものという認識が成立する。しかし、それでも問題がなかったのは、テレビアニメがCMスポンサーのおかげで見た目上は無料で放送されていて、子ども向けのものだったからである。そうしたテレビアニメについての認識が転換する契機となる作品が七四年の『宇宙戦艦ヤマト』である。この作品の再放送と劇場版のヒットを受けてアニメの本数が増加し、アニメの専門誌が相次いで創刊され、アニメブームとして語られた。

ただ、アニメブームといってもアニメの視聴率が実質的に伸びていたわけではない。そうであるにもかかわらずアニメブームが意識されたのは、「子ども向け」とは異なるジャンルとしてアニメが意識されはじめたからだ。また、こうした新たなファンの特徴としてはアニメ制作者を意識する視聴者が見いだされたことが重要だ。実際に、「アニメージュ」の前身といわれる「テレビランド」は誌面が児童向けに作られているだけでなく、アニメ雑誌の主要な特徴である制作者への意識がほぼみられない。このように制作者を意識する新たな視聴者像が見いだされることがアニメ雑誌という媒体の成立に一役買い、アニメ自体を語る言説の構造を形作る。しかし、反対に第3章でもみたように当時からアニメブームを危険視する言説もみられた。

アニメブームはキャラクターブームではない。昔のアニメに戻ってほしい。さわがれなくていい。静かな夢と希望のいっぱいあるアニメに。[18]

「静かな夢と希望のいっぱいあるアニメ」という言葉に「本来のアニメ」の一つの理想のようなものが託されて

いる。「本来のアニメ」が子どもに対して「静かな夢と希望のいっぱいあるアニメ」であるべきだとアニメ雑誌の消費者の側から語られたのだ。アニメブームによってアニメの質に注目が集まると同時に、アニメの放映本数が増加していた。量的な増加によって、視聴者に制作者のリソースの取り合いという問題が意識されだす。

一方、子どもに限らない消費者の発見は、制作者の側に新たな作家意識を生み出す。制作者の側は同時に、テレビアニメがアニメ制作をするうえで「不自由さ」が多い媒体だと感じるようになる。その理由として、アニメブームを支える多くの作品がロボットアニメだったことが挙げられる。

営業マーチャン[19]、つまり作品に登場するロボットの商品化が、ロボットもののスポンサーの主目的だ。その点、ロボットものは「三十分間のコマーシャル」なのである[20]。

このように、テレビアニメはその市場の性質上、表現の「不自由さ」を抱え込まざるをえなかった。その「不自由さ」への不満は、制作者の間である程度共有されていた。

「第二のメディア」はこうした状況を踏まえて理解すべきである。アニメを劇場で上映することはテレビアニメ以前にもみられたし、初期にアニメは漫画映画といわれていたように、時系列的には劇場版アニメのほうが「第一のメディア」といってもいい。だが、「第二のメディア」が指しているのは、アニメブーム以降に再度注目されるような特徴をもった劇場アニメである。「第一のメディア」をめぐる困難な状況が明確にここでは意識されていた。大塚康生は「80→81総括と展望」という「アニメージュ」上の座談会で以下のように発言している。

大塚：結論からいうと、テレビアニメの人気とクオリティ（質）を劇場にスライドした感じですね。（略）ぜんぶ八万枚かけてたら、いまの日本のアニメ制作人口では、何本できるかわかりませんね[21]。

「第一のメディア」で提出された問題（新たな視聴者、アニメの質、制作者のリソース）が、このメディアの特性を決定している。「第二のメディア」は、はじめのうちはヒットしたアニメの映画化が多かったが、次第にヒットしなかったアニメの敗者復活戦としての性質を帯びてくる。そして、新たな視聴者をめぐる意味づけがそこからさらに生まれてくる。

　象徴的なのが、『ガンダム』の人気を受けて注目された富野由悠季の『伝説巨神イデオン』という、初めから「中・高生向けアニメ」と銘打ったテレビアニメ作品の劇場化をめぐる言説である。この作品はアニメファンの期待と裏腹にテレビ版は低視聴率で「打ち切り」になったとされた。

　前章でも述べたように、「アニメージュ」上の特集である「１９８１―８２アニメーション総括と展望」の「テレビから映画へ。条件はなぜか低視聴率放映打ち切りの不思議な図式」という記事では、「①野心作がテレビシリーズとして放映される。②アニメファンには受けるが一般読者は知らん顔である。③劇場映画としてリメイクされ、アニメファンを動員する。④その動員の徹底ぶりが一般の人の話題になる」とされた。

　記事では、「イデオンが低視聴率だったのは一本一本見つづけていないとわからない。〝斜め読み〟できない性格の作品だったからでしょう」と語られる。ここでは先端的な感性をもつ消費者としてのアニメファンというイメージが存在し、アニメファンに受け入れられた作品はやがて一般層にも受け入れられることになるという認識がみられる。しかし、実際には『イデオン』の劇場版は難解だったために、アニメファンの間でも賛否が分かれ、興行的に成功することはなかった。当時、アニメ映画に期待されたのは、テレビでは高視聴率が得られなかった作品で再度ヒットを生み出すことだった。しかし、マスなヒットを狙えなくなり、人材の配分の問題はより複雑になる。このように「第一のメディア」と「第二のメディア」の分化は、東がいうような「子ども向けアニメ」と「オタク向けアニメ」という分化の端緒だったといえる。

「第一のメディア」「第二のメディア」をめぐる潮流は以下のようにまとめられる。①アニメ雑誌や制作者が新たな視聴者像を発見する。②制作者はそうした視聴者層がいることで作家意識をもち、自由度が高い方向、質が高い方向を目指す。③アニメファンの側も移行を始めるが、それによって一般層との乖離が広がる。以上のようなプロセスによって「制作者の資源動員」を前提としながら、後発メディアがそれ以前のメディアを意識するという状況が起こっていた。そうした論点を踏まえたうえで、「第三のメディア」に関する言説をみていく。

4 「第三のメディア」としてのOVA

「自由な表現」をめぐって

さてオリジナルアニメブームの導火線の火つけ役を果たしたのが、スタジオぴえろの『ダロス』三部作。その成功を見ていたソフト各社が競うように制作にとりかかった。今までテレビや映画のさまざまな制約の中でしか、アニメを作れなかった制作者たちにとり、自由に自分の作りたいものを作る場としてのビデオがもつ意味は大きい。(22)

この引用はOVAという媒体の登場が前述したような構造を引き継いでいることを示している。「第三のメディア」としてOVAが着目された際に繰り返し強調されたのは、制約があるテレビアニメと比べて、制作者にとって「自由な表現」が可能な場だということである。ここでの「自由」とはどういうものかをめぐって様々に議論される。この媒体への期待の背景にはハードの普及率の増加と、一本あたり一千万円程度という少ない予算で制作が可能だったことがあった。

その自由な表現をめぐって、制作者がどのような消費者を意識して作品を作ろうとしたのかについて、考える必要がある。テレビアニメで作ることができない「自由な映像」の商品価値とはどういったものかという問題が提起される。その可能性は大ヒットを狙わなくてもいいものとして立ち現れる。『街角のメルヘン』(ファイブエース、一九八四年）の制作をした宮田智行は以下のように語っている。

ビデオなら五千人から一万人の人が買ってくれれば儲かるとはいえないけれど、商売が成り立つんです。商売が成り立って資金が回収できれば違った作品を作ることができるわけですから、これからのアニメは一作一作が個性をもつ時代になってゆくんじゃないかと思っているんです。[23]

このようにＯＶＡがアニメに個性をもたせうる場であることが繰り返し言及される。テレビという制約がある媒体を離れ、テレビでは表現できない個性ある作品を作ることができると語られる。しかし、ＯＶＡが一般化し、制作本数を増やすと、そのＯＶＡのニッチな志向性が危惧される。『超時空要塞マクロス』（ＭＢＳ・ＴＢＳ系列、一九八二―八三年）の監修として当時注目されていた河森正治は、ビデオだけが作られ続けることに関して以下のような懸念を示している。

ビデオだけっていうのは一度もやったことないです。要するにカセをはめられた中でやるのをやめちゃうと変にダメになっちゃうと思います。ビデオブームが去ったあとに一般大衆向けが何も作れなくなってしまうんじゃないか。それは恐いなと思います。[24]

「自由な表現」と「大衆向け作品」を作ることの拮抗は制作者の側でも意識されていたが、以下の四人の読者による誌上座談会を読むと、アニメファンの間でもその問題に関しての認識はある程度共有されていたといっていい。[25]

（Ａ）ギャランティの問題や自分の好きな事ができるという点でテレビシリーズからどんどん人がいなくな

っていくんだよね。

（B）でもビデオっていうのは、割と見るほうに〝選ばれた者〟みたいな意識ってあるじゃない。そういう〝選ばれたもの〟に対してだけものを作るっていうのはまずいと思うんだけれども（略）

（C）何がやりたいってそれっきり。見た人が何を考えるかまで考えて作ってない。ビデオがあまりにも集中すると、アニメそのものが縮小してしまう可能性があるよね。（略）

（D）現在、アニメスタッフの数が限られている点が、一番大きな問題なわけで、ある程度、テレビシリーズのパワーが維持されている状況があったうえで〝ビデオ〟というジャンルが確立されるなら、さまざまな可能性を秘めたメディアであるといえるのでしょう。[26]

このようにアニメスタッフの数が限られているため、ビデオとテレビアニメという二つのメディアの競合が問題化される。アニメという文化全体が縮小するという危惧は、みんなが楽しめる「テレビシリーズが維持されるべき」という意識を生み出す。こうした感覚はとりわけアダルトアニメをめぐる雑誌の編集方針に関する言説にみることができる。

アダルトアニメという表現

「Animec」と「アニメV」は、どちらもOVAに関して多くの紙幅を割くアニメ雑誌である。しかし、両者はOVAのなかでも大きな領域を占めたアダルトアニメに関しては対照的な対応をみせる。「アニメV」は積極的にアダルトアニメを特集した。例えばアダルトアニメの金字塔とされ、OVA全体のなかでも人気があった「くりいむレモン」シリーズ（フェアリーダスト、一九八四―二〇〇二年）の当時の全作品レビューなどを積極的に掲載した。対して「Animec」は、編集側がアダルトアニメと厳格に距離を取ろうとしていた。一九八五年八月号には、その時点で発売されていたOVA作品の全作品レビューを掲載しているが、「編集部がとりあげるに値しない作品としている一連のポルノアニメに関しては当然言及していないことを先に明記しておく[27]」として、アダルト作品はすべて「論評に値しないもの」としてそのリストから除外された。その姿勢は、当時の編集長のアダルトアニメへの言及に一貫してみることができる。

現在売られているエロアニメは作品ではない。どんな腕のいいアニメーターが参加しようとも自分の名まえも出せないようなフィルムは作品とは呼べないのだ[28]。

この立場表明をめぐって、読者の側から「アダルトアニメのなかにもクオリティーが高いものがある」という趣旨の投稿がなされる。しかし、それに対して作家としての心構えが重要だと編集の側が問題化し、その心構えについて、前述のＯＶＡ全作品レビューの末尾で日活ロマンポルノとアダルトアニメの違いを例に挙げて説明している。編集側は、ロマンポルノの場合、日活の側が設定したポルノを撮るという条件下で監督らが「与えられた制約を何とかくぐり抜け」ることで作家性を獲得していったと位置づけている。それに対してアダルトアニメ制作者は「裸が売れる」ことを知ってそれを利用しているにすぎないとし、「ＴＶで描けないようなシーンをビデオでとる[29]」ために裸を描いていて、そうした表現を雑誌上で取り上げる必要はないと明言する。こうした立場は、アダルト文化への言及を通してアニメ文化全体の活性化に向けて配慮するような動きを「Animec」の側が示そうとするものだった。

ここでなされている批判で重要なのは、アダルトアニメがアニメ界に対してプラスになるか否かという観点で語られているということである。それにはアニメファンだというだけでいやらしいというレッテルを張られるのを避ける側面もあるがそれだけに限られない。ニッチなマーケットを志向するのであれば「質の高いもの」としてアニメ文化に寄与しなければならないという考えがこうした言説の前提にはある。ＯＶＡ作品は、アニメ文化全体から考えたときに、商業の論理にのっとったテレビアニメでできない「作品」を作る場であるべきという規範が提示されていて、にもかかわらずポルノアニメは結局のところ商業の論理に従っているのではないかという批判でもあったのだ。こうした商業の論理と作品の論理の問題はＯＶＡの受容者にとっても大きな問題だった。

「テレビ的でないもの」をめぐって

「自由な表現」を考えるうえで重要なものとして、アダルトアニメへの雑誌の対応を紹介した。アダルト作品は明らかにテレビとは異なるものであり、映画でも上映することが容易ではなかった。ＯＶＡ作品は前二者のメディアとの差異化を志向していて、そこで求められた個性をどう位置づけるのかという問題があった。それでは、なぜそうした差異が強調される必要があったのだろうか。

まず、ビデオがある種の差異を生み出すきっかけになったことを理解する必要がある。その差異をめぐる感覚は、以下のような投稿に見て取ることができる。

ビデオデッキを持っていなくてもほんとう、不思議なんですよネ…いつからですか？アニメ、とくにオリジナルやビデオテープやディスクにまで進出しはじめたの。「バイファム」や「ミンキーモモ」はテレビにあったからいいとしても「その後」なんて作られたらたまりません。最近ビデオを持っている人が増える一方だからかもしれませんが、なんかこう大きな壁があるみたい[30]。

ビデオをもつ者ともたない者との間には差異が生まれるが、そのことについて危惧する言説は、「お金がかかる」ものとして現れる。無料で見ることができていたアニメを「買って」見るという視点は、新たな市場を考えるうえで欠かすことができない。「大人から子どもまで楽しめる」アニメという価値観をもつ者からは、一部のユーザーしか買えないＯＶＡの普及という動きが「壁があるみたい」として懸念される。購入の負荷はとりわけ大きかった。そのため、ＯＶＡはテレビアニメとの距離化を図るべきだと考えられていたことが以下の記事からはうかがえる。

テレビや映画では映像化しにくい作品（短編や異色作）もビデオなら可能なのだ（それゆえこの分野をもっと開放する必要があるのだが、いまだにそのきざしは見えていない。残念だが）。[31]

「第三のメディア」としてのOVAは、テレビや映画との差異化を目指すことになるが、実際にはそれほどうまくいっていない。例えば映画とOVAの関係をみたときには、OVAで発売される作品がその直前に映画館で単館上映されていて、それに関しても賛否が起こっていた。より問題なのはテレビとの差異化である。差異化が目指す一つの方向に物語の高度化があり、複雑な物語を描く押井守の『天使のたまご』[32]（徳間書店、一九八五年）などのような作品が現れる一方で、もう一つ目指されたのは映像表現の高度化である。

ビデオっていうのはキャラの動きや表情を見るとか、戦闘シーンの動きを見るとか、何度も繰り返しみようという要素がないとだれも買わない。その意味ではこれがビデオ作りはこうすればいいって見本みたいだよ。[33]

何度も繰り返し見ることができるというビデオの特性を利用して様々な仕掛けを作ることが目指され、アニメ雑誌はその宣伝・補完機能を担うようになる。例えば、OVAの専門雑誌である「アニメV」では、そうした仕掛けに着目して共有することを目的とした「あっのシーン」というコーナーを投稿欄上に毎回設けていた。このコーナーは、読者がOVAの制作者が仕掛けた様々な仕掛けへの気づきを共有し可視化する場になっていた。

アニメを見る際にどのようなメディアで見るのかという映像受容の差異は、必然的に消費のモードの違いにつながる。オタク独自のリテラシーの身体化を論じた粋の目[34]やデータベース消費[35]などという消費のモードの身体化の端緒がここではみられる。「第一のメディア」から「第三のメディア」へというものとして消費する映像の差異が生まれ、そこでオタク的な消費といわれるような消費の仕方を身体化することで、オタク的なリテラシーと一般層のリテラシーとの差異が生まれたのである。

テレビ的なものへの回帰

このようにテレビとの差異化を目指すOVAだったが、そのことの困難も露呈してくる。映像技術の高度化が志向されることになる一方で、ニッチを狙った作品であるとはいえ、一定の採算を取る必要性も高まる。採算を取るために二方向の戦略がとられた。一つが監督などの作家性に頼るものだった。もう一つとして、ある程度の知名度をもった原作を利用する傾向が生まれた。

テレビアニメなどでの続篇が作られることになり、採算が取れるOVA作品の大半は続篇や有名原作者のアニメ化へと向かっていく。一九八七年二月には「アニメージュ」で「原作ものにかたよりはじめた八六年のビデオ状況[36]」と座談会上で語られる。そうした状況に関する意識をもっとも明瞭に表しているのが、以下の一般投稿である。

ビデオのレンタル中心への転換とそれに続く「パトレイバー」のような思い切った低価格販売の試みなど、OVAはアニメのもっとも身近な媒体の一つになったという気がします。でも作品の水準という点では去年あたりがピークだったんじゃないでしょうか。試行錯誤の草創期を抜けていい意味で成熟した作品が多かった気がします。しかし今年に入り銀英伝、最終教師を最後にどうも全体として小粒になってきているという印象があります、あんまりわくわくしないんですよねえ。手堅いのを通り越してチャレンジ精神が失せてしまった気もします。「エースをねらえ2」は文句なく、すごそうですが、これをテレビシリーズで作れないことそのものが、なにか歪んでいませんか？　OVAでやる作品じゃないんです。[37]

このようにテレビと差異化して表現を模索することが目指されたＯＶＡは、ある程度の商業規模を維持しなければならなかったため、一部を除いて次第に「テレビ的なもの」になる。そして次第にＯＶＡは、その周縁性を失うと同時に先端性も失っていく。このようにオタク的なものの中心だったＯＶＡという媒体自体は、大規模ではないが、一定規模が直売であるという内的論理の帰結として先端性の機能を弱めていくことになる。ＯＶＡはオタク的な消費のモードだけを残し、オタクは新たなフィールドを求めるようになっていくのである。

5　結論

本章は、一九八〇年代のＯＶＡを取り巻く言説を検討し、オタク的とも呼ばれるような消費者意識が形成されるまでを議論した。そこでテレビを中心とした文化からの差異化の志向があったことを描き出した。八〇年代のメディア環境・消費をめぐる状況の変化によって、既存の一般的なユーザーとは差異があるという認識をもった集団が生まれてくるまでを議論した。

東のデータベース消費[38]に関して、本章では限定的に取り扱って、データベース消費の前提になる消費に関するリテラシーの共有が形成される歴史的文脈を考察した。東の議論は後続の議論で他分野との類似点を指摘され、拡張して受容されている。しかし、当初に東自身が議論した内容は、アニメ・漫画・ゲームなどの限定的なものだった。本章は東の議論で「オタク的な」アニメの代表的なものとされた[39]ＯＶＡに着目し、実際にどのような意味づけがＯＶＡに関する言説の周辺でなされていたのかを検討した。

本章の知見の一つは、データベース消費の前提になる消費に関するリテラシーの共有が、アニメファンに絞って検討した場合には、一九八〇年代のアニメをめぐる様々な資源の制約という条件に強く枠づけられていたなかで形成されたものだということである。

それに付随して大澤の、オタクを社会的に無価値とされる文化にコミットする集団であるとする議論[40]に対しても、新たな議論を提起した。本章では、OVAの消費をめぐる意味づけの、ビデオの普及という側面と制作者の人数が限られているという構造的な条件を意識して検討した。本章で明らかになったのは、急速にアニメの制作本数が増え、OVAの市場は中・小規模化していくにもかかわらずアニメーターの数が限られていたという条件を、制作者だけでなく消費者の側にまで意識することが要請されていたことである。そして、両者をつなぐ媒体としてアニメ雑誌が機能する。

アニメのファンが「社会的に無価値なもの」にコミットするという様式は、少なくともファンの内部の意識では適切ではない。「社会的に無価値なもの」にコミットしているようにみえる消費は、当時のアニメ産業史上の歴史的な文脈のなかで「一般的な価値」との距離を常にモニタリングする非常に社会的な消費形式だった。

また、本章ではこうしたアニメ産業の動態についてふれたが、本章で問題化したようなOVAの先端性を求める動きと構造の問題は、現代では記録媒体としてはDVDへと姿を変え、深夜アニメなどの多角化する市場のなかに引き継がれている。そうした分化について、本章での議論の延長線上で分析する必要がある。

本章が提起する課題としては次の三点がある。一点目は、本章で検討したリテラシーの共有に基づく消費がアニメファン内で成立したのと同様に、ほかの領域でも観測しえたことをどのように説明するのかという問題である。しかし、この点に関してはむしろ本章で答えるべき問題ではなく、個別のそうした消費が観察された領域の歴史的な文脈のなかでその異同を明確にすることが重要だと主張しておく。二点目は、こうした歴史のローカルさをめぐる議論とデータベース消費との関連を捉える議論である。これについては、アニメファンがほかのファンに比べてどのような特性があったのかを類似した文化と比較しながら捉える必要がある。その点に関しても、人的制限や制作者と消費者の結び付きの緊密さというアニメ文化に関して見いだされた特性は比較する際の参照点になるはずである。三点目は、オタク的な消費が他者をモニタリングしつづけるような消費であるのだとしたら、そうであるにもかかわらずなぜ社会的に無価値な閉じた消費だという大澤のような分析がなされたのだろうか。前章の議論とも関係するが、アニメのOVAを購入し、コマ送りを視聴して教え合うような範囲が「アニメファン」という集団に限定的なものだと認識され、一般と断絶したものとしてどのようにして認識されるようになったのだろうか。この三点目に関しては、本章のアニメファンの分析だけでは捉えることができない課題であり、批評的言説やマスメディアの言説によって、オタクが社会問題化されていくプロセスと突き合わせながら考察する必要がある。その点については第7章で検討する。

しかし、これらの限界はあるが、ひとまず東の批評的に優れた図式を限定した文脈で検討し、社会科学的分析にどこまで生かしうるかを測定する作業が、批評的言説の恣意性を指摘するよりも建設的な議論を紡ぐはずである。そうした検討の端緒を本章では提示した。

ここまで、アニメーションのファンの発見を起点として流通状況が変容していくさまを、ビデオの技術史的な観点から論じた。しかし、こうした点をさらに精緻に論じるには、大規模な流通状況の変容を可能にするアニメ生産を支える労働力に焦点を当てる必要がある。アニメ制作は一部のクリエーターが担うものではなく集団制作を前提とする制作物だからである。第5章では本章で論じた消費の実践がどのようにして形成されていたのかを議論する。第6章では、本章と第5章で論じるような変容を可能にしたアニメ制作者の労働文化の変容について議論する。

注

(1) 前掲『コミュニケーション不全症候群』

(2) これと似た議論が社会学内にも存在する。宮台真司は、サブカルチャーをめぐるコミュニケーションを対象にして、オタクの分化とコミュニケーションとの関係を議論した。その分析のなかで一九八〇年代の新人類とオタクの分化で決定的なものとして挙げているのがコミュニケーション能力の有無だったという。宮台真司『制服少女たちの選択』講談社、一九九四年

（3）前掲『動物化するポストモダン』

（4）北田暁大らは、東が提起したこうした議論を社会学的に実査するために分析している。前掲『社会にとって趣味とは何か』

（5）この点に関しては前章で指摘した。

（6）大澤真幸『電子メディア論——身体のメディア的変容』（メディア叢書）、新曜社、一九九五年

（7）前掲『オタク学入門』

（8）前掲「庵野秀明は、いかにして八〇年代日本アニメを終わらせたか」

（9）同論考や前掲『オタク学入門』を参照。

（10）前掲『オタク学入門』

（11）前掲「庵野秀明は、いかにして八〇年代日本アニメを終わらせたか」

（12）スタジオぴえろが制作。当時にしては破格の六千八百円という価格で販売された。

（13）日本ビデオ協会がレンタルビデオシステムを確立したのは一九八二年末である。この時期は非合法な店舗もまだあった。投稿欄で、「〝お金がない〟ことを理由に、著作権に無断で行われているレンタルを利用していいものかどうか」（「アニメージュ」一九八四年十二月号、徳間書店、一六四ページ）という懸念がなされていたが、次第にシステム加盟店が増える。「アニメージュ」の一九八八年十一月号調査では一九八四年時点でレンタルビデオシステムへの加盟店は五百十四店舗であり、八五年は千百八十一店、八六年は二千七百三十三店、八七年は四千七百三十二店、八八年は九月時点で八千六百八十四店だった。これは加盟店が増えたということであり、実際のビデオ店の伸びと一致するものではない。

（14）日本映像ソフト協会の年間売り上げの推移（「統計調査（1978年から2023年）の売上金額の推移」「日本映像ソフト協会」〔http://www.jva-net.or.jp/report/videomarket_2.pdf〕［二〇一八年十一月二十八日アクセス］）をみると、初のOVAが販売された一九八三年からの推移率は一二〇パーセントから一三〇パーセント前後で推移していて、

OVAの制作本数の爆発的な増加に追いついてはいなかった。
(15) ビデオソフト売り上げ増加分の大半を占めたのは『風の谷のナウシカ』(監督:宮崎駿、一九八四年)などの一般向けにも採算が取れるコンテンツであり、一部のビデオソフトだけがその状況にあった。
(16)「アニメージュ」一九八三年一月号、徳間書店、一二四ページ
(17) アニメ映画が「第一のメディア」として語られないことは、テレビアニメが中心だという前提に基づく。テレビアニメが一九七〇年代の後半に中心として映るようになったこと自体が、メディア史のなかで相対化されるべき課題である。
(18)「アニメージュ」一九七九年五月号、徳間書店、一一五ページ
(19) マーチャンダイジングの略称である。
(20)「アニメージュ」一九八四年九月号、徳間書店、一三〇ページ
(21)「アニメージュ」一九八一年二月号、徳間書店、二九ページ
(22)「アニメV」一九八五年六月号、学習研究社、八一ページ
(23)「Animec」第七巻第八号、ラポート、一九八四年、四三ページ
(24)「Animec」第七巻第九号、ラポート、一九八四年、六九ページ
(25) もちろん、アニメ雑誌のなかでも誌上座談会は単純な読者の声の反映と見なしがたいという指摘はありうる。しかし、少なくともアニメ雑誌の側が「読者の声」として発信していたという事実が重要である。投稿欄上の類似の指摘としては、例えば「現状を見ると〝アニメスタッフ〟、とりわけ若手がビデオに逃げている」(「Animec」第八巻第十一号、ラポート、一九八五年、一六三ページ)などが挙げられる。
(26)「Animec」第七巻第十六号、ラポート、一九八四年、一〇三―一〇四ページ
(27)「Animec」第八巻第十号、ラポート、一九八五年、九九ページ
(28)「Animec」第八巻第六号、ラポート、一九八五年、一七二ページ
(29) 前掲「Animec」第八巻第十号、一〇六ページ
(30)「アニメージュ」一九八五年三月号、徳間書店、一四〇―一四一ページ

(31)「アニメージュ」一九八五年十二月号、徳間書店、一〇三ページ
(32)一九八六年に制作されたOVAで、原案・監督・脚本は押井守、キャラクターデザインは『ファイナルファンタジー』(スクウェア・エニックス)などのキャラクターデザインで知られる天野喜孝である。終始、体系的な理解を拒絶するような作品になっている。
(33)「アニメV」一九八五年五月号、学習研究社、一九二ページ
(34)前掲『オタク学入門』
(35)前掲『動物化するポストモダン』
(36)「アニメージュ」一九八七年二月号、徳間書店、六一ページ
(37)「アニメージュ」一九八九年十月号、徳間書店、一四二ページ
(38)前掲『動物化するポストモダン』
(39)前掲「庵野秀明は、いかにして八〇年代日本アニメを終わらせたか」
(40)前掲『電子メディア論』

第5章 コンテンツ消費における「オタク文化の独自性」の形成過程

――一九八〇年代のビデオテープのコマ送り・編集をめぐる語りから

はじめに

本章の目的は、オタクと呼ばれる文化集団のコンテンツをめぐる文化が、どのようにして独自とされる領域として形成・共有されていったのかを明らかにすることである。そのために本章では、一九八〇年代のアニメ雑誌を資料とし、ビデオのコマ送り・編集という営みに着目する。

前述したように、一九八九年の宮﨑事件の際に、オタクという言葉は一挙に社会的認知を得ることになる。[1]その際に、オタクと見なされた容疑者の私室に積まれた何千本というビデオテープが注目を集めた。だが、オタクとビデオというこの組み合わせには、単なる一表象以上の意味がある。ビデオは、初期のオタクが形成したコンテンツ消費をめぐる文化を考えるうえでも重要だ。そもそもビデオとオタクという語が結び付けられるためには、通常とは異なるビデオ利用に基づく映像視聴の文化が形成されている必要がある。

大澤真幸は、オタクの特徴として、社会的に無価値に思えるものに過剰にコミットメントすることを挙げている。[2]しかし、重要なのはそのようにみえてしまう見え方にある。この「社会的に無価値に思える」というのは、言い換えると、外部からみたときにはその価値がわからないように高文脈化していることを意味する。この高文脈化という特徴はどのようにして形成され、「社会的に無価値に思える」消費の仕方に価値が付与されるようになったのだろうか。本章ではその点に着目するにあたり、一九八〇年代中盤のアニメ文化を対象として分析する。

一九八〇年代のアニメ文化に関する議論をみたときに、従来のアニメ視聴者から区別される集団としてのオタクの成立を主張するものは多い[3]。それでは、従来のアニメファンと比べたときに、それについての言説にはどのような独自性が見いだされたのか。ここではオタク文化の独自性として、アニメファンのコンテンツ消費の高文脈化の成立に着目する。それをビデオというテクノロジーが可能にした「テレビの能動的視聴」という観点から三つの段階に分けて考える。

第一に、従来のアニメ視聴者とは区別される、ビデオという技術が可能にした能動的な視聴を志向する集団の成立である。第二に、能動的な視聴をしている消費者[4]がいることがマーケティングする側に予期されることである。第三に、通常のアニメファンとは違った集団がいると認識されていることを、新たな消費をおこなう側が認識し、さらに新たな消費様式を作ることである。前章ではこの一段階目が成立する端緒について、雑誌の読者共同体とビデオや関連するメディアの利用との関係から論じた。本章では、これらの三段階のアニメ視聴をめぐる相互予期の循環が、高文脈化した文化をめぐる言説が蓄積される素地になったことを論じる。

繰り返しになるが、岡田斗司夫が指摘するように、アニメ雑誌はビデオと並んでオタク文化が独自のものとして成立するうえで重要なものとされてきた[5]。そもそもアニメファンに限らずとも、ファンが集団を形成するうえで、雑誌は重要性をもつ。アニメ文化でのそうした共同性の形成については前章で論じた。だが、独自の文化が形成される過程については、単に共同体が形成される以上の意味をもつものとして考えなければならない。そのなかでも、とりわけアニメファンがオタク的ともいえる高文脈化されたコンテンツの消費文化を形成する点で、アニメ雑誌自体の性質が重要になる。後述の議論につながるが、アニメ雑誌は、「本来」は動画であるアニメーションを静止画にし、その見方を提示する媒体である。本章では、アニメ雑誌でのビデオの消費実践に着目することで、オタク的なコンテンツ消費をめぐる文化の高文脈化が、アニメ雑誌のなかのどのような相互行為のもとで達成されるようになったのかを議論する。

本章の構成は以下のとおりである。第1節では、先行研究と分析視角の検討と、アニメ雑誌という資料の特性を指摘する。第2節では、ビデオデッキの普及初期のメディア環境でのコミュニティー状況について議論する。第3節では、コマ送りという消費実践のあり方を記述する。第4節では、コマ送りのような消費実践を前提にしてアニメ作品作りがおこなわれていくことの意味を検討する。第5節では、本章の議論をまとめる。

1　「オタク文化の独自性」をめぐる先行研究・分析視角・分析対象

「オタク文化の独自性」の問うべき論点

先行研究として、①ファン研究、②オタクのコミュニケーション志向性に関する研究、③オタクの語られ方に関する研究という三つの研究領域を検討し、本章での分析視角を提示する。

ファン研究の文脈では、オタクという言葉はあえて使わない傾向がある。近年の日本国内のファン研究で最も代表的な編著の一つである玉川博章らによる『それぞれのファン研究』では、ファン研究がメディアではステレオタイプに、アカデミックな議論では外在的に語られてきたことを批判している。[6] それに対して、ファンカルチャーの内側から「何がしかのファンである」論者が議論を展開している。しかし、玉川らのような議論は、対象のファン文化の「内側」と「外側」が区別されているのを前提としなければ、こうした立場を取るのが困難なことに無自覚である。本章がオタクという文化集団を議論するときに留意するのは、内と外の区分がどのようにして成り立っているのかを問い返す必要性であり、内側／外側という区分が可能になるために独自とされるコンテンツ消費をめぐる文化が形成されていくまでに、どのような相互行為がなされ、どのような意味づけがなされたかについてである。
オタクのコミュニケーション観をめぐる議論は数多い。一九八九年の宮崎事件で社会問題化して以降、消費社会でのオタクのコミュニケーション不全を前提とした議論がなされた。[7]一方でそれに対抗するものとして、オタクの積極性を押し出す議論がなされた。[8]
大澤によるとオタクとは、「社会的に価値のないもの」に、虚構であることを前提としながら過剰にコミットしてしまう人々である。唯一オタクが相互行為をおこなうのは「他者性のない他者」として認識される人々であり、共同性はその間だけで紡がれるという。[9]こうしたオタク観に対し、彼らの消費に着目して独特の卓越化の論理の存在を明らかにしたのが七邊信重の研究である。[10]七邊はコミックマーケットなどの同人イベントへの参与観察をおこない、「好きなものを作ればいい」という規範を用いながらも、実際には「優れているかどうか」という卓越性が問題化される場面に着目する。一見すると同質的で均一なコミュニティーのなかでも他者性をもった人々がいて、卓越化をおこなっていることに着目している。[11]このように共同性／卓越性は、外挿的な視点からどこか二項対立的に語られてきた。しかし、共同性や卓越性などというときに実際にどのような相互行為がなされていたかに着目する必要がある。
浅野智彦は、オタク論と若者論の接合を図っていて、その語られ方を問題化している。その際に、オタクの語られ方には、①彼らが消費している対象、②作品を消費する過程で彼らが展開するコミュニケーションの様式、③そのコミュニケーションの根底にあると周囲から想定される彼らの人格という三つの次元があると指摘している。[12]この三つの次元はある人をオタクと見なす手がかりになると同時に、その人がオタクであることを正当化するものとしても機能していると指摘する。それがオタクという対象を、一方では鮮明だが、同時にあいまいに語られるものにしているとする。確かに、浅野の区分は現在のオタクの語られ方を考えるうえで直面する課題を示している。それでは、この三つの次元の語られ方がどのように形成されることになったのか。本章は、オタク独自の消費文化の形成の様子とその形成に際してコミュニケーションが独自なものとして要請されたことに関して、歴史社会学的に明らかにする。オタク文化の内部でコミュニケーションと消費が結び付けられる形成過程をみることで、外部からの人格の語られ方までを含んだ三つの次元の語られ方につながる端緒を明らかにする。

直接の対象ではないが、本章が批判的検討の対象として想定する議論に、一九八〇年代以降のテレビをめぐる「ギョーカイ的」といわれる、作り手と受け手の間をフラット化させていくような巨大な内輪空間の成立と、そこから現れるコミュニケーションの自己目的化[13]の議論がある。[14]この自己目的的なコミュニケーションの、原初形態になるような消費のあり方が、どのような意図とリアリティーのもとに構成されたのか。抽象的な文脈にあらかじめ還元することなく、八〇年代の初期にアニメファンのビデオの消費実践の一つである編集・コマ送りのなかでこうした論点がどのように問題化していたのかを明らかにする。

本章では、それをビデオとアニメ雑誌という言説メディアとの関わりのなかから記述する。この関係をテクノロジーによる言説メディアの馴致として一方向的に捉える技術決定論的な見方もありうるが、そのプロセスを一方向的なものと見なすのは、現実を捉えていない。むしろビデオとアニメ雑誌という媒体の関係のなかから独自のコンテンツ消費をめぐる文化が形成されていくさまを、本章では記述する。新たなテクノロジーを再構築するなかで、言説メディア上に記述された人々の日常的実践[15]の技法が、コンテンツ消費をめぐる文化としてどのように表れたのかに着目する。

分析資料と分析の指針

本章で分析対象に用いるのはアニメ雑誌である。本項では、本章と関係がある範囲でアニメ雑誌というメディア自体の特性を議論する。

一九七〇年代後半から、雑誌の一ジャンルとしてアニメ雑誌が成立したとされる。大衆向けのアニメ雑誌というジャンルの「成立」自体が、オタク文化の成立に関して重要な役割をもつ。アニメ雑誌「アニメージュ」の創刊言には、創刊において『宇宙戦艦ヤマト』を中心としたアニメブームが重要だったことが語られていて、「月刊ＯＵＴ」のアニメ雑誌への移行の背景にも、このアニメブームがあったとされる。さらにそうした雑誌がブームを構成していく側面があることについては第3章でも詳述した。

アニメ雑誌の特徴としては、投稿欄が雑誌のコンテンツの主要な部分として位置づけられるようになったことが挙げられる。これによってアニメ雑誌の投稿欄は、単純に読者像の反映であるとは捉えられなくなる。投稿欄の重要性が増すと、編集の側も投稿欄の配置を意識するようになる。雑誌のインタビューを受けるクリエーターの側も読者像を意識することにつながる。投稿欄自体が雑誌のコンテンツになると同時に、その審査機能も果たす。投稿欄の重視は、多様なアクターをアニメ雑誌に結び付けもする。そうした投稿欄の特性を踏まえ、編集・クリエーター・投稿者などのアクターの関係のなかで成立するような媒体として、アニメ雑誌を検討する。

本章の分析対象は、一九七八年に創刊し、八〇年代を通して売り上げ最大発行部数を記録しつづけた「アニメージュ」の創刊号から一九九二年一月号までと、八四年に「アニメディア」[16]の増刊として発売され、のちに季刊になり最終的には月刊誌になった「アニメV」の五年分である。

「アニメV」は、ＯＶＡというビデオのパッケージソフト専門の雑誌である。投稿欄には感想だけでなくビデオの使用実践について書いてあるほか、通常の媒体に比べてビデオの使用法などに関して紹介するページが多く設けられている。初期にはビデオへの投資額を聞く特集も数回にわたって掲載されている。ビデオに特化した記事がいちばん多い媒体でもある。

それぞれの雑誌で、ビデオの技術的な側面を特集するコーナーと投稿欄はどの程度あったのだろうか。「アニメージュ」に関しては、「ビデオラボ」というビデオの専門コーナーができる一九八四年七月号から一九八五年五月号の十冊に限ってみたときには、それぞれ二百ページ前後のページ数のうち、投稿欄が平均二十ページであり、技術に関する特集記事は平均二ページだった。「アニメV」は一九八七年十一月号から一九八八年八月号までの十冊に関して検討したところ、全体約百三十ページのうち投稿欄が平均十三・三ページであり、その他の技術的な特集記事に関しては平均七・三ページだった。

2　ビデオデッキの普及環境に関して

本節では、一九八〇年代中盤の状況を分析する前提として、ビデオデッキが家庭に普及するまでの過渡的な段階でおこなわれていたコミュニティー的な消費に関して議論する。アニメファンと呼ばれる人々は、比較的普及の初期からビデオデッキを手に入れていたのではないかとも考えられる。そうであるならば、普及段階でのメディア環境的な格差の問題は比較的容易に解決したのだろうか。

確かに、一部の消費者は比較的早期からビデオデッキを獲得していたといえる。しかし、アニメ雑誌読者全般に関してみたときには、必ずしも十分な所有率が達成されていたわけではない。それでは、格差があるというその条件が、具体的にどのような言説を作り出してきたのだろうか。

　デッキがなくてもソフトを買う人ここにもいるんだよネェ。よく行く親戚の家にデッキがあるから持って行ってみるんだ。三本持ってるソフトは『バイファム』でまた『バイファム』のオリジナルビデオがでるそうだから買おうと思っているがお金が溜まらなくて姉から借金をしなければならないかも。[17]

ここで興味深いのは、この記事がOVAの専門誌である「アニメV」に投稿されたものであることだ。ビデオのパッケージソフトだけを紹介するという雑誌の性質上、ビデオをもっている読者を前提にして雑誌が作られているとするのが常識的な理解である。しかし、ビデオの本体を買うことなく、ソフトだけを買う者もいたことがこの記事からはわかる。デッキをもっていない場合には、親戚や友人などの人間関係に頼って視聴する消費傾向がみられた。

一九七〇年代のビデオデッキの普及期以前のアニメサークルでは、フィルムを借りてきて上映会をおこなうなどの消費の傾向がみられた。「アニメージュ」などでも上映会に関する特集がいくつか組まれている。上映文化は、八ミリを中心としてアニメ雑誌の初期のころからいくつか報告されてきた。上映は地方のアニメサークルなどでおこなわれていて、それがアニメ雑誌などで報告されることによって、その文化がより広まった。アニメサークルの部室に一台ビデオデッキを置いておくようなスタイルの視聴は、比較的広範にみられたことが推測できる。

家庭用ビデオデッキが十分に普及していなかった一九八〇年代前半には、ビデオテープだけを買い、ビデオデッキを電気屋から借りたという第3章の庵野秀明のエピソードに象徴されるように、ビデオデッキを保持しないでも何とかしてビデオを利用するという補助的な消費形態が存在していた。第3章では、ビデオをめぐる過渡的な消費文化に関して議論したが、アニメ雑誌「アニメージュ」では、ビデオの普及率が低い段階から、テレビを録画することへの欲望がみられた。その欲望を満たすため、アニメをカセットテープで音声だけでも録音したり、テレビの再放送をカメラで写真に撮ったりするなどの消費がみられた。また、何も録画されていない「生テープ」自体が高価だったことを条件にして考慮することが重要である。ビデオテープ（あるいはテレビを録音したカセットテープ）の貸し借りや交換などの募集が投稿欄上でなされ、そのなかから徐々に集団としての共同体意識を立ち上げていった。生テープが高価だったため、コレクションとしてテープを何本もっているかが、ファンのコミットメントを評価するものとして機能しはじめた。このように初期のアニメ雑誌にはテレビの能動的視聴に関する強い欲望がみられ、それを達成するためのコミュニティーが形成されていた。

本章では、そうした共同体が成立していることを前提に、ただのつながりであること以上に、そこに消費文化がどのように成熟していくかに着目する。ビデオに関する共同体的な消費形態があることを前提としたうえで、消費状況について考えなくてはならない。それを踏まえないと、以下のビデオデッキのある機種をめぐる宣伝について理解することは困難である。

君たちの中にはカメラ撮りもしたいとか、友達の家へ持って行きたいから、持ち運びのできるビデオが欲しい人もいると思うんだ。そんな人のために持ち運びビデオを紹介しちゃおう。(18)

この記事はポータブルビデオというビデオデッキに関する紹介である。このビデオデッキの宣伝では、ソフトの貸し借りだけではなく、ビデオの本体の持ち運びまでが想定されていたことがわかる。

こうした記事について考えるうえでは、次の二点が重要である。第一に、それまで指摘してきたとおり、コミュニティーを前提としたビデオ消費がある程度なされていたことである。そして本章で考えるべき第二の点は、持ち運んでまでビデオを誰かと一緒に見たいという欲望がビデオを所有していない側だけでなく、所有する側にもみられたことである。

つまり、人にビデオを「見せる」ということが、少なくとも一定の意味をもっていたのである。この「見せる」ことを望むような欲望が存在することの意味に関して、ビデオをめぐる消費行動やアニメ雑誌の投稿を分析していく。

3　コマ送りが可能とする視聴実践

ビデオをめぐる消費文化を考えるときに、共同視聴に着目するだけでは、その言説の特殊性を考察できない。重要なのは「見せる」欲望がどう達成されたかである。ビデオの技術的な進展によって、アニメの見方に対するある「転倒」が成立することと、それがもつ意味に関して本節では議論する。

ビデオというテクノロジーが可能にしたもののうちで最も重要なのは、テレビを録画できるようになることである。アメリカの場合、ビデオデッキが広まる初期段階では、録画ではなくパッケージソフトを中心に普及を目指したことから普及に時間がかかったのに対して、日本のメーカーは録画機能をビデオデッキ普及の主要なポイントとして推したことで急速に普及したという指摘がある。[19] その前提を共有しながら、考えるべきなのは、そうした録画の優位性になぜ日本社会が「気づく」ことができたのかである。こうした重要な背景に日本の少数チャンネルを中心としたテレビ文化という特性がある。視聴者は基本的に、録画ができるようになるまで、決まった時間に放映されるテレビ番組を、少数のチャンネルのなかから選択して見ていた。その制約に最も敏感だったのが一九八〇年代のアニメファンだった。

視聴を選択することのこの不自由さを前提にしたテレビの能動的視聴は、録画に限られず、放映された映像を再加工するような欲望も編成されていく。編集までする層は限られていただろうが、コマ送りに関しては比較的広範囲でなされていたと推測できる。コマ送り・編集によってテレビの操作が可能になる。一九八〇年代という初期の段階でコマ送り・編集という機能がビデオに付加されるようになる技術史的・消費史的な背景については第2章で検討したが、アニメファンにとって、コマ送りという視聴のあり方とは一体どのような消費の実践だったのか。

例えば、一九八〇年代初期のコマ送りに関して投稿欄から一例を挙げる。

わが家では先日、念願のビデオを購入しました。私はさっそく『最強ロボダイオージャー』をとりました。（略）あそこでポーズボタン&コマ送りをするとふつうでは目に留まらないような素敵な絵があるのです。[20]

コマ送りを駆使することによって、それまでテレビでは見ることができなかった「ふつうでは目に留まらないような素敵な絵」を発見したことが、ビデオを手に入れた喜びとともに報告されている。しかし、この投稿者の無邪気な報告は、考えてみるとアニメという言葉とは正反対の欲望をもつものである。アニメを普通に見ただけでは気づかない、制作者の側が仕掛けた絵を探り当てることは、一見すると一つの転倒である。「アニメーション」という言葉からも明らかなように、静止画である絵の連続をいかに動くもの（＝動画）として楽しむかが、アニメの一つの視聴の快楽であるからである。それは当時十六歳だった投稿者の次のような保守的な投稿にもみられる。

キャラクターのうわべだけのカッコよさにひかれて騒ぐ女学生。セルを買いあさるセル・クレージー。どちらも「ミーハー」という言葉ももったいないほど、アニメを理解していないと思う。アニメの魅力とは〝動き〟であってキャラのかっこよさではない。[21]

同様の指摘は実写をもとに映像を起こすロトスコープアニメ[22]という手法を批判する文脈でもみられ、「絵独自の動きをしていない」[23]ことで、アニメとしてはいかがなものかと評されている。しかし、前述したような「素敵な絵を発見する」営みのなかで楽しまれているのは、アニメのなかからほかの人がこれまで見ることができなかった絵（＝静止画）を見つけることである。このことは、アニメの制作者と視聴者の間の関係が変化するうえで重要な意味をもつ。アニメは制作のプロセスと実際にみる映像との間に違いがある表現である。制作のときには一枚一枚の絵が描かれているが、それを連続した絵として見せるということをおこなっている。つまり、一枚一枚の絵を描いた作り手がアニメには存在しているのである。アニメのなかには、ときにそうした特性を出すための仕掛けが当時から入れ込まれていた。制作者の側がおこなってきた仕掛けや作る工程を再現して可視化することが、ビデオのコマ送りによって可能になったからである。コマ送りをし、巻き戻しをすることで、オタク的な視聴能力の一つとしてしばしば指摘されることになる、作画などのアニメの作り手側の目線に「気づく」ことができる能力が成立してきたといえる。さらに、ただ個人に楽しまれるだけだった「素敵な絵」が、読者間で共有されてその「楽しさ」が制度化されることになる。このようにして新たな文化が形成されることになる。

結論を先取りすると、この「素敵な絵を発見する」欲望は二つの帰結を導く。一つはビデオをめぐる消費者と制作者の距離感を変えていくことである。ここでおこなわれたような消費の傾向を制作者の側が予測して、コンテンツ生産をおこなうようになる。もう一つはこうした静止画にすることへの欲望が、より洗練された映像を編集するという行為へとつながる。アニメをコマ送りして自分だけの見方をするだけでなく、自分だけの見方をもとにコンテンツを作ることができるようになる。重要なのは、この「制作者と消費者の距離感の変化」と「自分だけの消費」という二つの傾向が、互いに異なる方向ではなく、組み合わさって発展していったことである。次節の第1項では、「制作者と消費者の距離感の変化」として、この新たに浮上した消費者に制作者の側が気づき始めたことを議論する。第2項では「自分だけの消費」に関して検討する。具体的には、映像自体が先回り的なマーケティングがされたうえで作られ編集がおこなわれるなか、その先回りをさらに踏まえるようになり、そうした動態のなかで、どのようなコンテンツ消費をめぐる文化が成立していたかに着目していく。

4 形成される相互循環

マーケティングされる「共同性」

前節のような消費者の存在が認知されると、制作者の側でも繰り返し何度も見られることを前提としたアニメ作品作りをおこなうようになる。本項ではその先回りがもつ意味を検討する。

「アニメV」の定期刊行前に発刊された「ハイパーコミックノーラ アニメV別冊」には、以下の記述がある。

バイファムのみどころはなんといっても落ちとなる部分。(略) スタッフの遊びがいっぱいというわけ。せっかくのビデオ。ストップモーションで探してみよう。(24)

こうしたスタッフの「遊び」は初期のOVAをはじめとして、いくつもの作品でみられる。『エリア88』[25]（スタジオぴえろ、一九八五―八六年）の作品スタッフの一人は以下のように語る。

ビデオ作品は五回見たら五回とも面白くなければならない。そのために、何度目かに気づくような細かい芝居が全体に入っています。[26]

こうしたことからもわかるように、制作者の側が、視聴者側のコンテンツ消費の仕方を先回りした作品作りをするようになってきた。このような先回り自体は、マーケティングの論理の必然である。しかし、これらの語りの特異な点は、制作者の側の仕掛けを技巧として評価するべきものとし、それまで着目されてこなかった制作者の層に焦点を当てたことである。

一九七〇年代後半から八〇年代前半にかけて、アニメーターなどのこれまで注目されてこなかった監督以外の制作者に注目が集まる。アニメ雑誌の創刊当初は、アニメ雑誌の読者層に業界への就職を目指す者が多いのではないかと想定されていたが、実際には制作に携わるのではなくアニメを楽しむ「消費者」が多かった。しかし、こうした「消費者」はアニメ雑誌の投稿欄などで独自の読解を共有し、これまで光が当たってこなかった裏方の制作者を「スター」として表に押し出していく。そうした「消費者」はまた、「スター」になった制作者のインタビューなどをアニメ雑誌で読んで評価を更新していき、その評価の共有がオタク的なリテラシーとされるようになる。その結果、制作者と消費者の関係はフラットなものになっていった。

こうした作品の先駆けとしてしばしば指摘されるのが、『うる星やつら』（フジテレビ系列、一九八一―八六年）と「初のオタクが作ったオタク向け」といわれる『超時空要塞マクロス』である。[27]これらの作品ではアニメファンの欲望を先回りする仕掛けが大量になされ、制作者の作家性の発見へとつながった。つまり、初めての中学生・高校生向け作品と銘打たれた『伝説巨神イデオン』などが目指した文学的な方向性とは異なる方向で制作がおこなわれた作品だった。これらの作品では物語面ではなく、映像面で複雑化・高度化がなされた。視聴者がコマ送りなどでシーンをピックアップするリテラシーをもつことを前提にした作品作りがされていた。

例えば、当時の若手のアニメ制作者だった押井守は、映画化するにあたり作り込まれた作品に仕上げたことから、『うる星やつら』をきっかけにアニメファンたちに見いだされる。「アニメージュ」一九八三年一月号では、「「うる星やつら」につづくのはダレだ!?――押井守とそのライバルたち」という二十ページにわたる特集が掲載される。そして押井守らのアニメの演出に関して、以下のように言及している。

> 「うる星やつら」が注目されるに従ってアニメ演出の新しい一面を見せてくれたという意見が多くなってきている。若さだけを頼りに暴走しようとする作画陣をうまくまとめこんでしまうのではなく、野放しギリギリの線までひっぱっていっておいて、一気にけりをつけてしまうような演出とでも表現すればよいだろうか。(28)

押井守の手法について、「ファンの嗜好と押井守の志向がうまくドッキングした」と表現された。映像面や作画面で制作者が様々な「遊び」を仕掛け、それがアニメ雑誌の側で取り上げられ、制作者がアニメファンたちをどう意識しているかが読者に対して演出される。

間に入れる一瞬の映像を見るリテラシーを前提とした仕掛けがなされることによって、消費者の側に新たに二つの方向の欲望が形成された。一つは制作者の作家性を監督だけでなく、アニメーターなどの各制作者の単位で読み取っていく欲望である。もう一つは、映像作品としてのアニメーションから一つのシーンをピックアップして読み取っていくような欲望である。シーンを取り上げる記述がアニメ雑誌で特集されることになり、「一話」よりも小さな単位での作品の消費への欲望が形成された。

前者は、個別の制作者が作った映像に対するリテラシーの発達として理解できる。個別の制作者が作った映像の違いを認識するために、スタッフロールなどを繰り返し見ることが必要になってくる。ビデオによる繰り返しの視聴と個人の作家性の理解を結び付けるために、アニメ雑誌という媒体が機能していた。

さらに、アニメ雑誌という媒体そのものが、作家性を創出する場所でもある。アニメ雑誌が制作者にインタビューし、アニメ制作者の文化集団内でのスター化がおこなわれる。アニメ雑誌という媒体によって映像を作り出す際のこだわりをアニメ制作者が語り、そのこだわりを消費者が映像を見ながら照らし合わせる。そうした映像解釈のリテラシーが共有されていることを互いに想定することが、ある種のオタク的なコミュニケーションをめぐる言説の前提になっているのは、現在のオタク文化に関する議論でも同様である。映像と作者の名前を往復させていくようにして、映像のリテラシーを示すような話法が可能になってきたのだ。

後者は、映像に深いこだわりをもつ消費の仕方である。そこで、長くなるがアニメ雑誌上での『超時空要塞マクロス』[29]をめぐるシーンのピックアップを取り上げる。

第二十七話を見てなによりもすごいと感じたのは映像とミンメイの歌の見事なシンクロナイズである。（略）「私の彼はパイロット」で彼女がパッと敬礼。スーパーバルキリーが四つのノズルを閃かし最大加速で発進！（略）思えばこの「マクロス」という作品はこのワンシーンを作るために用意されていたのではないか。歌手が歌うのをBGMに壮大なメカアクションが展開される。SF考証、設定はそれにある程度の必然性を持たせるために考えられ、それは見事に成功したといえるだろう。「『青い珊瑚礁』をバックに戦闘シーンを描いてみたかった」（二十七話絵コンテ河森正治、キャラ・美樹本晴彦）（略）タイミングを計るために河森氏はビデオで必要なカットに似た絵をつなぎ撮りし、絵コンテを描いた。おかげでビデオデッキを一台ダメにした。[30]

一つのシーンに対する偏執的ともいえるこだわりは、視聴者の映像に対する高度なリテラシーを前提としたものであり、物語の構造ではなく映像を中心にした視聴が重視される。こうした潮流はガイナックスの前身になるDAICON FILMなどの短篇作品の制作の延長線上に位置づけられる。その映像に関しては、消費者／制作者の距離を意図的に近づけるかのように言説が展開される。それによって、ガイナックスについての「オタクのオタクによるアニメ[31]」文化という言説が展開していく。

作品を作る際にもビデオを用いた視聴をする視聴者を意識して制作がなされていることが、この引用から見て取れる。「ビデオデッキを一台ダメにした」という言及がそのリアリティーを傍証するものになる。読者の側はそのシーンを作り出すための偏執的なこだわりがどのようなものだったかを、この表現から読み取ることが可能になり、その映像が評価されるようなリテラシーが再生産される。

一シーンを強調して特権化していくこの見方は、『超時空要塞マクロス』のミュージックビデオ作品に関してもみることができる。この作品には何曲かの新曲に加え、それに合わせた数分の映像が含まれる。そのなかに実際の本篇のラストの一つとして用意されたが結局公開されることがなかった映像などが入れられていて、曲を中心にストーリーをおおまかに追うことが可能になっている。こうした表現は、二〇〇〇年代中盤から一〇年代初めに流行した音楽と映像を自分なりに編集したＭＡＤムービーなどの文化にも通じるものである。オタク的なものの代表として議論される、物語を重視しない映像視聴能力[32]を前提とした市場が形成されはじめていたのだ。

制作者の側も、ビデオとアニメ雑誌というメディアの消費者層を前提とした作品作りをするようになる。映像を作る側が視聴者の見方のモニタリングをおこない、リテラシーを再生産していく仕掛けをすることになった。それによって岡田が指摘したオタク独自の視覚的能力の特徴であるパロディーを読み込む視聴能力と、映像を細かく見るという偏執狂的な見方を共有している[33]ことが、いわゆるオタクの能力のなかで重要なものとして評価されるような文化が成立していく。

「私だけのコンテンツ」を共有する

前項で指摘したような想像力のあり方を前提にあらためてみると、アニメ雑誌の一部の言説には、興味深いものがいくつかあることがわかる。一九八〇年代の中盤にかけてアニメ雑誌上にみられた動画の編集という消費実践に関する言説での、「自分だけのコンテンツ」を「共有」する志向性を本項ではみていく。まずは、以下のＶＣ―ＤＩというビデオ機種に関する紹介記事をみる。

ストロボ映像というのは、テレビの音楽番組などでよく使われる手法だが、これをテープに記録された映像だけではなく、ビデオのチューナーで受信中のテレビ放送でもリアルタイムに楽しむことができる。（略）『クリィミーマミ』のマミのコンサートシーンや、マクロスのミンメイのラストの歌唱シーンなどのビデオをこのＶＣ―ＤＩで再生すれば、たちまち君だけのオリジナルビデオが出来上がるというわけだ。[34]

編集をめぐる技法は、はじめ読者投稿のレベルで「私のビデオ遊び紹介します」などと語られていたが、[35]次第にアニメ雑誌上のほかの場所でも特集されるようになる。ここでは、ストロボ機能[36]という、映像の見え方を変えるという編集機能が紹介されている。その際に雑誌の編集側が強調したのが、「君だけのオリジナルビデオ」が作れることだった。

ビデオを用いる視聴者がいることを制作者の側が意識し、それに基づいて作品に仕掛けをしていたことは前述した。ここではそうした仕掛けを消費者の側がさらに予期し、そうしたうえで、自分でもやってみるという順序をたどっている。そして、そこでおこなわれるようになるのが、既存の商品・コンテンツを組み合わせることによって「自分だけのコンテンツ」を作り出すことである。すなわち、アニメファンがまず利用しないが、ビデオには内蔵されている機能を使いこなす志向性である。自分だけのコンテンツを作り出すだけではなく、普通ではないメディアの使い方をするというように差異化が志向されているようにみえる。

しかし、ここで注目すべきなのが、オリジナルのコンテンツを自分だけが見るという志向性だけではなく、それを共有しようという志向性もみられたことである。こうした消費の欲望の特徴は以下に引用する特集記事ではより明確に表れている。

ビデオデッキが映像と音声を記録するということは誰でも知ってると思うけど、この機能を上手に使うと以外と面白いソフトを作ることができる。（略）自己流音楽ソフトが出来るわけで音声多重デッキやハイファイデッキならば、ステレオ録音のレコードから音楽を入れれば効果はバッグン！（略）さてつぎに、友人に見せる（聞かせる）とバカ受けする！といういたずらテープの作り方を教えよう。[37]

ここでも「私だけのコンテンツ」を作ることについての言説が展開されているが、同時にそこで作り出された映像を共有する志向性をもっていることがわかる。「自己流音楽ソフトが出来るわけで」という記述にあるように、自分にしか作れないコンテンツの創作が目指されている。しかしこれは、他者との差異化を図っていくような卓越化の文脈にあるのではない。

「さてつぎに、友人に見せる（聞かせる）とバカ受けする！というタイプのいたずらテープの作り方を教えよう」という記述では、自分だけのコンテンツを作るのは友人にいたずらをするためだという意図が強調され、アニメ雑誌の投稿欄で推奨されている。

編集という消費実践では、「私だけのコンテンツ」を作るという欲望が形成されると同時に、そのコンテンツを理解できる友人に見せる欲望も作られている。その二つの欲望が組み合わさり、外部からみたときには高文脈で閉じたものにみえるようなコミュニケーションが編成されていった。しかし、同時にこうした閉鎖性自体が、ある時代の技術的な条件のなかでの生産者―消費者の相互関係的な営みのなかで形成されたものだった。そこで形成された関係性がオタクと呼ばれる文化集団に適合的な文化を再生産していくうえで重要な意味をもつのである。

5　結論

オタクをめぐるイメージは、「他者からはわからない何かに夢中になっている人」というようにして、独自性が強調されてきた。本章では、こうしたイメージ形成の裏面を、アニメ雑誌におけるアニメファンの当時のビデオ消費の面から描き出した。

ビデオデッキが普及の過渡的な段階にあるときに形成されたアニメファンの共同性を前提とし、ビデオを所有している側がもっていた「見せる」欲望の意味に関して検討した。ビデオが可能にしたコマ送りというアニメの能動的視聴によって、制作者の「作り込み」に気づくようなリテラシーをもつ消費者が現れ始めた。そして、そのリテラシーを先回りするような仕掛けを制作者もおこなうようになり、消費者はそれを評価する視点を獲得していく。これによって、制作者と消費者が互いに意識しあうようになり、関係がフラット化していく。そうしたリテラシーを高度化させた消費者同士で共有するために、「自分だけのコンテンツ」として編集されていたことを明らかにした。このような相互行為のなかで、外部からみたときに「価値のわからない」高文脈な知識・文化のあり方が形成されてきたといえる。

本章では、卓越性／共同性というように二項対立的になりがちな議論に対して、それらの相互のダイナミクスのなかから「共同性のための独自性」という形でコンテンツ消費の意味づけがなされるようになったことを議論した。それは外部からみたときには、消費をめぐるコミュニケーションが閉じていく様子だと記述されることになる。これは浅野が指摘している語られ方の三つの次元のうち、コミュニケーションの次元と消費の次元の結び付きが形成される素地になる。[38]

本章で着目した編集文化は一九八〇年代を通じてみられたものである。だが、類似の消費傾向として、映像文化に限ってでも二〇〇〇年代に入ってから着目された「ニコニコ動画」などの二次創作文化が想起される。その異同についてもふれておく。

本章ではビデオの編集文化に関して、テレビアニメをめぐる能動的視聴という側面に着目して議論した。本章で明らかにした消費実践は、テレビ文化やその延長線上にあったＯＶＡの消費とも関連したものだった。さらにこの議論は、のちのオタク文化で流行した実践にもつながる。濱野智史が議論するような「ニコニコ動画」の二次創作や三次創作などでは、ネット文化の独自性が強調されてきた。[39] 確かにネット文化は、作品制作のコミュニケーション過程を可視化し、同時に制作することのハードルを下げた。「ニコニコ動画」でおこなわれている消費の仕方は、一見するとテレビ文化とは遊離している。しかし、そこでの消費は、常に新たな動画制作者たちの作家性を発見すると同時に、それらのフィクション性も自覚させていく。このことは本章のなかで指摘した制作者の作家性を見いだす対象が、すでに職業として存在した制作者を起点とした消費であるか否かという点で断絶してはいる。しかし、確かに連続性もある。正確な異同を論じることは本章の範囲を超えるが、テレビをめぐる消費の記憶は現在のコンテンツ消費をめぐる文化に存続している。だが、そもそも初期のネット文化のアニメで受容されているコンテンツには特有の傾向があった。それは流通形態の段階で分化していたのである。

本章では、第2章で論じたような教育現場を中心に発展したコマ送り・編集などの一般家庭で用いないような機能をアニメファンが再利用していくことで何をなしえたかを論じた。アニメファンの内部では、ファンたちがコンテンツ消費文化を「教え合うことで」成立させ高文脈化させていった。本章は、オタク文化と呼ばれるような独自の文化をめぐる言説を堆積させる過程に関して、ビデオというテクノロジーを軸に議論した。だが、こうした消費が可能になる前提として流通の変容が存在する。

そうした受容が可能になったのは、ＯＶＡのような異なる流通環境が可能になり、ファン向けのコンテンツが増えていたためでもある。これは消費者だけでなく作り手にとっても同様だった。だが、ＯＶＡで自由に表現ができるのはまずは作業工程で上位に位置する人々が中心だった。そうした変化は工程の下位に位置する個々のアニメ制作者にも次第に影響を及ぼすことになる。次章ではそれについて、労働規範と産業構造の維持という観点から議論を展開することにしたい。

注

(1) 前掲『動物化するポストモダン』など
(2) 前掲『電子メディア論』
(3) 前掲「庵野秀明は、いかにして八〇年代日本アニメを終わらせたか」
(4) ただ見るだけでなく、ビデオに金を使うなどのコストを払うようになるという点で「消費」と呼んでいる。
(5) 前掲『オタク学入門』
(6) 玉川博章／名藤多香子／小林義寛／岡井崇之／東園子／辻泉『それぞれのファン研究――I am a fan』(ポップカルチュア選書「レッセーの荒野」)、風塵社、二〇〇七年
(7) 前掲『コミュニケーション不全症候群』
(8) 前掲『オタク学入門』
(9) 前掲『電子メディア論』
(10) 七邊信重「「同人界」の論理――行為者の利害・関心と資本の変換」、コンテンツ文化史学会編「コンテンツ文化史研究」第三号、コンテンツ文化史学会、二〇一〇年
(11) この卓越化という語はピエール・ブルデューの議論を基礎にしている。Bourdieu, *op. cit.* (前掲『ディスタンクシオン』)
(12) 前掲『「若者」とは誰か』
(13) 前掲『嗤う日本の「ナショナリズム」』
(14) 道具的／目的的の区別をおいたものであり、何かを円滑に進めるなどのためにコミュニケーションするのではなく、

コミュニケーションを楽しむためにコミュニケーションをするというものであり、「つながりの社会性」（前掲『嗤う日本の「ナショナリズム」』）の議論とも接続する。

（15）Michel de Certeau, *L'invention du quotidien 1: Arts de faire*, Union générale d'éditions, 1980.（ミシェル・ド・セルトー『日常的実践のポイエティーク』山田登世子訳、国文社、一九八七年）

（16）学習研究社の雑誌で、「アニメージュ」と並んで部数が多いアニメ雑誌であり、女性読者が多いともいわれる。

（17）「アニメV」一九八五年八月号、学習研究社、八一ページ

（18）前掲「アニメV」一九八五年六月号、一〇一ページ

（19）石井健一『情報化の普及過程』学文社、二〇〇三年

（20）前掲「アニメージュ」一九八一年六月号、一二〇ページ

（21）「アニメージュ」一九七九年二月号、徳間書店、一一六ページ

（22）モデルをまずカメラで撮影して、それをトレースしてアニメーションを制作していくアニメーションの手法である。実写に基づくリアルな動きにはなるのだが、それをアニメーションでおこなうことの奇妙さが「絵独自の動きをしていない」として、ここでは批判されているのである。

（23）「アニメージュ」一九七九年十月号、徳間書店、一一六ページ

（24）「ハイパーコミックノーラ アニメV別冊」学習研究社、一九八五年、四三ページ

（25）原作は新谷かおるの漫画作品で、一九八五年に鳥海永行監督のもとでＯＶＡが制作された。

（26）前掲「アニメV」一九八五年六月号、一二ページ

（27）前掲『オタク学入門』

（28）前掲「アニメージュ」一九八三年一月号、二七ページ

（29）一九八二年から八三年に制作されたアニメーションであり、原作はスタジオぬえ、キャラクターデザインは美樹本晴彦である。

（30）「アニメージュ」一九八三年七月号、徳間書店、一二八ページ

（31）前掲『オタク学入門』

(32) 前掲『動物化するポストモダン』
(33) 前掲『オタク学入門』
(34)「アニメV」一九八六年十月号、学習研究社、九二ページ
(35)「アニメージュ」一九八五年一月号、徳間書店、一三一ページ
(36) 編集でストロボをたいたように見せることで、その見え方を変える技術である。
(37)「アニメージュ」一九八五年二月号、徳間書店、一五一ページ
(38) 前掲『「若者」とは誰か』
(39) 濱野智史『アーキテクチャの生態系――情報環境はいかに設計されてきたか』NTT出版、二〇〇八年

第6章　アニメの制度化のインフラとしてのアニメ制作者の形成

――一九七〇―八〇年代の労働規範に着目して

はじめに

問題設定

日本国内のアニメ産業では、一九八〇年代にアニメブームという特異な消費者の浮上を伴う市場の変動が問題とされてきた。本章は、その変容を可能にするアニメ制作者の労働規範がどのようなものとして形成されていたのかを明らかにする。

日本のアニメを考えるためには、消費者だけではなく労働者にも着目することが重要である。トーマス・ラマールは、日本のアニメを産業的な条件やアニメーターの職業的な位置と強く連関させて捉えている。[1]さらに、そうした「アニメーション」の成熟の時期には、産業的にも重要な変容が起きていたことを示唆する。

日本のアニメ産業にはいくつか重要な転換期が存在してきた。その一つが、本書でこれまで論じてきた一九七〇年代・八〇年代のアニメブームでの消費者の浮上である。この浮上によって、八〇年代には放映作品の量的[2]・質的な変化が生じた。

一九八〇年代はテレビアニメの量的拡大に加えて、劇場アニメが人気を集めた。七〇年代末から劇場アニメが邦画の興行収入で上位を占め始め、その作品内容でも質的な変容が起こり始める。それに伴い、新たな消費者像の変化が認知されはじめる。当時開始されたテレビアニメには、『宇宙戦艦ヤマト』などのアニメ雑誌[3]で人気がある作品がある一方、『ドラえもん』などの一般に人気がある作品もあった。しかし一九八〇年六月号の「アニメージュ」誌上での作品ランキングでは、『ドラえもん』はトップ20にも入らず、このことはアニメ雑誌の編集部にも衝撃的な出来事として受け止められた[4]。ここまでの章で論じてきたように、一般層とアニメファン層が視聴する作品に質的な差異がみられはじめていたのである。

アニメ産業でこの市場変動と新たな消費者の浮上の問題が関連するのが、第4章で論じたOVAの登場である。OVAは五千人から一万人をターゲットにしたメディアである。新作タイトル数は、本数の数え方にもよるが一九八三年に初のOVA作品『ダロス』が出てから、八四年に五本、八五年に二十八本と推移し、八九年には百七十一本に至っていた[5]。映像の消費構造の分化が起こるなかで、とりわけOVAでは様々な表現の可能性が模索された。こうした市場の量的・質的変動は、現場の労働者の働き方にも影響を及ぼすことになる。この市場変動に直面して、生産の量的・質的変化に対応できる人材が必要になった。本章では、このような市場変動を支えうる労働者に関して、労働規範との関連から議論を展開する。

労働者の経験への焦点化

本章で焦点を当てるのは、アニメ産業で起こった消費者層の変容が労働者にどのように経験されたかということである。イアン・コンドリーは、アニメーション産業の制作者と消費者の関係を経験的に分析した。コンドリーは、「メディア産業をまたいで公式な制作者たちと非公式なファンたちを結び付ける協働的な創造の集合体が、アニメを国際的な成功に導いたのだ[6]」と述べる。コンドリーは制作スタジオの打ち合わせ、制作現場の観察などの制作者へのフィールドワークや、ファンへのインタビューをおこない、フィールドごとの相互作用を見いだす。

コンドリーの相互作用分析には二つの水準がある。第一に制作者同士の相互作用であり、第二に制作者と消費者や多様なメディア同士の相互作用である。しかし、両者は「魂」というマジックワードで調停され、どのようにして第一と第二の連関がなされているのかは明らかではない。また第二の諸アクター内でも制作者と消費者の連関が不可分なことが前提とされていて、両者の結び付きがどのようになされているのかが示されていない。しかし、こうした結び付きは前提とするべきものではなく、その図式自体がどのようにして成立している／いないのかを経験的に考える必要がある。

そうした結び付きを論じたものの一例として、アニメ産業の市場と労働現場の関係をテレビアニメ放映開始後の東映動画の労使関係の分析から議論した木村智哉による研究[7]がある。日本のアニメ産業は、一九五〇年代中盤ごろから東映動画を中心として発展してきた。しかし、六三年に虫プロダクションが『鉄腕アトム』を制作したことを皮切りに、アニメの主要な市場はテレビに移行する。木村は、そのなかで東映動画もテレビアニメに参入していかざるをえなくなった局面に着目する。テレビアニメ参入に際して作業量の増加と不安定な受注への対応のため、正規雇用の制作者の契約職化がおこなわれ、当時主流だった勤務時間による管理から作業量による管理に移行していったと木村は指摘している。これはテレビアニメの放映開始という市場の変化を受けて、労働現場の側が働き方を変容させたことを意味している。だが、木村の議論からは、その変容した働き方が、現場でどのように維持されつづけることになったのかは明らかではない。市場での消費者の需要が量的・質的に拡大したことを考えるならば、生産の拡大と多様化を伴うはずであり、それを支える労働のあり方が必要になる。本章では、八〇年前後の消費者の浮上という市場の変化を可能にする労働規範が、どのようにして現れてきたのかに着目する。

本章の構成は以下のとおりである。第1節ではアニメーターの職務概要を提示する。第2節では分析枠組みと分析に用いるデータの位置づけを説明する。第3節では先行する議論を検討するなかから一九八〇年代の日本のアニメ産業の労働を考えるにあたって問うべき論点を再設定する。第4節では雑誌資料から、アニメブーム時の

表3　アニメーターの職務内容

工程	職務内容
監督	作品内容に最終的な責任をもつ。
キャラクターデザイン	アニメ作品中に登場するキャラクターを創作する。
演出	監督の意図に基づき作品を構成し、キャラクターの演技をつける。担当する話数やシーンについて責任をもつ。
絵コンテ	作中の各場面作りとなる画付きの台本を作成する。
作画監督	原画に修正を入れ、動きや絵のクオリティーを必要水準まで引き上げる。
原画	絵コンテに従って画面を設計（レイアウト）し、演出が要求する演技に従って場面のキーポイントとなる絵を作成する。さらにレイアウトが作画監督のチェックを受けたあとにそれを清書する。
動画	原画が作成した絵の間を埋める絵（中割）を作成する。

（出典：日本アニメーター・演出協会『アニメーター労働白書2009』〔日本アニメーター・演出協会、2009年〕、松永伸太朗『アニメーターの社会学――職業規範と労働問題』〔三重大学出版会、2017年〕を参考に筆者作成）

変化が当時すでに活躍していたアニメーターにどのように経験されたのかを扱う。第5節で本章の議論をまとめながら、その意義と課題を述べる。

1　アニメーターの職務概要

本章の議論を理解するうえで必要な、アニメーターの職務を概説する。アニメ産業の労働現場では、作品の企画などの市場を意識せざるをえない職務と、作画・背景・CGなどを作る現場の職務がある。アニメーターが関わりうる職務は表3にまとめた。本章の論述には、アニメーターは作画部門に属していて、アニメーターが関わりうる職務は表3にまとめた。

本章の論述には、特に作画監督・原画・動画の三つの職務が関わる。ただし、現場で作品を作る職務であっても市場が無関係ということはなく、現場と市場がどのように関わっていたのかについて本章では分析する。

表3に記載した職務はそれぞれが独立性をもった職務である。一般には、監督から絵コンテ、絵コンテから原画のように、指揮命令上の上流／下流という関係はあり、報酬もそれに連動する。しかし、ベテランでもあえて原画工程にとどまって活躍して尊敬を集める者もいる。原画・動画工程の報酬体系はカット

単位・枚数単位の出来高制になっている。

仕事の獲得は、企業間関係に加えて、産業集積を前提とした制作者の人的ネットワークに多くを依存していて[8]、下流にいくほどこの依存は顕著になる。日本アニメーター・演出協会によれば、アニメーターの約四分の三は企業に雇われず、複数の企業と契約を結んで働くフリーランサーである[9]。

2 分析枠組みと資料の分析上の位置づけ

分析枠組み

本章の問題関心は、換言すると、市場変動のような労働現場の環境要因と労働現場の経験との関係を明らかにすることである。労働現場の経験に関して、労働者の規範や働き方の関係から検討を重ねてきたのが労働過程論である。この理論では、規範が労働者の働き方に影響し、それが労働者の経験を形作ると捉えてきた。マイケル・ブラウォイは労働現場の規範を「労働過程のイデオロギー的領域」という概念[10]で表現する。この領域は、労働者が現場でどのような経験をするかを規定しているとされる。例えば上司・部下の関係は様々な職場でみられるが、それが労働者にとって抑圧的なものか友好的なものかは職場の規範によって異なる、というようにである。ここで重要なのは、労働者の規範を分析するにあたっては、労働者がどのような経験をしているのかを確かめてみる必要があるということである。前述の上司・部下の例であっても、部下がどのような経験をしているかを知らなければ、その場の規範を明らかにすることはできない。

労働過程論は、労働現場とその環境要因の関連についても考察してきた。市場が労働現場を決定する環境決定論への対抗から、ブラウォイは労働現場の自律性を強調した。市場と労働現場両者の関係の議論を深めたのが、ポール・エドワーズである[11]。エドワーズは、環境要因の変化は個々の労働者を媒介して経験され、そこから労働過程に変化を及ぼすとしている。ここでは労働者の規範が働き方に影響し、そこから労働者の経験が形作られる。

このことから明らかなように、規範の変容やそれと関係した環境的変動をみるうえでも、まずもって経験の記述から出発しなければならない。そのため、本章ではまず個々のアニメーターが働き方の変化をどのように経験したかをみる。

そのうえで次項では、労働規範の変容が、雑誌というメディアを通して新たな労働者像として消費者に対して提示されることにも着目する。

雑誌「アニメージュ」の分析上の位置づけ

本章では主にドキュメント資料を用いて分析をおこなう。本章で資料として取り扱うのは、一九七八年に創刊した月刊アニメ雑誌「アニメージュ」である。「アニメージュ」は最盛期には二十五万部を発行するなど、大衆向けに刊行されたアニメ雑誌としては長らく最大部数を誇る雑誌だった。

この雑誌の内容は、読者の投稿欄と作品に関する紹介が主である。作品紹介や大きなテーマを設けて特集を組む際に、アニメーターへのインタビューやアニメーターに対する座談会などを頻繁におこなっていた。本章では、そうした座談会やインタビューなどから、アニメ制作をするうえで何が問題になっていったのかに着目しながら分析する。

本章では、雑誌でのインタビューや座談会を分析するにあたり、キャロライン・ベイカーと大澤聡[12]の視座を参照する。

ベイカーは、インタビューがどのような性質をもつデータであるのかをエスノメソドロジーの視点から分析している。ベイカーは、インタビュアーが対象者に割り当てているカテゴリーを前提とし、対象者がそのカテゴリーの代表として自分自身を説明するデータとしてインタビューデータを扱うことを提案する。このことで、語りのなかでなされる説明がそのカテゴリーのあるべき規範を示すことになるという。すなわち、ある立場で経験を語ってもらう際にそれを理解可能なものとして組み立てることが同時に規範の提示にもなっているのだ。このようにして、本章では雑誌上のインタビューと座談会の語りから、一九七〇年代から八〇年代という時代でアニメを作ることに関する歴史の記述を試みる。

インタビューは問いかけに答えるという点で規範を示す行為だが、専門家同士の座談会という形式では、特定化されたトピックに対する特定化された規範がより表れやすい。とりわけ、それ以前の大衆向け雑誌ではアニメーターの語りがまとめて取り上げられることはなく、そのため、アニメーターに対してアニメ業界全体の動向を語ることを求める記事が、初期のアニメ雑誌では多く掲載された。座談会がコンテンツとして成立するには、読者がアニメ制作者という人々に関心をもっていることと、特集のトピックを座談する様子を見たいという関心が成立していると想定できる、という条件が必要になる。そこで提示されている座談会の特集テーマは、「ふさわしい人物」と考えられた人々に「ふさわしいと考えられるトピック」を設定して語ってもらうことができるようになってはじめてテーマとして成立する。[13]座談会に出席する側も、トピックに適したアニメーターとしての自己提示をおこなうことで、その座談会に設定された自己のポジションから規範を提示する実践をおこなっているのである。[14]雑誌の座談会に特異なのは、そうした振る舞いが座談会やインタビューの相手だけではなく、読者に向けても発せられることである。そのため、どのような読者層を雑誌の側が想定していたかが重要になる。「アニメージュ」の読者を論じるうえで重要なのは、初期にはファン雑誌であると同時に、これまでにない規模で展開された一般向け雑誌[15]でもあり、アニメ雑誌自体が、アニメ制作者の側がその技能について学習するための資料としても機能していたことである（第3章）。

最大部数の雑誌「アニメージュ」に着目するのは、この時期のこのアニメ雑誌では、アニメーター志望者へのはたらきかけもおこなわれていたからである。その象徴的な事例の一つが、一九八四年十二月号の読者投稿を受けて作られた一九八五年二月号の小特集である。この特集では、「アニメーターになりたい」という投稿に対して、読者から「アニメーションの本、アニメーターになるための参考資料などの調査結果や、同感の意見、励ましの内容」が寄せられたとし、目指していたが諦めたという読者からの応援のメッセージや、専門学校などを紹介する読者投稿が掲載された。そのうえで代々木アニメーション学院のコースが紹介され、現役のアニメーターの経験談・応援談が複数寄せられた。この「熱心さ」からわかるのは、アニメ雑誌の読者が、単なる消費者としてだけでなく、人手不足を補う労働力の供給源の一つとしての可能性をもっていたということである。本章ではそうしたアニメ雑誌受容の状況を踏まえながら、アニメ雑誌での語りを位置づけることにしたい。

次節では、アニメ雑誌を読み解く前提として、制作者と消費者の関係を踏まえながら、先行する諸研究を検討することでアニメブーム期の労働を捉えるための視点を整理する。

3　アニメブーム期の労働を読み解く視点

アニメブームに伴う労働力不足

アニメブームと制作者の働き方の関係を考えるうえで重要なのが、OVAの登場である。第4章ではそのことを中心に議論した。

テレビアニメの制作現場にとっては、スポンサーとの関係が重要になる。その結果、スポンサーの意向の範囲内で制作をしなければならなくなり、それが表現上の制約になっていた。そのなかで、そうした制約に満足しない一部の制作者が現れ始める（第4章）。

そのような制作者の表現の宛先として、様々なアニメファンの分化した層があった。そうした分化したファンの需要に基づき、劇場版アニメ・OVAなどのすみ分けがされる。特にOVAは、制作者たちにとっては自由な表現が可能な媒体として注目され、一方でファンにとっては子ども向けに限らない需要を満たすものだった。

これによって、アニメファン向けの作品と子ども向けの作品を別々に制作する必要が生じる。このことは、制作現場にとってはこなす業務の増加とともに、多様なジャンルで多様な絵柄を含む作品を制作しなければならなくなったことも意味していた。その結果、当時の制作現場は人手不足に見舞われ、生産能力の限界が指摘されていた。

その人手不足を補うために必要になったのが、下流工程のアニメーターの制作現場への供給である。次に、この点を考察するための論点を設定する。

アニメ制作者の実力主義

労働社会学者のハリー・ブレイヴァマンは、新たなプロジェクトなどの構想がいくつも立ち上がったときに、それを実行していく労働力は、規格化された労働力になると議論している。[16] しかしこうした規格化された労働者像は、創造的な作品制作をおこなうアニメーターについて考えるとき魅力がないものに映り、そうした労働力が大量に供給されることを説明できない。そこで、このブレイヴァマンの解釈とは異なったアニメーター自身の理解に定位した議論として松永伸太朗の議論がある。[17]

松永は、アニメ産業の長時間・低賃金労働という社会問題について、当の労働者がそうした不利な条件をどのようにして受容するのかを「労働者自身の合理性」[18]から説明することが重要だとし、アニメーターが語る概念間の結合関係から彼らが共有する規範を浮かび上がらせようとする。松永は、クリエーターというカテゴリーのもとに独創性を発揮すること（クリエーター的規範）と、職人的カテゴリーのもとに上流工程の指示に従うこと（職人的規範）が概念的に結合しているという。[19] また松永は、作家性の発揮と、上流工程の指示によって描く絵の内容についての裁量が制約されていることとの関係を問題化している。

松永によれば、（ブレイヴァマンであれば低熟練化と捉えるような）職人的規範がクリエーター的規範に対して優越していて、当人がどちらを自認しているかにかかわらず、上流工程の指示に従うことが職務上優先されるという。さらに、この二項対立の上位には「高い技術をもつべき」という労働規範があるとする。例えば、クリエーター的な振る舞いは一般に劣位に置かれるが、「高い技術があると周りから認められている」[20]場合には、それは許容される。これはクリエーター的規範の実力主義を意味しているが、職人的な評価をする際にも、「ある物や人物を見てその動きを想像し、それを正確に素早く作画する技術[21]」など様々な実力の基準が存在する。このことは、職人であってもクリエーターであっても、アニメーターに実力主義が強い労働規範として根深く共有されていることを意味していて、高い実力をもつ者は職人として称賛の対象にもなるのである[22]。

だが、職人が実力に基づいて評価されるとはどのようなことなのだろうか。アニメーターの働き方を加味すると、こうした実力主義の共有の意味にはいっそうの疑問が残る。職務概要で述べたように、アニメーターの多くはフリーランサーであり、組織にとらわれず、しばしば複数のスタジオを転々としながら働いている。流動性が高い職業であるにもかかわらず、アニメーターたちはそれぞれの実力をもって互いを評価しあっている。アニメーターたちが、職人的な実力をもとに互いを評価しているのはなぜなのだろうか。

ここからは二つの論点が導かれる。第一は、なぜこれほどまでに「実力」が重視されるのかという点である。この疑問が生じてくるのは、アニメーターの賃金形態が、枚数による出来高制であることによる。つまり、出来高制では「速さ」以外の実力は必ずしも即座に賃金に反映されるものではない。そうであるにもかかわらず「実力」が重要視されるのはなぜなのかを問わなければならない。第二は、「実力」の計測はどのようにして可能になると考えられているのかである。アニメ制作者に重要なものとして語られるのは、「工程を順守し」「独創性を発揮しないこと」であるなかで、その技能はどのように計測可能なものとして認識されているのか。これらのことを解くヒントは、アニメーターが下流にいくほどフリーランス的な働き方をする傾向にあるという指摘である。後述するが、このフリーランス的な働き方を維持する資源として実力主義は存在しているのである。こうした実力主義のあり方は、フリーランス労働という観点からは一見奇妙にみえるが、実際にはフリーランス的な働き方のもとで成立してきた形態であることをのちに論じる。

これらの論点を踏まえたうえで、前述のような「実力主義」に関してどのような「実力」がどのようにして必要とされていったのかを歴史的な文脈から議論する。職人的規範が優越し、それにしたがって評価されていくことが好ましいことになるまでの変化を本章では記述する。重要なのは、消費者の浮上を伴う産業上の変化を起こしたこうした規範の変化が、まさに産業上の変化のなかで起こった規範の変化でもあったということである。次節ではそのことを踏まえ、前述のような規範の変化を歴史的に位置づける。

4 制作者の労働規範の変容

本節ではこれまでの論点を受け、三つの座談会と一つのインタビューを取り上げる。以下がデータの概要である。

①「座談会 劇場アニメ70年史 かえりみて語る〝われらの動画〟」「アニメージュ」一九七九年十二月号、徳間書店、九六―一〇二ページ
参加者：藪下泰司（一九〇三―八六）、大工原節（一九一七―二〇一二）、森康二（一九二五―九二）

②「キャラクターは生きもの」「アニメージュ」一九七九年十二月号、徳間書店、三七―三八ページ
語り手：作画監督・大塚康生（一九三一―）

③「座談会 小松原一男」「アニメージュ」一九八〇年三月号、徳間書店、一一四―一一八ページ
参加者：りんたろう（一九四一―）、勝間田具治（一九三八―）、小松原一男（一九四三―二〇〇〇）

④「座談会 サンライズ」「アニメージュ」一九八一年一月号、徳間書店、一一三―一一七ページ
参加者（役職はすべて当時）：荒木芳久（脚本、一九三九―）、飯塚正夫（企画室・デスク、一九四一―）、金山明博（アニメーター、一九三九―）、富野善幸（演出、一九四一―）、星山博之（脚本、一九四四―二〇〇七）、山浦栄二

（取締役企画部長）、佐々木勝利（演出、一九四三―二〇〇九）

①は、戦前期からアニメ制作に携わっていたアニメーターたちが、戦後の活動を振り返りながら、現在のアニメをめぐる状況に関して議論している座談会である。②は、「旧ルパンと同じ作監[23]なのに、なぜキャラの顔が変わったのか、というファンの疑問に答えて」、東映動画時代から宮崎駿と並んでアニメ制作の第一線に関わり、『ルパン三世』（よみうりテレビ系列、一九七一―七二年）の制作にも宮崎駿とともに携わった大塚康生のインタビューである。③は、職人としてのアニメーターとして注目された小松原一男を囲んで、商業主義のもとでアニメーターはどのような態度でアニメ制作をするべきかを議論した座談会である。④は、一九七〇年代に創業し、アニメファンの人気を集めていたサンライズという新興の企業が、七〇―八〇年代にかけてどのようなことを意識しながら作品制作をおこなっていたかを回顧的に振り返る座談会である。

①は戦前から活躍するアニメーターに当時の変動を尋ねたもの、②はテレビアニメ開始という変化を当事者として経験したベテラン世代の語りである。③④は、市場の変化を与件とした新たな世代の語りである。

裁量の制約の進行

アニメーターの労働文化に関して考えるうえで重要な論点として、裁量をめぐる問題がある。テレビアニメなどが作られ始める以前からアニメーション制作に携わるアニメーターのそうした問題に関する視点を、雑誌データ①からまず確認する。

①は「かえりみて語る」「われらの動画」というタイトルが象徴するように、戦前から活躍する三人のアニメーターが、彼らが第一線で活動していた当時を振り返り、それと対比して現代のアニメーションの現場で起こっている問題について議論した座談会である。

藪下泰司は、劇映画とアニメーションの演出法の違いについて、実写は撮り直しが容易にできると述べ、それと対比してアニメーションについて以下のように述べる。

藪下　ところがアニメーションじゃ、そんなことできませんよ。このカットはちょっと不安だから、もう一つつくっておこうなんて一つのカットを二つつくるなんてわけにはいかない。そんなことをしたら、たいへんな日数がかかってしまうし、だから一発勝負なんです。その点、劇映画[24]の監督はできたのを見て、選べるんですからね。

大工原　たしかにそうだと思いますね。それで、アニメーターのクセとか性格。そういうことをほんとうによく知っていないとできませんね。どういうものをどういう目的でつくるのかということまで説明できないと、思いどおりのものをかかせることはできないですからね。

藪下　それは劇映画の監督が俳優を知るのと同じだけどね。

大工原　しかし、いくらベテランアニメーターだといっても、知らない人と「さあ、つくろう」ったってできないですよ。

藪下　そうそう、ニューフェイスを集めて、いっぺんにやろうったってムリでしょうね。いろんな演技をやらせて、これならできるということをたしかめてやることになるでしょうが、動画の場合は、それだけのことをやる余裕がないですからね。

そういう意味では、森さんも大工原さんも日動[25]時代からいっしょにやって、同じカマのメシ食っているんだから気心もしれているし…[26]

ここでは映画と比較してアニメは撮り直しのコストが高いことなどが述べられている。アニメーターにどういったことを、どういった目的で伝えるかが重視され、そのためにはアニメーターの癖や性格を把握することが重要であるとする。

意図を伝達するコストとの関係から「ベテラン」かどうかや「おもしろい」絵を描くかよりも、「同じカマのメシ」を食べたことが重視されている。これはどのような癖をもっているかというアニメーターに対する人間的な信頼性が頻繁に問われたことを意味する。当時は分業があいまいであり、個々のアニメ制作者の裁量による自由度が非常に高かったからである。[27] ここでは労働編成にあたって現代のように人員を集めて統制するのではなく、個々人の「クセとか性格」などの個性を前提にして編成がおこなわれている。個々人の個性が問われているからこそ、統制ではなく信頼が問題になっているのだ。そして、それに対して自由度が下がった「いま」が以下のように嘆かれている。

大工原　いまは早いんですねぇ、徹夜徹夜で追い込んで。すごい迫力というか。
AM　一時間ぐらいのものなら、半年でつくっちゃいますよ。
大工原　ボクらにはとてもできませんよ。たいへんですね。
藪下　だけど動画をかく人も、かき手というよりマシーンみたいになってね、もう機械生産ですよ。
AM　そのへんは淋しさを感じますか？
藪下　ウーン、ちょっと淋しいですね。いまのアニメーションだったら、人間が参加しなくても機械がやってくれるから。作家に何も反映してこないんじゃないかな。
AM　各パートで主張できるんですかね、中割り描いている人も。
藪下　できないでしょうね。原画を描く人が、ひとつの目的のもとに原画を描きますね。それをまわりの人に伝えて、伝えられた人はその狙いにそって忠実に守らなきゃいけないと思うんです。[28]

現在のテレビアニメの生産体制のなかでは、従来のように作家性が求められても、それをおこなうことは原理的に困難であり、仕方ないことだとも語られる。しかしそのことを「淋しい」事態と見なして、積極的な可能性を見いだしていない。こうした裁量の問題について、やや下の世代である大塚康生は森康二や大工原節に言及しながら次のように語っている。

以下の引用は「同じ作品内でキャラクターの絵柄が異なるのはなぜか」という読者の質問に対して、大塚康生が「裁量」の問題と関連づけて説明している場面である。

昔は、一本の映画の中でのちがいについていまよりずっとおうようでした。東映の『白蛇伝』とか『猿飛佐助』などは、その大半を森康二さんと大工原節さんのふたりで描いていますが、いまみると、同じキャラクターでも、ちょっと問題だなあと思うくらいちがっています。

でも、これはあくまで作る側の問題で、一般の人はあまり気にしないでみていたものです。それよりも動き方がおかしいとか、ストーリー展開がおかしい——というほうが問題だったように思います。ところが、テレビがはじまったころから事情が変わってきました。急速な需要の拡大にともなって原画スタッフが大量に必要になり、少々経験不足でもどんどん投入せざるを得ない、そして、作品の質をまもるためにはだれかがそれをカバーしなきゃならない——そんなところから作画監督という制度が生まれたのだと思います。[29]

ここではテレビアニメ放送以前と以後で制作体制が変わったことが指摘されている。東映動画の劇場作品で森・大工原が大半を作画した作品を例に、絵柄の違いよりも、「動き方」「ストーリー展開」がおかしいほうがより大きな問題だったとしている。それに対してテレビアニメ放送以降は、需要の拡大によって経験不足の者も原画に投入せざるをえなくなり、作品の質を維持するために作画監督という制度が生まれたと語る。すなわち、作画監督という工程の浮上は、アニメーターにとって作品ごとに絵柄が統制されることを意味した。

制約のもとでの「職人」的な表現

③の座談会は、作画監督に関する職務における「職人性」がどのようなものなのかに関して、自他ともに「職人」と位置づけられる作画監督である小松原自身と二人の演出家が鼎談している場面である。そこでは以下のような議論がなされていた。

小松原　結論から先にいえば、作家であるよりは〝職人〟でいたいですね。
勝間田　彼はその典型じゃないかな。（略）しいていえば、職人に徹しているだけに、作家精神が欠落している。現時点ではね。そのために自分本来のキャラクターをまだ持っていない。またそれを追求しようともしないでしょう。
小松原　あんまりないですね。
りん　勝間田さんのいっていること非常に本質的なことだと思う。もし、オレが『天才バカボン』をやれといわれて、ハナっからいやだとは拒否しない。その仕事とオレの生き方の接点がたとえ小さくても、見つけたならあるね。商業主義とは、そういうもんだと思う。かりに、小松ちゃんがオリジナルの絵を持っていても、オレは見たくない。
小松原　ぼくも見せたくないです。こわい。やっぱりある程度のお膳立ての中から、自分のヒラメキを発揮できるような状況にいたいですね。
ＡＭ　でも、オリジナルを描きたくないですか？
（略）
小松原　いま、オリジナルを創るといったら、完全にこの世界からはずれたプライベートフィルムしかないと思います。自分でストーリーを考え、キャラクターを設定する──それが本当のオリジナルですよね。[30]

ここでは一つのキーワードとして「商業主義」が、とりわけオリジナルの絵を制限するような、裁量の制限の問題と強く関わるものとされている。

その「商業主義」というテーマについて、「職人」と「作家」が対置されている。そのなかで「職人」の代表として小松原が位置づけられ、彼の職業に対するスタンスの評価をほかの二者がおこなっている。小松原は「職人」として優れた評価を得ながらも、「作家精神が欠落している」とされている。そのうえで、りんたろうは、商業主義であるかぎりは自分の職業人生との接点が少なくとも、仕事がきたならばその仕事を受けるという。

こうした議論を受けて、小松原が、そこでまさに「職人」であればきた仕事をこなさなければならず、「この世界〔=商業主義〕からはずれた」「プライベートフィルム」でしか作家性が発揮できないと語っている。ただ、このことは即座に不自由を意味するわけではない。「ある程度のお膳立て」のなかで自らの職務を遂行することを肯定的に語っていて、周りもそのことをネガティブに位置づけていない。こうした商業主義のなかでの裁量に関する葛藤が、どのような文脈のもとで成立していたのかが問われるべきである。

ここまでの議論のなかで裁量の問題が浮上し、従来の「実力」が通じなくなっていく一方で、新たに「何でも描ける」ような職人的な実力観が現れてきた可能性をみてきた。これまでの議論では、工程間分業が進むとともに新たな「実力」の基準が出現したことまでは説明できた。しかし、そこで「実力主義」が何よりも優越するものとして貫徹されることについては十分に説明されていない。次にこの点に関して議論する。

同世代ネットワークに基づくフリーランス的な働き方

以下の④の座談会は、当時の新興アニメ制作会社のなかでとりわけ注目を集めていたサンライズの関係者たちが、自らの企業的特徴をほかのアニメ制作会社と比較しながら語っているものである。以下はそのなかで主要スタッフである富野が、同社で最初に関わった作品をほかの参加者が知らなかったことを受けて語っている部分である。

富野　演出の出崎〔統〕さんがボツにしたから。そのときのお金はもらったおぼえがないなァ（笑）
飯塚　とにかく富野さんは、サンライズ以外にも、いろんな会社の仕事をやっていたよ。コンテの千本切りをやるんだと豪語してたもんね。
山浦　その〝千本切り〟の話はオレも耳にしたことがあるよ。
ＡＭ　ところで、そのころ安彦さんは……
山浦　『０テスター』のときから頼んでね、彼には。演出・シナリオ・作監と、なんでもやってもらった。
富野　当時、安彦さんも演出の要領がわからなくってさ、撮出しのときオタオタしていたといううわさを聞いたことがあります。
飯塚　サンライズが創映社の製作をしていたことがあります。
富野　そうそう。創映社のころぼくはこの会社とかかわりをもってよかったことは、いまの〝スタジオ・ぬえ〟の連中と知りあえたことね。
ＡＭ　どんな点でよかったんですか。
富野　彼らとは竹川さんとか松崎さんなんだけど、それまでのアニメ関係者とはちがう人種だったんだ。ＳＦ考証とかメカの構造など、それまでアニメ界ではほとんど無視されていたことについて〝偏執〟と思えるほど、ディテールにこだわっていたものね。
山浦　彼らは当時、まだ学生でね。いま、タカラ玩具にいる沼本〔清海〕さんが連れてきたんだ。
ＡＭ　それは『０テスター』からですか？
山浦　そう。その意味で、日本のアニメにＳＦ考証とかメカを持ち込んだのはサンライズが最初だよな。
富野　と同時に、ロボット同士が毎回敵味方となって戦うという形式もわれわれにとってはじめてだった。
星山　それは、虫プロ流発想からすれば〝俗悪〟だったんだよね、当時とすれば。
山浦　だってさァ、俗悪だろうが何だろうが、どんな仕事も引き受けなきゃ食えなかったもん。オレも含めてみんな必死だったよッ。[31]

この④の引用からは、例えば富野の絵コンテが「ボツ」になり金銭が支払われないなど、サンライズは不安定な状況にあり、そのためそこで働くアニメーターは様々な会社から仕事を受注する必要があること、「いろんな会社の仕事をや」り、「コンテの千本切り」をすることが肯定的に取り上げられていることがわかる。つまり、当時最もアニメファンたちに注目されていたサンライズの主要なスタッフでさえも、フリーランス的な職務の性質をもっていたのだ。そして、創映社の下請けを引き受けたことについては、最大の収穫として、当時は学生だった同じ感性をもつ集団である「スタジオ・ぬえ」と知り合うことができたことが挙げられている。

そうした同世代との共同作業について彼らは、「虫プロ流発想からすれば〝俗悪〟」と語るなど、前世代との断絶をしばしば強調していて、「金のため」という形で作家性へのこだわりを否定している。またサンライズの主要な人物である安彦に、たとえ仕事に慣れていない職務があったとしても何でもやらせてみるとして仕事を回していたことが語られている。このように、様々な仕事を工程順守的にこなすことが肯定的な労働規範として語られていたのである。つまり、裁量の制約は制作者から問題とされながらも、そのなかで発揮される表現が「実力」として認識されるようになっていて、その実力をもとにネットワーク的に前世代と異なる仕事を回し合うことによって同世代性が浮上してきていた。こうした工程順守的に仕事をこなす労働規範は、その労働条件の変化のなかで、次第に肯定的なものと認識されるようになったのである。

5 結論

本章はコンドリーがいう、「第一の（制作者同士の）相互作用」と「第二の（制作者と消費者の）相互作用」の関係を記述してきた。具体的には一九七〇年代から八〇年代の新しい消費者の浮上とアニメ制作者の関係である。

本章の分析で示したのは以下の内容である。アニメブームという市場変動のなかで、OVAなど様々なメディア展開によって、多様な表現をしたり、多くの労働をこなしたりする必要が出てきた。アニメ雑誌上でそのための人材の募集がなされたが、そのときに必要な能力はどのようなものだったのか。アニメブームという外的要因の変動が現場にもたらしたのは、商業主義による裁量の制約だった。これが展開した結果、制約のなかで様々な絵柄に対応できるように作家性を発揮するアニメーターが現れ、評価を集めるようになる。こうした実力評価に基づくフリーランス的な働き方が主流になっていった。

このことは、労働過程論の枠組みで考えるならば、商業主義の進展によってもたらされた裁量の制約は当初は作家性を尊重する規範から避けられるべきものだったが、これが進展していくにつれて、むしろ制約のなかで様々な絵柄に対応できる制作者であることのほうが、アニメーターとしての規範のなかで優越していったことを示している。

雑誌記事のなかで語られた事柄は、市場の変化から生じたアニメーターの労働規範の変化を示すだけでなく、変容後の労働規範を魅力的なものとして読者に対して提示するものでもあった。つまり、変容後の労働規範が、雑誌を通すことで一つの文化として読者に伝えられたのである。そこで称揚された労働規範は、作家性を発揮するとしても制約された裁量のなかでおこなうこと、フリーランス的な働き方に依拠していくことである。こうした労働規範によって、様々な職場や作品に合わせたものとして多様な絵柄をそのつどの要求に従って描くことが肯定的に捉えられるようになる。これらの労働者像は、アニメブームによってもたらされたOVAの登場などの量的・質的な市場の変動を支えるうえでまさに必要な労働者の姿だった。アニメブームによる市場の変化が裁量の制約をはじめとした労働規範の変化をもたらし、それは雑誌を通して新たな労働力の候補としての読者へと伝えられたと考えられる。

こうした条件のもとで新たに参入した労働力は、その後のアニメ制作を支え、作品の方向性に影響を与えていったと考えられる。また、新たな労働力になった人々がフリーランス的な働き方に準拠することによって、のちに労働問題として議論されるような条件がこの時期に整っていった可能性がある。これらの点の検討には、実際にアニメブーム期に業界に参入したアニメーターを対象にする必要がある。(32)

本章までは、アニメ文化が新しいファンの発見を起点として制度化されるまでのプロセスをビデオ技術の利用を軸に論じた。次章ではそうして形成されたビデオの(アニメをはじめとした)ファン文化圏での技術利用と一般的な技術利用の交錯を、「オタク」という言葉が社会問題化する際の宮﨑事件周辺の「コレクション」をめぐる言説をみることで論じる。

注

(1) Lamarre, *op. cit.* トーマス・ラマールは日本のアニメを映画の一ジャンルとして論じるのではなく、日本特殊論として論じるのでもない視点として、この労働という切り口に着目している。

(2) 新作テレビアニメの放映数をみると、一九七〇年は十七本で、七七年に三十本に到達し、八一年に四十七本といったんピークを迎え、八五年に二十三本と減少するが、再び増加して九一年には六十本になる。また市場規模も七五年には四十六億円だったが、九〇年には千六十九億円になる。詳しくは増田弘道『アニメビジネスがわかる』(NTT出版、二〇〇七年)などを参照。

(3) なお、アニメブームとアニメ雑誌の関係については、アニメ雑誌そのものがアニメブームを作ったという側面もある。アニメブームを象徴するものとしては『宇宙戦艦ヤマト』が語られるが、ブームのきっかけとしてはアニメ雑誌によって再放送が取り上げられたことの影響が大きい。つまり、アニメ雑誌自体がアニメブームを構成する一要素でもあった。

(4) 「アニメージュ」一九八〇年六月号、徳間書店

(5) 前掲『アニメビジネスがわかる』

(6) Condry, *op. cit.*（前掲『アニメの魂』）二ページ
(7) 前掲「東映動画株式会社における映画製作事業とその縮小」
(8) 山本健太「東京におけるアニメーション産業の集積メカニズム――企業間取引と労働市場に着目して」、日本地理学会編「地理学評論」第八十巻第七号、日本地理学会、二〇〇七年
(9) 日本アニメーター・演出協会「アニメーション制作者実態調査報告書」日本アニメーター・演出協会、二〇一五年
(10) Michael Burawoy, *The Politics of Production: Factory Regimes Under Capitalism and Socialism*, Verso Books, 1985.
(11) P. K. Edwards, "Understanding Conflict in the Labour Process: The Logic and Autonomy of Struggle," in David Knights and Hugh Willmott eds., *Labour Process Theory*, Palgrave Macmillan, 1990.
(12) Carolyn D. Baker, "Ethnomethodological Analyses of Interviews," in Jaber F. Gubrium and James A. Holstein eds., *Handbook of Interview Research: Context and Method*, SAGE Publications, 2001、大澤聡『批評メディア論――戦前期日本の論壇と文壇』岩波書店、二〇一五年
(13) 前掲『批評メディア論』
(14) したがって、アニメ雑誌上に登場する制作者は業界の末端の制作者までを代表するものではない。しかし、そうした制作者を通して規範が伝達されているということがここでは重要である。
(15) 前掲『二階の住人とその時代』
(16) Harry Braverman, *Labor and Monopoly Capital: The Degradation of Work in the Twentieth Century*, Monthly Review Press, 1974.（H・ブレイヴァマン『労働と独占資本――20世紀における労働の衰退』富沢賢治訳、岩波書店、一九七八年）
(17) 松永伸太朗『アニメーターの社会学――職業規範と労働問題』三重大学出版会、二〇一七年
(18) 同書二〇九ページ
(19) 職人とは、一般に熟練労働を指すが、松永は当事者の意味水準に定位して議論している。
(20) 前掲『アニメーターの社会学』一一一ページ
(21) 同書七九ページ

(22)同書一二七―一二九ページ

(23)作画監督の略。

(24)この語は通常フィクション作品としての実写映画を指すが、ここでは広く実写作品という意味で用いられている。

(25)東映動画の前身である日動映画、さらにその前身である日本動画を指している。

(26)「アニメージュ」一九七九年十二月号、徳間書店、九九―一〇〇ページ

(27)同誌九八―九九ページ

(28)同誌一〇一ページ

(29)同誌三七ページ

(30)「アニメージュ」一九八〇年三月号、徳間書店、一一七―一一八ページ

(31)「アニメージュ」一九八一年一月号、徳間書店、一一三―一一四ページ

(32)詳細は前掲『産業変動の労働社会学』。

第3部

ビデオを通じて再定式化される「オタク」経験とアニメ文化

第7章　ビデオをめぐるメディア経験の多層性
——「コレクション」とオタクのカテゴリー運用をめぐって

はじめに

　現在では、オタクという言葉は一般的な用語として定着している。ある文化集団を指す流行語として三十年以上にわたって延命しつづけている言葉はそれほど存在しない。それだけでなく、オタクという趣味集団を論じることが現代社会の重要な課題だという評論も数多く書かれてきた。[1]　それでは、オタクという言葉は元来どのように語られてきたのだろうか。

　オタクという言葉は、一九八三年の中森明夫による「「おたくらさぁ」なんて呼びかける」[2]　人々の「発見」を起源とする。これは互いのことを奇妙なこの呼称によって区分する行為を観察し、それを「おたくと呼ぶことに」したことをその起源とする言説である。元来オタクはその特異な行為への観察を意味する言葉だった。しかし、オタクという言葉が一般社会に浸透するのは、八九年の宮﨑事件の加害者である宮﨑勤のビデオテープをコレクションした部屋とオタクというカテゴリーが関連づけられ、社会問題化されるまで待たなければならない。八九年に中森自身がそのことを振り返っている。

「ポンピュー族」「金ゴロー族」「こたつむり族」「出産ギリギリ族」「アンマリッヂ族」「仮面少女」「フライヤーズ」「新男類」……いちども耳にしたことのないこれらの〝流行語〟の数々を掲載している八九年度版の『現代用語の基礎知識』『イミダス』には、「おたく」はもちろん、「おたく族」「オタッキー」の姿もない。[3]

一連の「いちども耳にしたことのない」「流行語」を並べ、それらが記載された『現代用語の基礎知識』（自由国民社）と『イミダス』（集英社）に「おたく」という言葉が載ることがなかったとしている。中森は、オタクという言葉が事件をきっかけに社会問題化し、次巻以降はこの言葉が掲載されるとこのとき予測している。[4] このように宮崎事件によってオタクというカテゴリーは一般に認知され、オタクというカテゴリーを考えるうえで一般層との関係を問題にする必要が生じるようになる。[5] 事件の加害者である宮崎は「オタクの代表」とされた一方で、「真のオタク」ではないという議論もなされた。本章ではそれぞれの言論が語られた条件に着目する。

その契機になった事件に関する検討は、これまでどのようになされてきたのだろうか。ある事件を社会学的に考えるうえで重要な議論として、宮崎事件のように社会的に耳目を集める事件があった際に、それを自分たちとは異なるからとして「異形」に押し込め、自分たちの共同体の「外側」にあるものだと位置づける「切断操作」がある。[6] マスメディア、そしてその向こうにいる大衆のこのような切断操作として事件への関心を理解する方法もある。しかし、特定の集団に関する事件を結び付ける際のすべてに当てはまるのが切断操作であり、ただ切断操作としてだけ理解することは、当該事件の文脈性を無視することになる。これによって、個別の行為や語りに定位する必要がほぼなくなる。重要なのはどのような意味で切断操作といえるのかという個別的な文脈のほうにある。

宮崎事件を契機に社会全体にオタクという言葉が浸透し、数々のオタク論が論じられるようになったことに着目した議論は多い。そのなかでも浅野智彦は、若者語りとの関連からオタク論をみている。浅野は、オタクが若者語りの最前線を形成してきたとし、「若者に見られる全般的な傾向を語る際に欠かせない象徴的なキーワードになっていく[7]」とする。そして、オタクの姿が、批評的言論で「コミュニカティブな像」として語られながらも、マスメディアではコミュニケーション不全な存在としての像が流通したと論じる。そのきっかけになるのが宮崎事件だという。

浅野は宮崎勤に関して「大塚英志がはっきり指摘したように、この青年はオタクであることにむしろ失敗していた[8]」と本書と類似した点に着目している。しかし、「マスメディアによってある種の誇張を受けながら増殖する彼のイメージは、オタクの典型像として社会に流布していった[9]」とし、宮崎がオタクの代表としてネガティブに語られるのはマスメディアの報道の問題としている。そのうえで「オタクという語が帯びたこの強烈な否定性は、（略）大人たちが抱くある種の不安を反映[10]」したものとしていて、この言論が発せられた文脈を脱文脈化している。それに対して本章では、一九八〇年代のビデオ史の文脈から、宮崎をオタクの代表として見なす言説と宮崎はオタクではなかったという言説の双方を検討する。ビデオというメディアがオタクというカテゴリーとどのように結び付き、その際にビデオのどのような使用実践がそれぞれ根拠とされたかを本章ではみる。

オタクの言説が問題化する文脈を考える際に、ビデオの使用実践以外にも参照するべき項目はある。オタク研究の主要なフィールドとしてはコミックマーケットなどに注目が集まってきた。しかし、年に二回のコミックマーケットはオタク的な振る舞いの代表的なものというより、そうした振る舞いや活動の帰結として記述するほうが適切だといえる。様々な諸活動があって結果として半年に一度のコミックマーケットに集まる（者もいる）のである。そうした対象設定は外部からの観察には適しているが、その前提になるコミュニティー内の日常性については明らかにできない。日常の振る舞いが様々なアクターによってどのように意味づけられていくのかをより詳細に記述することが重要である。そこで本章では、オタクが社会問題化するきっかけになったビデオテープを「コレクション」する行為に着目する。

ビデオテープをコレクションする営みは、一九八〇年代にオタクと呼ばれることになる人々がおこなうなかで最も日常的な行為である。それと同時にビデオデッキの普及率は爆発的に増加していて、ビデオはそのほかの多くの人々にとっても日常的に使用するメディアになっていた。そして、オタクが社会問題化するきっかけとされる宮崎事件はまさに、この複数の水準での行為の意味づけが交錯する場面だったといえる。

宮崎の自室の約六千本のビデオテープがオタクというカテゴリーに関係づけられる際に、マスメディアなどでは宮崎が「オタクの代表」として語られた一方で、批評家などの間では宮崎は「真のオタク」ではないという語りもみられた。ビデオテープをコレクションするという一つの行為に関連して、事件の加害者がオタクであるかどうかに関する二つの評価が存在したことは、オタクというカテゴリーを考察するうえで重要である。本章ではこの二つの評価の文脈性を、一九八九年のビデオというメディアがもつメディア史的な条件におけるビデオテープのコレクションに関するそれぞれのアクターの意味づけという観点から考える。本章では、①マスメディアの語りが生まれる前提として、一般層にとってビデオがどのようなものとされていたのか、②批評的言論が宮崎を「真のオタク」ではないとする主張の根拠として持ち出した内容がファン集団内でどのような文脈をもっていたのかを、事件をめぐる言説が成立する文脈として検討していく。

本章の構成は以下のとおりである。第1節では、新聞を中心に宮崎が「オタクの代表」としてどのようにビデオと結び付けて語られたかをみる。第2節では、その当時のビデオが置かれていた社会的配置を考慮しビデオテープをコレクションすることがもつ一般層にとっての意味を考察する。第3節では「宮崎勤は真のオタクではない」という議論がどのようになされてきたかに関して批評的言論を中心に検討する。第4節では、そのオタクではないとする根拠として持ち出された内容がファン集団にとってはどのようなものとして存在したのかを明らかにする。第5節では、本論の議論をまとめ、それがオタクをめぐる言論とどのような関連にあるのかを考察する。

1 「オタクの代表」の宮﨑勤

本節では、宮﨑事件とビデオを結び付ける報道を取り上げる。[11] まず第1項では、ビデオが宮﨑とどのように結び付けられたのかをみる。第2項では、事件とビデオテープのコレクションが宮﨑一人の問題を超えて問題化されていく様子をみる。

「証拠」としてのビデオ報道

ビデオについての報道のされ方は二通りある。それはビデオを事件の客観的な証拠として取り上げる報道と、事件の動機を示す証拠として取り上げる報道である。

警察側がビデオに着目したのは、実際的な証拠としてだった。序章で述べたように、「宮﨑は、一連の事件の現場である埼玉県西部にしばしば車でドライブに出かけ、ビデオショップでビデオを買うなど、土地カンを持っていた[12]」というように、事件当日の足取りを示すものとして、彼が訪れるビデオ店が周辺にあったかどうかや、事件の当日にビデオカメラを借りていないかどうかが焦点になった。証言が先行して物証が出ず、宮﨑が少女をビデオに撮ろうとして逮捕されたことから、「合同捜査本部は、宮﨑の自宅から押収した約六千本のビデオテープを分析して、宮﨑が犯行の過程でビデオを使っていなかったかどうか[13]」が問題になる。そのためにビデオテープの内容についての大規模な検討作業がおこなわれ、その報道自体が一つのメディアイベントになった。そして捜査の結果、殺害した幼女を撮影したビデオテープが次々と発見された。ただ、大規模に人員を割かなければならなかった理由として、次のような点も存在する。

ビデオは大半がテレビのアニメ番組などをダビングしたものだが、カセットの表題と中身が違っていることも多いため、二十一日からはビデオデッキを五十五台に増やし、分析作業を急いでいる。[14]

ここでは宮﨑のビデオテープが未整理だったために目星を付けた捜索ができなかったことを指摘している。このことは一見些細なことにみえるかもしれないが重要な意味をもつ。詳しくはのちに検討するが、宮﨑がオタクであるのか否かという論点が浮上した際に、ビデオテープが未整理であることが問題として取り上げられたからである。

宮﨑事件の報道でもう一つみられたのが、彼の六千本に及ぶビデオテープの内容が事件に直接の影響を与えたのではないかというものである。犯行に似た手口を用いている「ホラービデオ」が発掘されたことがしばしば重要な事実として報道され、「こうした作品が何らかのヒントになって、宮﨑が残忍な犯行に走った可能性があるとして追及している」[15]などの報道がなされた。

宮﨑勤との切断操作とその範囲

事件の報道で、事件の証拠としてのビデオテープはもちろん宮﨑一人の動機からも離れ、虚構に没入する若者たちという事件を拡張する語りがみられるようになる。これは一種の切断操作ともいえるが、どのような意味で切断操作だったかが重要である。

▼なま身の人間のつき合いでは、まず相手の立場を考える。時にはかけひきや妥協も必要だ。やりとりの間におたがい自尊心が傷つくこともある。（略）そうしたことは面倒だ、避けたい、と考える人が若い世代に増えている▼そこへゆくと映像、虚構、機械の領域では自分が想像の中で好きなようにふるまえる。近頃若い男性の中に、しっかりした独自の考えを持つ女性とのつき合いは苦手、というものが多いともいう。濃密

な人間関係を避け、想像の中で欲望が大きくなると、はけ口は無抵抗な幼女に向かう。（略）だが、この青年も何かの被害者ではないのだろうか。それが何なのかわからないと、社会は落ち着けない、という事件だ。[16]

「なま身の人間」と付き合うことと「想像の中」で自由に振る舞うことが対置され、大人の女性と無抵抗な幼女がそれぞれ結び付けられる。[17]そして、そうした問題と宮﨑が結び付けられ、「何かの被害者」として語られ、社会全体で考えなければならない問題とされる。「現実のわずらわしさを嫌う団塊世代の子供たち」[18]という語りもある。「現実のわずらわしさを嫌う」という特殊性を強調し、「団塊世代の子供」というように、その特殊性を世代全体と結び付ける話法が展開されている。ただ、その一方でオタクという特定の集団にこの特殊性を結び付けられたことでもこの事件の報道は知られている。

この事件で、一躍、マスコミの表面に浮かび上がった言葉がある。「おたく」だ。アニメ、コミック、ゲームなどの熱狂的なファンで、その世界を共有しない他者とは、コミュニケーションを持ちたがらない、若者群を指す。かつて、彼らの間では相手を「おたく」と呼びあったのが、語源という。（略）宮﨑被告の部屋の写真が与えたインパクトが、「おたく」という言葉と結びつき、多くの解釈や批判が、彼らの独特の行動パターンのあり方に集中した。「ビデオや他の映像メディアにのめり込みすぎ、虚実の境目がわからなくなった」と。[19]

前述のように世代への結び付けがなされる一方で、六千本というビデオテープとオタクという言葉が結び付いていたことがわかる。さらに、「ビデオや他の映像メディアにのめり込み」「虚実の境目がわからなくなった」と、ほぼ前述の世代全体への拡張と同様のレトリックで語られながらも、「彼ら」という表現で特定の集団を想定した議論が展開されている。このあいまいなオタクという語の使われ方を検討するには、従来問われてきたオタクというカテゴリーになぜ負のまなざしが注がれたかではなく、そもそもビデオというメディアになぜ負のまなざしが注がれたのかという、ビデオの社会的配置をめぐる問いをひとまず考察すべきである。

2　一九八九年時点のビデオの社会的配置と有徴性

それでは、一九八九年のビデオの社会的配置はどのようなものだったか。第一に挙げられるのは、急速な普及である。八〇年には二パーセント程度だったビデオデッキの普及率は、問題になった八九年には七〇パーセントに迫っている。つまり、ビデオを所有すること自体はこの時点では珍しいことではなくなっていた。では、なぜ前述した有徴なものとしてみるまなざしが生じたのか。それだけ普及率が高いメディアを事件の「原因」として想定して「切断操作」をおこなったことの意味を考える必要がある。七〇パーセント近い普及率を誇るメディアが、有徴なものとされたのはいかにしてなのか。

ビデオの特性を一九七〇年代に急速に普及したカラーテレビと比較すると、この有徴性が明らかになる。カラーテレビが３Ｃとして完全に家庭のイメージと結び付いたのに対して、ビデオは個人での消費というイメージと結び付いていた[20]。その理由として、ビデオというメディアがアンダーグラウンドな環境で流通していたことと、家庭で十全に受容できなかったことが挙げられる。

アンダーグラウンドな市場というイメージの根拠として、ビデオ店がこの時点ではいまだ有徴なものとして存在していたことがある。新聞上でもしばしばビデオ店は問題のある場所として報道された。一九八〇年代中盤にレンタルビデオシステムを日本ビデオ協会が確立し、法律的にグレーだった非加盟店に対して加盟店が増えていくが、それでもいまだに非加盟店が多いころのイメージが残存した。そのためにビデオデッキ自体は普及しているが、ビデオというメディアについてはその普及率に比して依然として負のイメージが存在していた。

家庭普及の初期にビデオに性的なイメージが付きまとっていたことは、数少ないビデオ研究のなかで共通して指摘されてきた。[21]また、ビデオは教育現場に先行して導入されたこともあり、[22]複雑な機能が付随したメディアだった。そのため、家庭に導入されても、多くの家庭ではこのメディアをうまく使いこなせず、テレビを視聴できないときに録画するなど単純な操作だけがおこなわれた可能性がある。[23]こうした録画だけをする層からみたときに、ビデオをコマ送り・編集したり（第5章）、「コレクション」したりするような消費は、珍しいことに映った。[24]それが特定の集団を奇異なものと見なすまなざしへと接続する。

ただ、十年で七〇パーセントに近づく急速な普及は、前述の構造が緩やかに解体されていくことも意味した。つまり、需要の拡大によってビデオテープの値段が下落するとともに、ビデオテープが一定数自宅にたまり始めるのは自然なことになった。だからこそ、程度の問題はあるが大量にビデオテープがたまっているというイメージは、多くの者にとって想像可能な事態だった。そこで一部では「若者」という大まかな把握を可能にし、それが一部の集団へと閉じるだけの語りではない「社会問題」としての語りを生み出したといえる。

この時点でのビデオはカラーテレビに比して圧倒的に有徴なメディアだったのである。長谷正人によると世界を自分のお気に入りの世界にカスタマイズするのが、パーソナルな文化の条件である。[25]これは同時に大衆向けの作品を一律に消費するような世界とは異なるものである。ビデオはテレビをパーソナル化するメディアだったが、まさに一九八九年のビデオをめぐる言説空間はそうした「一部の者だけがパーソナルな消費をおこなうこと」と「社会全体がパーソナルな消費をおこなうこと」の問題が混在するような場だった。宮﨑を「オタクの代表」として語り、ビデオとオタクを結び付ける文脈はパーソナル化の一般化への過渡期にこそあったのだ。

このように、特定の集団に結び付けられる一方で若者全般にも結び付くような言論としてビデオに関する言論は存在した。ただ、オタクというカテゴリーと事件を結び付けることへの危惧が語られるようにもなる。

ロリコン誌の編集者をしていた経験を持ち、アニメや若者文化に関する著書もあるフリー編集者の大塚英志さんも、「宮﨑に対する社会の反応は、まるで魔女狩り」と指摘する。「本当は社会そのものに、「宮﨑的なもの」があるのに、それを認めたくないから、必死になって彼を異端者にしようとしているんじゃないかな[26]」。

識者へのインタビューなどを中心に、オタクを事件に結び付けることを問題視する言論がさまざまな媒体に載せられる。そして、識者たちの一部は自分たちが語るべき問題としてオタクを引き受けるようになる。

3 「真のオタク」ではない宮﨑勤

マスメディアが宮﨑を「オタクの代表」とした一方で、前述したように宮﨑が実は「真のオタク」ではないという語りも一部では存在した。その語りがマスメディアに対抗しながら、どのような文脈で語られたのかをみる。マスメディアが語る言論との差異化を意識しながら、それを具体的に実現するための戦略の一つを示すものとして、前述の『Mの世代』での大塚英志の語りがある。『Mの世代』は、大塚の「二六歳のおたく青年の主張を代弁したところで何の意味もないかもしれないが、彼の生きてきた不毛とぼくが生きてきた不毛がつながっているとわかった以上、そうする他にないではないか[27]」という考えに基づいて作られた書籍である。

この対談集は「M君のどこに、ぼくはこんなシンクロしちゃったのかなっていうのが、ちょっとまだわかんないんですよ[28]」のように、終始宮﨑のことを愛着をもって「M君」と呼んで自己同一化しながら、マスコミも含めて「同世代と言われたときにね、妙に納得しちゃうような[29]」というようにして、世代全体への共感を自分たちの世代の側から実存的に語る。このように世代全体に関わるものへと宮﨑の問題を拡張する一方で、大塚は宮﨑勤がオタクであるかどうかを留保している。

きっと捨てられた子供であるM君っていうのは、マニアとか、おたくみたいなね、擬似共同体が目に見える形で存在しているからそこに行き着く術として、一生懸命、ビデオを集めてマニアのふりをしてみたんだけれども、でも、あんまり入れてもらえなかったみたいなね。その意味じゃ彼は、「真のおたく」でも「真のロリコン」でもなかったんだと思う。彼のおたく文化への愛は、何かマニアックっていうよりもまさに「すがっている」という感じに近い。[30]

「真のおたく」なるものを想定して、その「真のおたく」のふりをしている、すがっているという表現によって、宮崎との距離感を確認している。[31]「おたくみたいな」疑似共同体に入れないものをどう扱うかという論点で対談は進んでいくことになるが、[32]重要なのはここで一度オタクという集団と宮崎との関連を切断しようとしていることである。宮崎が「真のオタク」ではないことの根拠として、「彼、あれを三倍速で撮ってるんだよね。（略）あと、一本のテープの中に複数の作品を収めている。これもマニアのやり方ではない[33]」ことなどが語られ、「強迫的に集め[34]」ていると評価し、その「整理」を問題化している。[35]このように、ただビデオテープを部屋に「ためている」だけでは「真のオタク」ではないという議論が展開されているのである。それでは、これらのビデオ使用が「真のオタク」から宮崎を切断することを可能にしている文脈性はどこにあるのだろうか。

その文脈性を検討するために、ファン集団内にコレクションをめぐってどのような議論が存在したのかをみる。そのために、ビデオテープをコレクションすることをめぐる言及がとりわけ多く蓄積されているアニメ雑誌を資料として用いる。

4　変容するコレクションの意味論

コレクションの数という意味

宮﨑事件に関しては、オタクコミュニティー内でのコレクションの作法と宮﨑の振る舞いのズレについて言及されていた。だが、そのズレの意味を考察するためには、その準拠先であるファン集団のなかで、ビデオテープをコレクションするという振る舞いがどのような意味をもっていたかを確認する必要がある。本章では、そうした当時のビデオ使用について多く観察できるアニメ雑誌上で、一九八〇年代を通じてビデオテープをコレクションすることの意味がどのように形成・変容していったかをみる。[36]

ビデオテープをコレクションすることの意味は、初期にはどのようなものだったのか。問題になった宮﨑の家庭では、一九七四年にビデオデッキを入手している。[37] ビデオデッキの家庭普及の本格化が八〇年であることを考えると、かなり早い受容である。これと同時期の七三年の時点で、日本最大のビデオテープの「所有数」は三百七十二本である。[38] しかも、この数は個人ではなく公民館の所有数だった。事件の十五年ほど前、数百本規模でビデオテープを所有するのは公的機関や企業だった。この公的な機関が所有する数に迫る数をコレクションしているアニメファンがいることが、八〇年代の初めにアニメ雑誌上で注目される。

前提として押さえておかなければならないのが、一九八〇年代前半は、ビデオデッキはもちろんのこと、ビデオテープ自体もかなり高価だったことである。ビデオテープの価格は八〇年代末に向かって次第に安くなっていく。この背景を踏まえてこの時期の言論は検討する必要がある。

アニメ雑誌上でビデオテープがコレクションの対象として注目されるのは、一九八〇年代の前半である。八三年六月に「アニメージュ」の「わぁーマニア」という特集企画コーナーの一つとして、「ビデオマニア」が紹介される。

現在ビデオはVHS二台とβ一台を持っていますが二台目を買った理由はテレビの『ヤマト2』を保存のためにとっておきたいと思ったからです。それ以降ずっとアニメ録画しつづけ、(現在は週に二十三本を録画)たまったビデオが五百八十本というわけです。現在録っているビデオは、徳間でのバイトが終わり夜の十二時ごろ帰宅してから見始めます。だから寝るのは朝五時くらいですね。大学へは、いまほとんどいっていない状態なんです。でも、いまアニメを見ることとそのアニメに関連したバイトを徹底的にやってみたいと思いますから軌道修正をするつもりはありません。(39)

ここでは五百八十本というビデオテープの数と、その数がもたらす生活のリアリティーについて述べている。機種の問題も言及されるが、どの程度の速度でコレクションを集めているのかに最も関心が集まった。また、コレクションを本人が見る限界(=身体性)の問題が浮上する。ビデオテープ自体の価格が高価なときにはビデオテープを無駄にすることが許されないからである。それに追いつくために身体を酷使してそのことを中心にして生活を送っている様子がうかがえ、アニメにリソースを割いていることが「マニア」を代表する指標として語られている。

コレクションをめぐる二つの争点

前節では数に焦点が当たっていたことを確認したが、コレクションでは数だけが重要ではなくなる。ビデオテープの価格自体が低下してきたため、数以外の点についてのコレクションに関する言及が増えてくる。例えば以下のようなアニメーターへのインタビュー記事がある。

土器手さんがビデオを買ったのはほんの三年ほど前。しかしテープの数は恐るべき勢いで増え、いまはβ・ＶＨＳを合わせて六百本に到達するのだ。

当初はＶＨＳ三倍速モードを多用していたが、いまはすべてＶＨＳ標準とβで録画している。三倍で録画していたうる星やつらも再放送で標準でとりなおしている。[40]

このように、ただ本数をもっている以上の、質をめぐる論争が起こる。「三倍で録画していた」作品を、標準で録り直すようなこだわりが現れる。そして、このコレクションの質の問題が前面に出る際には常に二つのことが大きな論点とされていた。それは、「βかＶＨＳか」という機種をめぐる軸と、「ＶＨＳ標準かＶＨＳ三倍速か」という録画方法をめぐる軸である。

機種に関しては、βが機能面では評価が高かったが、普及はＶＨＳのほうが先んじていた。βとＶＨＳは、規格の互換性がなく、一九八〇年代の中盤にはＶＨＳの勝利が実質的に決定した。[41]だから、当初は意味をもっていたこの区分も、そのうち、ＯＶＡなどのコンテンツの入手のしやすさから、ＶＨＳを使っていかざるをえないという認識に移っていった。

もう一つの軸が、ＶＨＳ標準か三倍速かという点である。これは、二時間のビデオテープに三倍速で録画するべきかどうかというものである。二時間のビデオテープを三倍で録画したときには、単純計算で二時間のビデオテープ一本あたり六時間の映像を録画することができる。しかし、その半面、映像や音声が二時間の標準録画に比べて劣るといわれていた。そのなかで、費用との兼ね合いからビデオテープをどう録るべきかに関して議論が展開されていた。宮﨑事件の際に宮﨑勤を真のオタクではないとする語りで問題になったのも同様の点だった。次項ではそうしたこだわりと節約の内的な論理を明らかにする。

節約と質の拮抗

本項では、標準か三倍かをめぐる論理をより詳細にみていく。そこで問題化していたのは、「よりよい映像を見る」か「よりコストを節約する」のかという二つの論理の対立だった。

SONYのβ機は最新型であってもβＩの再生が可能な為、古いコレクションを保存している人間には重宝がられているのですが、ＶＨＳ派からみるとマニアの道楽にしか見えないようです。マニアといえば、ＶＨＳ派の人は何故かエンディングをカットする人が多いようです。オープニングは同じものがひとつ入っていれば良いのですが、エンディングは貴重な資料だと思います。[42]

ここでは最新のβ機がＶＨＳを使う側からみると「マニアの道楽」だと語られている。また、オープニング（ＯＰ）は一回録ればいいが、エンディング（ＥＤ）は貴重な資料なので飛ばさないというのは、エンディングで流れるスタッフや声優のクレジットが毎回異なるためだが、こうした選択は、ある程度、個々人の判断でおこなわれていたこともここからわかる。

そうした節約の技法が様々な消費の仕方に現れ、自分なりの整理がおこなわれる。そうした技法が発達したのは、何よりもビデオテープ自体が高価だったからである。例えばその節約の技法を考えるうえで重要なのが、Ｔ１２０[43]のビデオテープにどのようにアニメを詰め込むかという実践である。以下の一連の投稿とそれに対する編集のコメントをみる。

標準モードでは、Ｔ１２０の場合毎回本編のみ（ＯＰ、ＥＤ、予告を cut）すると五話まで詰ります。三倍モードではＯＰ、ＥＤ、予告を毎回録り、ＣＭのみ cut すると、一本に十四話まで入ります。（愛知県名古屋市

A)[44]

VHSテープの有効（?）な活用法T―120を使用した場合　※標準モード…OPを頭に、CMをカットして五話入る。そして五話収録後にEDを入れる。するとテープが約八分余る。これは三倍モードにすると二十四分、一話分の時間になるのです。※三倍モード…OPを最初だけ、EDをラストだけに入れると約十六話、ギリギリまで詰めると十七話入る。しかしこーゆーテープは後で見る気がしない。（埼玉県草加市B）

（略）いつもCMカットができるわけではなく、留守録ということもあるので、四話分プラス半分（OP＋本編Aパート）を一本のテープに入れています。これだと二話分が留守録のCMノーカットの物が入れる事ができます。（茨城県新治郡C）

等々、各自色々な苦労の跡が見受けられるお手紙を多数いただきました。[45]

こうして全国から寄せられた複数の使用実践の報告を「苦労の跡」としてまとめていることからわかるように、これは趣味をめぐる卓越の技法として評価されるというよりは、節約と映像の質の担保のための試行錯誤としてあったということである。さらに詳細にみるといくつか考えるべき論点が、標準と三倍速をめぐる工夫のなかに存在している。

まず、標準と三倍速を混交させて用いる実践が報告されていることである。余った一本分までを節約する志向性がみられると同時に、そういった節約はするが三倍速だけでは画質が下がるという葛藤がある。標準にしろ、三倍速にしろ、詰めすぎないギリギリの線が模索されていた。その際に本数の調節に失敗しないようにタイムチャートが利用される。[46]

先月号にひき続き、好評だったアニメ番組のタイムチャートを掲載いたします。ただし、チャートというのは、あくまで暫定的な物なので、常時注意して下さい。[47]

「常時注意」が必要なほどタイムチャートが整理して録るために必要とされていたことが見て取れ、それが「好評」という程度には受容されていたことがわかる。こうした実践の前提として、アニメ雑誌の読者は一本のビデオテープに、アニメだけを録っていたことがうかがえる。さらに「OPを頭に、CMをカットして五話入る。そして五話収録後にEDを入れる」という記述からも推測可能なように、多くのファンが一本のテープに同じ番組を録画していたこともうかがえる。これは、趣味として分化していたことが前提として存在するだろうが、保存の便宜という性質が強かったのである。

再び確認すると、宮﨑勤が「オタクではない」ことの根拠として、一本のビデオテープに様々な映像が入れられていることや、標準か三倍速かに関するこだわりがほとんどみられなかったこと、ビデオテープが未整理だったことが挙げられていた。だが、元来これは「オタクであるかどうか」が峻別できる卓越性を表示するような指標ではなかったのである。では、それが卓越の指標として記述されたことの意味をどのように捉えればいいのか。

こだわりの変容

第3節のように、無駄なく整理された録画が「オタク的であるかどうか」の評価の対象になる状況とはどのようなものだったのか。それは、ビデオというメディア自体の性質によって本来的に卓越性が示しにくいという事情と、一九八〇年代後半のビデオをめぐる状況の変容のなかで生じてくる。

ビデオテープの価格の低下によって、一般家庭でビデオテープを多数所有することはごく当たり前のことになっていた。一九八〇年代初頭には一本あたり数千円していた二時間のビデオテープが、八九年には数百円にまで価格が下落していた[48]。卓越の原理の一つとして存在していた「数をもつこと」が、ファン集団内ではあまり有意味ではなくなった。特にアニメなどが趣味ではなくとも、数百本のビデオテープが「たまっている」ことはそう珍しいことではなくなったからである。もちろん六千本というのは、その当時にしても所有量としては多かったが、オタクと呼ばれた人々がそれだけでは自分たちの側に立つものではないと抗弁することが可能になる程度には、その説得力を失いつつあった。画質に関してもβとVHSというこだわりが存在していたが、βは八〇年代末に実質的に市場を撤退したことによって、次第に骨董品以上の意味をもちにくくなった。

そうした所有だけによる卓越ではない指標が、オタクをめぐる言説でひとまずは目指されることになる。こうした従来的な卓越の根拠に対して、新たな根拠として宮崎事件の際に批評家によって持ち出されたのが、標準か三倍速かという枠組みと録画の効率化をどのようにおこなっているのかという、それまで節約の技法とされてきた問題である。また、一本のビデオテープには同じ作品や少なくとも同じジャンルに絞って録画するという実践がおこなわれていないことも宮崎が「真のオタクではない」根拠とされた。前述したようにビデオテープの価格が下がったこともあり、こうした録画の技法などは、実用的な意味がそれほどなくなっていったと推測される。情報の詰め込み方などの整理の仕方が、実用的なものではなく、長くそうした習慣をもってきたという卓越の原理として持ち出され、宮崎をオタク的でないものとして位置づけることの根拠として用いられたのである。ここでおこなわれたのは、それまで節約の原理だったものからかろうじて卓越性を発明していく実践だったといえる。そして、それがマスメディアとの差異化を志向しながら「真のオタク」と宮崎の差異を示して切断操作をおこなう語りを可能にしていた。

5　結論――オタクが語られだす論理

本章は、一九八九年に宮崎勤のビデオテープをコレクションする行為に関して、一方ではそれが「オタクの代表」として語られ、他方では宮崎は「真のオタク」ではないことの論拠として用いられたことに着目してきた。そうした語りがそれぞれ可能になっている条件について、八九年のビデオのメディア史的な配置を前提として議論した。そのことに一体どのような意味があるのか、今後の展開を見据えながら知見をまとめる。

本章で明らかにしたことは、オタクというカテゴリー全体を説明するものではないが、オタクをめぐる社会問題化の起点を考えるうえでは重要な視点である。宮崎を「オタクの代表」として語ることも、「真のオタクではない」として語ることも切断操作だといっていい。問題はどのような切断操作かであり、それがどのような文脈によって生じたかである。

宮崎をオタクの代表とする語りは、宮崎を用いてオタクと一般層との断絶をおこなうものだった。しかし、一方で宮崎をオタクの代表とする語りは、特異な集団としてオタクを語ると同時に、それを特定の世代全体へと敷衍するような語りでもあった。この語りは、パーソナルなメディアとして成立したビデオというメディア自体が普及し一般化していく際に注がれたまなざしを源としていた。ビデオというメディアは、確かに外部に位置づけたいものであると同時に、七〇パーセントにまで普及している以上、より広い拡張を余儀なくするものだった。そのことが若者とほぼ等値とされながらも有徴であるオタクというカテゴリーの運用を可能にしていた。そして、切断操作が困難ななかであえてそうした切断操作をおこなおうとするために、オタクを若者などの広いカテゴリーとして把握するようになったのである。

「真のオタク」ではないという論理も、一つの切断操作だといえる。「真のオタク」の側から宮崎を遠ざける論理の一つとして機能した根拠が、従来的な卓越の論拠ではなかったことを指摘した。むしろ、卓越の根拠が従来の「数」に求められないためにかろうじて持ち出されたのは、それまで節約と映像の質との妥協点を求めてきた「苦慮」だった。このことはオタクが社会問題化した際の条件とその現在形を考えるうえで重要な意味をもつ。つまり、ビデオというメディアにおいては、少なくとも「真のオタク」なるものは、むしろファン集団と一般層との落差があいまいになっていくという危惧のなかでファン集団の側が、その差異を再主張するのに適合的な論理として批評的言論のなかに存在しているのである。宮崎をめぐる言説での切断操作は「宮崎から」オタクを切断操作するものであると同時に、切断操作はマスメディアのカテゴライズに対して抵抗するように一般との差異化も目指すような実践として機能していた。

だからこそ、この両者の言説空間のなかで、オタクというカテゴリーは広く世代全体を包摂しうる言葉として機能しながら、その境界を再度引く語彙としても機能するようになったのだ。一九八九年の時点で「オタクであるかどうか」は一般層にとってもファン集団にとっても明確に位置づけられるものではなかった。つまり、宮崎事件でオタクという特殊な集団がわかりやすく存在したからオタクをめぐる語りが社会問題化したのではなく、両者にとって境界があいまいだったからこそ、社会問題化したのである。

宮崎事件に関する言論を振り返ることは、オタクという現象が現在語られている状況にも示唆を与える。ビデオの普及史のなかで起こったこのメディア経験は、現在でもオタクをめぐるある種の議論を制約している可能性がある。オタクという言葉はマスメディアなどでオタクを語る際に具体的な対象と結び付けながらも、どこかである具体性から距離を取るような用い方をされていて、世代一般への嘆きなどにも滑らかに接続しやすい。それは、オタクという対象がそもそも「特殊性」と「一般性」の間のあいまいな位置づけのなかで語ることが可能になっている言葉だからである。だからこそ、同時にマスメディアのオタクバッシングに対して、様々な「特殊な」集団が「わがこと」として、それに対して怒りをあらわにできる。そして、その記号が社会問題化した際の戦略的な立ち位置上、ある文化が「特殊であること」と「一般的であること」の境界が現代では「つけがたいからこそ」、オタクという言葉は「特殊でありながら一般性をもち」ながら「見いだされ続ける特殊さ」として延命しつづけているといえるかもしれない。

ただ、こうした議論をおこなうためにはオタクをめぐる言論の社会問題化に際して現れた構造だけではなく、その後は批評的言論がどのように展開されたのかという議論や、オタクというカテゴリーが日常の場面でどのように用いられているのかについて検討されることが必要になる。

次章では、オタク的な消費実践の変容の過程がどのような条件に跡づけられていたのかを空間論的に考察していく。レンタルビデオ店の利用の意味が次第に変わっていくことで、アニメファンが置かれた構造的な条件がどのように変容していったのかに関して議論を展開する。そうすることでアニメ産業という市場が独立していく過程を示し、それが現在の映像文化の変容をどのように促すことにつながったのかを考察する。

注

(1)こうした言説は枚挙にいとまがない。例えば「いま、日本文化の現状についてまじめに考えようとするならば、オタク系文化の検討は避けて通ることができない」(前掲『動物化するポストモダン』九ページ)や、「現代思想家たちはなぜか誰も「おたく」に気づいていないようだが、「おたく」こそはポスト生産社会を読む鍵に違いない」(前掲『別冊宝島104 おたくの本』二―三ページ)などである。
(2)前掲「漫画ブリッコ」一九八三年七月号、一七二ページ
(3)中森明夫「僕が「おたく」の名付け親になった事情」、前掲『別冊宝島104 おたくの本』所収、八九ページ
(4)同論考
(5)オタクをめぐる言説を系統的に検討した松谷創一郎によると、オタクという呼称は宮崎事件発生まではアニメファンなどの一部のものを超えて使われていなかったという。前掲「〈オタク問題〉の四半世紀」など。
(6)宮台真司『これが答えだ!――新世紀を生きるための108問108答』(朝日文庫)、朝日新聞社、二〇〇二年、九二ページ
(7)前掲『「若者」とは誰か』一〇四―一〇五ページ
(8)同書一〇三ページ
(9)同書一〇四ページ
(10)同書一〇四ページ
(11)分析対象は「朝日新聞」である。発行部数が上位であるだけでなく、加害者である宮﨑が変名(今田勇子)で犯行声明を送った新聞であり、大塚英志が「偶然かもしれないけど『朝日』に送ったというあたりが気持ちとしてはわか

る」（太田出版編『Mの世代――ぼくらとミヤザキ君』太田出版、一九八九年、四九ページ）というように、多くの読者がそのことに象徴的な意味を見いだしているからである。事件の加害者の「宮﨑勤」を朝日新聞「聞蔵Ⅱ」でキーワード検索し、ヒットした六百十一件を分析した（二〇二四年三月三十日現在）。「宮﨑」と表記されているものもみられたが、煩雑さを避けるために「宮﨑」で統一した。

(12)「朝日新聞」一九八九年八月十五日付

(13)「朝日新聞」一九八九年八月十六日付

(14)「朝日新聞」一九八九年八月二十一日付

(15)「朝日新聞」一九八九年八月十二日付

(16)「朝日新聞」一九八九年八月十六日付

(17) オタク論がこれまで男性に偏って関連づけられてきたことは繰り返し指摘されてきた（村瀬ひろみ「オタクというオーディエンス」〔小林直毅／毛利嘉孝編『テレビはどう見られてきたのか――テレビ・オーディエンスのいる風景』（せりかクリティク）所収、せりか書房、二〇〇三年〕など）が、それはビデオという技術自体のイメージとも関連したものだった可能性がある。ビデオとジェンダーという論点は、海外のビデオをめぐる議論でもみられる（Gray, *op. cit.* など）。日本国内の初期の受容でもビデオが男性の使用に適したものとされていたことは論じた（第2章）が、そうした構造を引き継いでいる可能性もあり、こうしたビデオ・オタク・ジェンダーの関係については別稿で議論したい。

(18)「朝日新聞」一九九〇年三月三十日付

(19)「朝日新聞」一九九〇年一月六日付

(20) 溝尻の指摘にあるように初めビデオは家庭に普及し、それから個人に受容されていくことになる（前掲「日本におけるミュージックビデオ受容空間の生成過程」）。これは必ずしも個室での消費を意味するものではなく、家庭内で個人的な利用を達成したケースが多かった。後述するアニメファンのビデオを使用するうえでの工夫の必要も、こうした経路をたどるなかでの係争と関連している。それに対し宮﨑は初めから個室での消費をおこなっていたようであり、整理への無頓着さはこのことに起因する可能性もある。だが、その点は本章の趣旨からはやや外れるため、ここでは検討しない。

(21) 溝尻は、性的なイメージがあった一方で、その受容の状況は現在イメージされる性的な受容とはやや異なったものだったことを議論している(前掲「日本におけるミュージックビデオ受容空間の生成過程」など)。

(22) 第2章でも論じたように、一九七〇年代末の時点でビデオデッキは九九パーセントの高校に普及していて、教員を対象としたビデオの研究会が各地で催されていた。

(23) 例えばこの論点に関してアニメ雑誌上では、「皆はスロー再生ダビングというほとんど病気の用途に使用している」(「Animec」第七巻第五号、ラポート、一九八四年、一一三ページ)としてアニメファンのビデオ使用の特異さを強調し、ビデオデッキの普及率が三〇パーセント程度の段階で、今後の展開予測として「電子レンジのように「使いこなす人」と「死蔵する人」の二派に分れるのかもしれません」(同誌一一三ページ)と語るような言説が存在していた。

(24) アニメファンにとっても初期はビデオテープを集めるという活動は日常的なものではなかった。二歳の娘が起こしたアクシデントで、「すぐに消してしまうモノラル放送用にしていた雑テープのカバーとCM抜きで、きっちり五話分を録画した『イデオン』用のテープのカバーをとりかえてしまった」(「アニメージュ」一九八一年三月号、徳間書店、一二三ページ)という投稿からも、すぐ消す「雑テープ」と「『イデオン』用」(つまりお気に入りの作品用)のビデオテープを使い分けていることがわかる。アニメファンのなかでさえも、ビデオテープの基本的な用途は一本のビデオテープに繰り返し様々なコンテンツを録画するものだったのであり、一般層にとってはいっそうこうした「すぐに消」し繰り返し利用する使い方が主流だったと推測される。

(25) 前掲「映像文化の三つの位相」

(26) 「朝日新聞」一九八九年八月二十四日付

(27) 「新文化」一九八九年八月十七日号、新文化通信社、八ページ

(28) 前掲『Mの世代』二一ページ

(29) 同書二一ページ

(30) 同書九六ページ

(31) 永田大輔「「代弁者」としてのオタク語り――1980―1990年代の批評的言説を中心として」(ソシオロゴス編集委員会編「ソシオロゴス」第三十九号、ソシオロゴス編集委員会、二〇一五年)では、このような距離の取り方をした言説がオタクというカテゴリーの拡散の条件になっていくことを考察した。

(32) 大塚は別の場所でも「M君もどうやら〈おたく〉にさえ落ちこぼれつつあった一人ではないのかというのが最近の印象だ。(略) 彼は何でもいいから〈マニア〉になって〈マニア社会〉に入れてもらいたかったのではないだろうか。彼の脈絡のないコレクションはそれを物語っている」(「本の雑誌」一九九〇年五月号、本の雑誌社)と語っている。

(33) 同誌九六ページ

(34) 同誌九六ページ

(35) ほかにもコレクションにジャンルの統一性がなかったことも指摘されていた。

(36) もちろんビデオテープのコレクションが問題になるのはアニメファンダムに限らないが、のちのオタクをめぐる言論で強い関連が見いだされたり、アニメ雑誌の側で事件に対して反応したことや、宮﨑がアニメ雑誌を買っていたことが繰り返し報道されたりしたことなどから、対象としてアニメ雑誌を選択した。

(37) 前掲『M／世界の、憂鬱な先端』

(38) 「ビデオジャーナル (130)」一九七三年六月十五日号、仲樹社

(39) 前掲「アニメージュ」一九八三年六月号、九〇ページ

(40) 前掲「アニメージュ」一九八五年十二月号、一七三ページ

(41) 一九八八年にはβの販売元のSONYもVHSビデオデッキの製造販売に参入し、実質的に市場撤退することが明らかになっていた。

(42) 「Animec」第七巻第三号、ラポート、一九八四年、一三四―一三五ページ

(43) 百二十分の録画用ビデオテープのことを指す。一九八〇年代中盤にはこれが最も標準的な長さになっていた。

(44) A、B、Cは雑誌上で実名だったが、プライバシーに配慮し、匿名として表記した。

(45) 「Animec」第七巻第一号、ラポート、一九八四年、一一二―一一三ページ

(46) タイムチャートとは、「一OP(オープニング)二CM(コマーシャル)三本編Aパート&アイキャッチャー四C

M(いわゆる中コマ)五アイキャッチャー&本編Bパート六CM七ED(エンディング)八予告編九CM十エンドタイトル　このうち録画したいのは一・三・五・七ですからこれらの始まる時間が正確に判れば必要な部分のみ録画できる事になります。下段に比較的ビデオ録画率の高いと思われる作品のタイムチャートを三本掲載してみました」(「Animec」第六巻第七号、ラポート、一九八三年、一一六―一一七ページ)というものとしてスタートした企画であり、秒単位でのタイムチャートが掲載されている。ただし、「掲載されたチャートと番組の編成が異なる。というお手紙を良くいただきますが地方局の場合、任意に編成を組みなおしている事が良くあります」(前掲「Animec」第七巻第一号、一一三ページ)という課題が存在してもいた。

(47) 前掲「Animec」第七巻第一号、一一二ページ

(48) 例えば一九八一年七月号の「アニメージュ」に載せられた広告によると、VHSビデオテープの価格は百二十分用で四千八百円(九十分用では四千三百円、六十分用三千五百円、三十分用二千八百円)と、現在想像されるよりもはるかに高価なものだった。それに対して八五年には「VHS六十分(一本)二千三百円〃(二本)四千五百円VHS百二十分(一本)三千円〃(二本)五千八百円　ベータ六十分(一本)千七百円〃(二本)三千二百円　ベータ百二十分(一本)二千四百円(二本)四千六百円」(「アニメージュ」一九八五年四月号、徳間書店、一八六ページ)になり、問題の一九八九年には「ソニー「V」二時間用T―120が770円」(「アニメV」一九八九年十二月号、学習研究社、一〇四ページ)であり、さらに正規品に限らなければ「「一山いくら」の八百屋感覚で二本組、三本組の特価テープ」(前掲「アニメV」一九八九年十二月号、一〇四ページ)があったことが語られる。

第8章　ビデオ受容空間の経験史

――「趣味の地理学」と一九八〇年代のアニメファンの経験の関係から

はじめに

本章は一九八〇年代の映像文化に重要な変容をもたらしたビデオの受容空間に焦点を当てる。とりわけ、ビデオを先行して受容したアニメファンが受容空間の変容をどのように経験してきたのかに絞って、その経験がもつ意味について検討することを目的とする。

そうしたアニメファンの趣味活動の空間性を考察するうえで重要な糸口を与えてくれるのが、序章でふれた一九九一年にガイナックスが制作したパッケージソフトであるOVA作品『おたくのビデオ』である。同作は企画・脚本に岡田斗司夫がクレジットされていて、全体として彼の評論的立場を強く反映した作品になっている。

岡田によると、同作を企画したきっかけは一九八九年の宮崎事件だったという。同事件は「おたく」という言葉が広まる大きなきっかけになった。事件の加害者である青年の部屋に大量に積まれたビデオテープがオタクという言葉と結び付けられることになり、さらにはこの事件をきっかけとして「おたく」と呼ばれる人々をコミュニケーション能力に欠陥をもつ社会病理を抱えた人々として描き、そうした人々が生まれる社会背景を語るような議論を呼び起こしもした。[1]

そうしたなかで、「おたく」の実像を示すことでそのイメージを是正することを目指して同作は作られたという。[2] これはその後の彼の評論的な立場とも連続したものであり、ネガティブなイメージがついた「おたく」という言葉に対して「オタク」と片仮名で書き、「オタク学」について東京大学で講義をおこなうなどの権威化をすることでそうしたイメージの払拭を目指した。[3]

序章でも論じたように、「おたく」の実像を描こうとした同作品は、本篇のアニメパートと幕間に挿入される実写パートからなる。本篇のアニメパートでは時代の設定を「おたく」という言葉を中森明夫が名づける一九八三年の一年前の八二年にするなど、様々な工夫がなされている。だが、本作で重要なのはフィクショナル・ドキュメンタリーとして紹介される「おたくの実態」を描いた実写パートである。ここでは様々なオタク的なファンダムで活動しているオタクたちの生態が描かれることになる。なかでもビデオをコレクションする「オタク」を取り上げる場面は宮崎事件を連想するように作られていて、そこでコレクションを作り上げることにこだわり、様々な同好のビデオファンたちと交流してコレクションを集めるオタクの姿が描かれる。

ここで意図的に強調されているのは、ビデオをコレクションすることがアクティブに各地を回ることとコミュニケーションをすることを前提とした行為だということである。つまり、ビデオをコレクションすることは一人で完結するものではないとしているのだ。オタクは中島梓が論じるような「コミュニケーション不全」な存在などではなく、高度なコミュニケーションをおこなわなければコレクションを作り上げられないことを描いているのである。これは他者とのコミュニケーション能力に問題を抱えるという通俗的な「おたく」像を転覆させようとするものだった。

だが、そうしたコレクションをおこなうために、コミュニケーションと様々な場所に出向く活動が必要とされた当時の受容空間はどのようなものであり、とりわけオタクと呼ばれるようなアニメファンにとってその空間はどのようなものとして経験されたのだろうか。こうした受容空間の記述はオタク受容の系譜学だけではなく、われわれの日常的な映像受容の経験を再考するうえで示唆を与えるものになる。本章は、とりわけ一九八〇年代以降のある世代の人々で、オタク文化の中心とされてきた[4]と同時にビデオのアーリーアダプターであり、ビデオ視聴を通して映像視聴の方法を独自のスタイルで発展させてきた（第5章）アニメファンの文化に注目して、その受容空間の経験史を論じるものである。

1　先行研究

アニメ文化と受容空間

アニメファンやオタクと呼ばれる人々のコンテンツの空間や集まり方に注目した研究や評論には様々なものがある。特にファンの集まりのなかでもコミックマーケットなどの同人誌即売会などでの振る舞いと、それを基礎として形成されるファン活動に着目する研究は数多い[5]。こうしたイベントを基礎としたコンテンツの受容に着目する議論も多いが、より日常的な経験に根差した分析も存在する。

アニメ文化の日常的な受容空間の変容に注目する議論のうち、最も重要なものが森川嘉一郎の議論である。森川は、このコンテンツ受容空間の変容が秋葉原という都市の変容をもたらしたと論じている。家電を中心とした電気街として名をはせていた東京・秋葉原という街が、一九九〇年代になってアニメ文化などの趣味を中心とした街並み（「趣都」）にそのあり方を変えていったという議論である[6]。このようにアニメ文化の存在感が浮上して、アニメーションや漫画の専門店が増えるなかで街並みが変わっていったというのは都市経験を捉えるうえでも重要であり、そうした文脈を考察することには一定の意義がある。だが、そもそもそうしたアニメ店が増え始めるまでには長い文脈が存在する。そのためには、より広い文脈でこうした受容空間の変容について考察する必要がある。

日常的なコンテンツ受容空間の変容を考えるうえで重要な要素として、書店の変容がある。これを扱った最も重要な研究が山森宙史のものである。コミックスというジャンルの形成過程に着目し、雑誌連載の集成というあり方にかぎらないコミックスの形成史を論じている。山森は、柴野京子の書店の歴史を検討する議論[7]を参考にしながら、書店のなかにコミックスの受容空間が形成されるまでの歴史と、そうしたコミックスの受容空間の変容を前提にしたコミックスという媒体の変容に着目して議論をおこなっている。コミックスの専門棚が形成され、コミックスが漫画受容の中心となるなかで、通常の書店と異なるコミックスの専門店も現れ、次第に複合書店化していくことになる。そうした環境のなかでの読者の経験史にも同時に迫っている[8]。

一方で、そうしたコミックスコーナーが通常の書店のなかで当たり前になるにしたがって、書店自体の機能も変容していく。純粋な書店が少なくなり、ある意味で邪道ともいえる複合型の書店がむしろ正道になってくる[9]。こうした複合型書店のなかでも、都市以外の郊外にビデオ店・音楽店などを含み込んだ複合型書店であるTSUTAYAなどの店舗が形成されたことの意味は大きい[10]。このような書店が成立したこと自体は論じられているが、反対に書店以外の視点からコンテンツの受容空間の歴史に迫った議論はあまりみられない。本章は、ビデオ店が複合型書店に編入されるまでにどのようなビデオの受容空間があったのかを、ファンの経験に着目して論じることにする。

2　コンテンツ受容空間と経験史

「趣味の地理学」とファンの経験史

ビデオの受容についての研究は国外で一定の蓄積がある。家庭空間のビデオ利用とジェンダーの関連について議論したアン・グレイの議論をはじめとして、家庭用ビデオの普及がもたらした映像経験の変容に注目した議論は多い[11]。なかでも本章が問題とするコンテンツの受容空間における（レンタル）ビデオ店に注目した研究として、ダニエル・ハーバートの研究がある。

ハーバートは、現在の映像文化のコンテンツ受容空間を素描すると同時に、同じ空間の系譜にありながらも忘却されつつあるレンタルビデオ店がもった意義の重要性を指摘する。ブルデューの議論を念頭に置きながら、ハーバートはレンタルビデオ店について様々な点から論じている。ビデオのメディア史から議論をスタートさせ、郊外と都市部での置かれた意味づけの違いや、映画産業との関係などから、映像を「趣味」にすることがビデオ店によってどのように可能になったかを明らかにし、映像文化におけるそうした趣味の資本がどのような地理的条件によって配分されたかを明らかにしている。そうしたビデオ店のありようを分析するアプローチを「趣味の地理学」とハーバートは表現している[12]。

本章はこうしたハーバートの視点を一部引き継ぐものである。しかし、ハリウッドなどの映画産業との結び付きが強いアメリカとは異なり、日本にはテレビの文脈が強いことやとりわけアニメが大きなコンテンツになったことなどの違いがある。さらに重要なのが、ハーバートは都市部・郊外・地方のビデオ店の経営者や店員への聞き取りを主資料としていることである。つまり、「趣味の地理学」を当の趣味の先端的な享受者（＝ファン）がどのように経験していたかを明らかにしているわけではないのである。あるファン集団のなかにビデオというメディアが置かれた位置には、その集団ごとの文脈が存在する。どのように趣味の空間が展開されたのかという配置を表す「趣味の地理学」と「趣味空間の経験史」は多層的なものとして描かれる必要がある。

「生活スタイル」としてのビデオ店

ビデオの登場は、どのようにわれわれの映像経験を変容させたのだろうか。長谷正人は現在の映像文化の特徴を個人が私室で楽しむ個人化した（＝パーソナル化した）映像消費だとし、それを軸に映像文化が形成されていることを指摘している。長谷がいう意味での映像のパーソナル化[13]は、その前提条件に個人の快適な消費空間があることが必要になる。しかし、そのような快適な消費空間が存在するためには、ある程度安価に誰でも広範なコンテンツのレンタルが可能な空間が整備されていることが前提になる。ビデオがただ繰り返し見られるというのはもちろんだが、映画館に行くよりも安価に映像を能動的に見られるようになることが必要である。さらに、そこで何をどう消費しているかが互いに気にされていないことがパーソナルな消費の特徴である。

こうした問題を考えるうえで、大きな転換点の一つになると思われるのが、ビデオ店がフランチャイズ化した複合書店の一部になったことである。

最大手であるTSUTAYAの書籍・雑誌年間販売総額をみると、書籍の売り上げだけでも紀伊國屋書店を超えて全国で一位になるなど、その規模を伸ばしてきた。Tカードの加入者数は二〇一七年四月に四千万人を超え、その規模を伸ばしている。このような規模の拡大よりも、重要なのはTSUTAYAがもつ思想的な意味である。

カルチュア・コンビニエンス・クラブ（CCC）の創業者の増田宗昭は、自伝のなかで、TSUTAYAが創設されたのは一九八五年だったと語っている。それに先立つ八三年に大阪府枚方市の京阪電鉄枚方市駅南口に「蔦屋書店枚方店（現・TSUTAYA枚方駅前本店）」をオープンさせ、これがTSUTAYA一号店になったという。TSUTAYAが開業当初からもっていたコンセプトを、増田は「マルチ・パッケージ・ストア」と「コンビニエンス」という言葉でまとめている[14]。それは一言でいうならば、「書店」「ビデオ店」「レコード店」など、個々の文脈にしたがって立地されていた店舗を一つにし、一つの場所で生活必要品としてのコンテンツを得ることができる箱として、パッケージ化された店舗を置くとしているのである。

さらにその「コンセプト」を実現する「方法」としてTSUTAYAのプロジェクトはおこなわれ、それは一号店の開店から常に一貫したものだったという。「文化を手軽に楽しめる店として、レコード（レンタル）、生活情報としての書籍、ビデオ（レンタルを含む）などを、駅前の便利な立地で、しかも夜十一時までの営業体制た。

（略）枚方市の若者に八〇年代の新しい生活スタイルの情報を提供する拠点」[15]にすることを当初から目指していたという。若者が集まり、文化を手軽に楽しめることがその根本的な思想として語られている。その際に、「生活スタイルの情報」を提供する拠点として「レコード」「（生活スタイルとしての）書籍」と並んで「ビデオ（レンタルを含む）」を提供する空間が目指されていたのである。この「生活スタイル」としてビデオ受容空間を設計することは、それぞれの映像コンテンツのファンの受容をほかのジャンルとまったく等価なものとして消費していくことを可能にした。これを前提に、「それぞれの趣味」として互いの「趣味」には干渉しないという受容空間が成立していく。だが、ビデオについては先行する受容空間としてのアニメファンの存在など、オタク文化の影響力は大きい。[16]むしろそうした文化とは異なるチャンネルを持ち込むために、この「ライフスタイル」の強調は意図的になされている。

こうした趣味の無徴化がなされる一方で、一九八〇年代から九〇年代にかけてアニメーション関連の専門店が成立してくる。だが、それらはあらかじめ十分なゾーニングがなされた空間になっていて、都市部でそうした店ができはじめた当初は専門店と一般のレンタルビデオ店は隔たっていた。専門店が全国各地に広がるにはアニメというジャンルのファンダムに注目が集まることが必要になり、マスメディアが主導して空間が作られることにつながっていく。

例えば「オタクの街」としてしばしば論じられることになる秋葉原でも、マスメディア主導の一例としてメイド喫茶（やその延長線上にあるコンセプトカフェ）の存在を挙げることができる。しかし、メディアでしばしば取り上げられるメイド喫茶の歴史はそれほど古いものではない。メイド喫茶が「メイド喫茶」という名前のもとで意図的に展開されていくのは二〇〇一年ごろになってからであり、秋葉原を中心としてこうした店舗が爆発的に増えるきっかけは、マスメディアが『電車男』（フジテレビ系列、二〇〇五年）というドラマやバラエティーなどで取り上げるようになったことだといわれる。さらにこれらは都市部以外の郊外へと広がっていき、反対に秋葉原のそうした店舗は全盛期に比べて退潮してきているという[17]。

秋葉原という場所にしろ、メイド喫茶にしろ、それらは「ここにオタクがいる」というマスメディアの側の名指しが先行して形成されたものである。それは「取材に便利」というマスメディアにとっての便宜に依存し、客たちは「取材されるような場所に行ってみる」ことで、あたかも観光のように自分たちがオタク的であることを確かめているのだ。全国のアニメショップの普及もこうした文脈で理解することができる。最大手の一つであるアニメイトは、一九八三年に池袋の一号店ができてからしばらくは東京圏に限定されたものだった。現在は店舗数が百二十を超え、各都道府県の主要都市に遍在するようになっている。このようにアニメファンの存在に注目が集まるにつれ、初めからファン向けの店舗が展開されるようになったのである。

このように一九九〇年代以降の日本のアニメファンにとって「趣味の地理学」は、一方では互いに何の干渉もしない趣味の空間に横並びに置かれ、他方では専門店であらかじめセグメント化された場所に置かれるという状況になっている。だが、こうした空間の成立がどのような意味をもつかに関しては、そもそもファンがどのようにビデオをめぐるコンテンツ受容空間を経験していたかをみる必要がある。以下ではアニメ雑誌を主要な資料とし、ビデオ受容のアーリーアダプターで独自の利用法を発展させたアニメファンが、どのようにビデオというメディアを必要とし、どのようなビデオ利用をおこなっていたのかを、ビデオ店というコンテンツ受容空間と関連づけながら議論する。

3　有徴な空間としてのビデオ店

公的な利用から私的な利用へ

「ビデオジャーナル」の一九七三年六月号によると、その時点で国内で一カ所に最もビデオが集められていた空間では、三百七十二本のビデオテープが集められていたという[18]。この空間というのはある市の公民館だった。当時は一部の自治体で郷土資料として、地方テレビ局などが作る市に関する映像をアーカイブする可能性に注目が集まっていた。家庭に利用される前に、ビデオは各市町村の資料保存や教育などの目的に利用されるようになっていたのである。

家庭普及に先んじて受容がおこなわれた学校現場でも、宮城県仙台市内の中学校では全二十三校中、一九六七年に五台（三校）、六八年に十台（六校）という保有数だったという。その際にビデオの録画テープの保有数の合計は六七年に三十本程度であり、翌年に百五十一本に増えたといっても、一校あたり二十五本程度しかなかったのである。これは家庭普及が本格化する十年以上前の状況である。第2章で指摘したように、家庭普及に先んじて教育現場などのビデオ利用や教養と結び付けられたビデオ利用が推進されていた。こうした状況は、家庭用ビデオが普及しはじめると大きく変わっていくことになる。

アニメ雑誌上でビデオテープがコレクションの対象として注目されはじめるのは、一九八〇年代の前半である。家庭でビデオを利用するようになってはじめてビデオを集めるという文化が生まれた。とりわけ初期の「アニメージュ」の主要な読者は学生であり、使える金銭的なコストには限りがあった。ビデオのコレクションが目立つようになるのは、ビデオを利用する可能性が誰にでも開かれ始めてからである。そうしたなかで先行してビデオを受容した集団がアニメファンだった。

ビデオ利用とインフォーマルなコミュニティー

岡田は、近代オタクの誕生に、決定的な影響を与えたのは家庭用ビデオだとしている。岡田によると市販の家庭用ビデオとして初めて発売されたのは一九七六年のパナソニックのＶＸ―２０００で、なかでも画期的な機種の発売は八〇年七月だと指摘している[19]。ビデオは、繰り返し指摘してきたように家庭には基本的に八〇年代に急カーブを描いて普及していった。この爆発的な普及のなかで、オタクという言葉が初めて使われる八三年にカラーテレビの生産台数をビデオデッキの生産台数が超えたことは象徴的である。しかし、それ以前はアニメファンといえどもビデオデッキをもっている者はほとんどいなかったといっていい。

一九八〇年当時のビデオは価格にして三十万円前後であり、当時の中学生・高校生が容易に手に入れられるようなものではなかった。一方で、第2章で論じたようにビデオは教育現場で先行して受容されたこともあり、技術としては若年層にはよく知られていた。そのため、ビデオをカセットテープに録るなどの実践がおこなわれるようになっていき、それを交換するようなコミュニティーが形成される（第3章）。それが初期のビデオ利用にも通じることになる。

以下では、それより若干時期が下り始めた一九八〇年代中盤の状況を分析するための前提を説明していく。

確かに一部の消費者は、比較的早期からビデオデッキを所持していたといえる。しかし、アニメ雑誌読者全般に関してみたときには、必ずしも十分な所有率が達成されていたわけではない。第5章で論じたように、ビデオデッキを買うことなく、ソフトだけを買う者もいた。デッキをもっていない場合には、親戚や友人などの人間関係に頼る消費傾向がみられた。このようにビデオはただ個人で消費していたのではなく、様々な共同視聴がみられたのである。こうしてソフトだけでなくハードにおいても共同的な視聴がなされていて、インフォーマルなコミュニティーが発達していた。こうしたインフォーマルなコミュニティーの存在は様々な場面で報告されている。[20]

パッケージソフトの受容が可能になる空間

アニメのパッケージソフトはOVAと呼ばれ、一九八〇年代の中盤から登場しはじめる。日本で初めてのOVA作品は『ダロス』である。以降、数え方によって若干変化するものの、OVAは八四年に六本、八五年には三十本、八六年には八十六本とその制作本数を一気に増していくことになる。

こうした受容の背景には、第4章で指摘したように、ビデオをめぐる環境の二つの変化がある。一つはビデオデッキの家庭への普及率が爆発的に増加したことである。もう一つはビデオを店舗販売・貸借するうえでの法整備がなされたことである。OVAだけでなくビデオソフトは当時一万円を大きく超えるものが多く、購買よりもレンタルの需要のほうが大きかった。しかし、コンテンツのビデオレンタル（二次利用）は、アニメ以外であっても著作権上グレーな場合が多く、レンタルビデオ店などもアンダーグラウンドな市場が多かった。そうしたなかで日本ビデオ協会のはたらきかけもあり、レンタルが合法なものとして整備されていき、レンタルビデオ店の数が急速に増加することになる。

日本ビデオ協会がレンタルビデオシステムを確立したのは一九八二年末である。この時期は非合法な店舗もまだ残存する状況だった。アニメ雑誌上の投稿欄では「〝お金がない〟ことを理由に、著作権に無断で行われているレンタルを利用していいものかどうか[21]」というような懸念が表明されていたが、次第にシステム加盟店が増える。前述のようにこれは必ずしも実際の店舗数が増えたというだけではなく、それまでグレーだった店舗がシステムに加入するようになったことを意味する。こうした状況のなかで、ビデオ店はどのようなものとして経験されていたのだろうか。

4　レンタルビデオ店経験の両義性

レンタルビデオ店はどのように成立してきたか

初期のビデオ空間についてのまとまった議論として、近藤和都の二〇二〇年の論考[22]を参考にしながら論じることにしたい。前述したように、レンタルビデオシステムは一九八三年に確立した。それを主導したのが七一年に任意団体に、七七年に社団法人になった日本ビデオ協会だった。初めは業務用ビデオに関する業務が中心だったが、家庭用ビデオの普及が見込まれるようになると「レンタルビデオ業にも目を向けるようにな[23]」ったという。

しかし、七七年に始めた当時は振るわず、八一年ごろから再度レンタル業の実験をおこない、八三年にルール制定に至った。ルールの標準化までは一定の時間を要したものの、こうした「レンタル方式のルールの標準化は、日本市場がビデオをめぐる著作権問題を解決したことを表明する[24]」ことを意味した。こうしたことに力を入れたのは、まだ普及が確定していないビデオ店ではなく貸しレコード店で起こっている問題をみたためだった。これを機会として加入店舗は爆発的に増える。

だが、これは店舗が単純に増えただけではなく、前述したように非合法店が合法店になっていったということでもあった。零細な店舗のなかには業務効率の問題や仕入れ値の問題などから、制定から数年間は非合法店が多く存在した。さらにそのなかには、レンタルビデオ店に流通していない作品を入手することができる非合法店というものがあった。そうしたなかで「非正規店が密集するような有名な地域というのも出てきた[25]」という。こうした非合法店を除去する仕組みが整備されるようになる。一つは一九八七年から八八年にかけて著作権法が改正され、頒布権がないまま販売・貸与をおこなうことが厳罰化されるようになった。それとともにビデオを「所有」することよりも「利用」(貸与)することが常態化し、珍しいコンテンツに対するニーズよりも日常的なコンテンツ利用が前面に出るようになる。

それとともにポルノを中心としたイメージが払拭されるようになる。そうした思想を牽引することになるのがCCCであり、「一九八〇年代半ばから後半にかけて書店とレンタルビデオ店は「文化=カルチャー」を合言葉に接合されていった[26]」のである。これとともにレンタルの価格などが次第に下がってくることになる。値段が下がることで、ファン向けの商品というよりは一般の人も広く借りるという性質を次第にもつようになり、店舗も郊外化、大型店舗化していくことにつながる。

このように初期のビデオ店には非合法な店舗が多く、陳列の仕方も様々だった。それと同時にコンテンツの品ぞろえも店舗によってむらがあった。その受容空間が次第に大型店舗化していくことになる[27]。それでは、こうしたレンタルビデオ店の「趣味の地理(学)」の変容は、商品を積極的に受容する欲望が特に強いアニメファンにはどのように経験されたのだろうか。

アニメファンのビデオ受容とコミュニティー

ビデオ店が協会の加入店舗になる以前には、ビデオの取り扱いは非常にあいまいなものだった。第3章で取り上げた事例でのビデオ店とコミュニティーの関係を振り返りながら、アニメファンのレンタルビデオ店の経験について議論を展開したい。まだ加入していない状況のなかでは、店舗でのビデオ利用についても店舗ごとの裁量が大きかった。例えば、次の庵野秀明の語りからもそうした状況がわかる。以下は、彼が『ガンダム』を「ビデオに録」っていたという行為に関する体験を回顧的に記述したものである。

庵野：起き上がって眼が光るっていう有名なカットなんですけれど！予告を見た瞬間ですね、新しい！って感じですね。それで一話みたらしびれてしまいまして。後はビデオ撮りですね。

竹熊〔健太郎：引用者注〕：もうビデオは持ってたんですか？

庵野：持ってないですよ、だから近所の電気屋にビデオテープ買うからビデオデッキ貸してくれって。(28)

『ガンダム』放映当時のビデオの所有率は二パーセントに満たないものだった。こうした時期には、電気店などと交渉をすれば庵野のようなやり方が可能である場合が多かった。『アニメージュ』一九八一年六月号では同誌にビデオの広告が掲載される。そこではポータブルビデオの価格が十八万八千円となっている。さらにビデオテープ自体の値段も記載されているが、百二十分用のビデオテープが四千八百円、九十分用のビデオテープが四千三百円、六十分用三千五百円、三十分用二千八百円とある。『アニメージュ』がこの時期におこなったいくつかの誌上アンケートの結果では、『アニメージュ』読者には中学生・高校生が多く、小遣いの平均額は三千五百円ことがある。

だった。このことを考えると、ビデオテープを月に一本ぐらい購入することが多くの者にとって日常的なビデオ利用の限界だったといっていい。このような状況に対応するための一つの場として電気屋を利用していたということがある。

こうしたコレクションを補うものとして、アニメ雑誌の交換コミュニティーはあった（第3章）。この交換は当初、アニメをテープに録音する実践を補うものとして発展していった。そもそもテレビの保存が不可能な段階では、生活上必然的に見ることができない作品が存在した。それを友人に頼むなどして補って視聴することが可能になるのは、アニメをどうにかして保存できるようになってからである。そうした実践の一つにアニメ音声のテープ録音があった。アニメのテープ録音は想定外の生活音が入るなど技術的に失敗が起こりやすく、保存は可能だがリアルタイムで見るという制約から自由なものではなかった（第3章）。しかしそのように録音したテープの交換はアニメを保存し、視聴するうえで不可欠だったのである。それがビデオの交換にも引き継がれ、借りたビデオを見ることや渡したテープにダビングをするなどの実践がみられた。だが、そうした実践は次第に問題化されるようになっていく。前述したレンタルビデオ店の法的な整備と普及によってその問題は生まれる。

ビデオ店が法的に整備されるということは、アニメファンにとって必ずしもコミュニティーを形成しやすくなるだけではない変化を意味した。

旧作のガンダムの頃は雑誌で紹介してあげる事もできたのですが、諸般の事情でやれなくなりました。一応個人で楽しむ場合のビデオの貸し借りは、著作権的には問題がないのですが、まったく会った事のない人を友人といえるかどうか引っ掛ります。(29)

このようにビデオの流通が次第に制度化していくことで、従来あった誌上コミュニティーでの交換が公然とできなくなっていく。それによってビデオ利用のコミュニティーは変容していくことになる。こうした語りにみられるように、そうしたコミュニティーは次第にアンダーグラウンド化していく。そのアンダーグラウンドなコミュニティーは、テキストに残らないようにして自律した空間を作っていった。例えば、オタクが社会問題化するきっかけになる宮﨑事件の報道では、加害者である宮﨑勤のそのコミュニティー内での振る舞いが取り上げられて問題化されていた。

このように、ビデオ利用可能な店舗の成立は既存のビデオ利用のコミュニティーを拡大させると同時に、既存のコミュニティーとの間で拮抗関係にあったのである。だが、こうしたビデオ店は同時に新たなコミュニケーションの場を開くものでもあった。

初期のビデオ店は非合法なものが多かったということも、この空間性を考えるうえで重要である。例えばビデオレンタルが非合法だった際には、前述したように以下のような問題が繰り返し語られた。

かくいう私自身、ナウシカ、マクロス、うる星2、ダロス等を違法のレンタル店で借りてダビングして楽しんでいます。ただやはり違法店を利用していると心が痛みます。（略）早く合法のレンタル店が増えてほしいと思います。[30]

こうした段階からすぐに移行を果たしたわけではなく、小規模経営の店は統一されていない基準でレンタルをおこなっていた。宮﨑事件当日の宮﨑の足取りの証拠として、「宮﨑は、一連の事件の現場である埼玉県西部にしばしば車でドライブに出かけ、ビデオショップでビデオを買うなど、土地カンを持っていた[31]」ことが取り上げられる。それでは「ビデオショップ」で買い物をして回ることにはどのような意味があったのだろうか。これについて検討することは、趣味の受容空間の形成に着目する「趣味の地理学[32]」と呼ばれる議論の日本独自の空間形成のあり方だけでなく、消費者である当のファンたちにそうした受容空間がどのようなものとして経験されていたのかを浮かび上がらせることにつながる。

5　ビデオ店利用の個別性

一九八〇年代のアニメ雑誌を読むと、レンタルビデオ店ごとに価格の統一などがされていないことはもちろん、店員によって様々な接客・対応がなされていたことがわかる。そのため値段の相場一つを取っても、情報を共有するニーズが存在したのである。例えば、目当てのコンテンツがなかなか手に入らないこともあった。「こうすれば確実！入手方法教えます」[33]や「上手に借りようレンタルビデオ」[34]などの記事が書かれると同時に、それでも十分な利用ができない人に向けたビデオライナーと呼ばれる宅配ビデオサービスもあった[35]。また、OVAを集めるのが困難な人のために、雑誌が代行して買い上げて宅配することもおこなわれていた。このように、ビデオの受容空間はその空間のなかでアニメファンがどのような経験をしていたかが重要になる。そうしたことについての記録がとりわけ多いのが、OVAの専門誌「アニメV」である。

第4章でも論じたように、OVA、とりわけ初期のOVAで重要なのがアダルト作品である。現在からみるとアダルトアニメとOVAは別々の市場を形成しているが、当時は十分に区分されたものではなかった。OVA自体の本数が多くないこともあり、ビデオ店の店舗設計上、OVAで個別のコーナーを置くか、さらにアダルト作品をどのような場所に置くかというように、ゾーニングをどこまでするかということが問題になる。

一九八〇年代後半の投稿欄からは、アダルト作品の販売基準の違いを示す様々な話がうかがえる。未成年がアダルト作品を借りるための工夫の共有はもちろんのこと、「『霊夢Ⅱ』のビデオがどこを探してもありません。（略）あの〝開かずの間〟といわれている「アダルトコーナー」に置かれているのでは？（略）やっぱり‼店長に言われて店の人がビデオをジロジロしながら持ってきて「んー18禁じゃないみたいですね、店長……」[36]」というやりとりが紹介され、類似作品に対する店員の態度の問題が報告されるなどしていたのである。それはときに恣意的な線引きに対する「怒り」として表現される。

こんなしょーもないレンタルショップってありますか!?私はカンカンに怒っています。というのも、数週間前、その店で『プロジェクトA子2』と『旅立ち 亜美終章』を借りようとすると、店員が「これ18禁ですよ」と言ってきたんです。これがことの起こりでした。「なんで!?」と聞くと「この会社は『くりいむレモン』[37]作ってるでしょ!!」と言い返してきました。（略）そして『ラピュタ』と『湘南暴走族II』を借りようとしたら…またです！またあのあほな店員でした…。私を怒って「なんでですか!?嫌がらせですか!?」と言い返すと、その店員はこう言いました。「18禁です!!私が言ったら18禁です！何が何でも18禁です。文句ありますかっ!!」それはそれはすごいけんまくでした。[38]

この投稿は誇張されたものである可能性が高いが、これが納得可能な程度には店舗によって対応が様々だったことがわかる。さらに店舗ごとに常連・非常連の区別などがあり、お金を忘れたと言ったら商品をキープしておいてくれた店員への感謝なども投稿欄には寄せられた。また、こうした店舗では予期せぬ出会いもあった。以下は、店長に店舗内で『マジカルエミ』（日本テレビ系列、一九八五―八六年）という作品を流してもらっていると「エミはいいけどフレアもいいぞ」と別作品を宣伝され、借りてしまったというエピソードに続いて語られる内容である。

ちっとも答えない店長に呆れて、僕は『リヨン伝説フレア』を借りてしまいました。そしてしぶしぶ帰ろうとする僕を、女の子が呼びとめました。まさか『フレア』を借りたことで何か言われるのかと思ってびったが、テレビアニメのことで話しかけてきたのだった。その子と意見が合い、一時間ほど話をしてから別れ、家に帰りました。[39]

ほかにも、アニメのことをよく知らない友人とビデオ店に行った際に間違ってアダルト作品を借りられそうになって恥ずかしかったという経験なども語られていた。さらに出会いはこうしたものにかぎらない。多様な出会いのなかには、必ずしもポジティブな形で評価しきれない事例も存在する。

> 先日、レンタルビデオ店に行った。入ってみると、奥の方に一人、僕と同年ぐらいの学生がいた。気にせずにいたが、こちらに迫ってくるではないか!!顔をよく見ると札付きのワル(ビーン・バンディットそっくり)。そして、僕に向かって「おう、これ借りてきてくれや」というのだ。(略)あのワル、どんなの見るんだあ?とみると『くりいむレモン』…。[40]

この場面は、自分たちアニメファンとは異なるようにみえる「札付きのワル」が、アダルト向けの美少女絵柄のアニメ作品を店員とのコミュニケーションを避けて借りるために投稿者に話しかけてきたというものである。このように、一九八〇年代のレンタルビデオ店という場は様々な出会いがある場として、地域に根差して存在したのである。こうした「出会い」の報告がアニメ雑誌上でなされることで、同時にアニメファン内での共有知としてビデオ店の様々な情報が蓄積され利用されていくことになり、ビデオ店側にもこうした言説を意識した店舗作りが現れ始める。このようにビデオ店は、その店舗ごとに運用が異なるものだった。

おわりに

本章では、一九八〇年代のアニメファンのコンテンツ受容空間について、複合書店や専門店が主流になる前の空間が形成されているなかで、空間形成をどのように経験していたのかを明らかにした。レンタルビデオ店が成立するのはビデオの家庭普及率が一定水準に達した八〇年代中盤になってからである。だが、それはときにレンタルビデオ店がないことを前提にして形成された既存のコミュニティーと一部対立するものであり、同時に非合法な店舗も多かった。そうした状況であるがために、ビデオ店は各地方で重要な空間であると同時に、アニメファンにとっては様々な問題が存在する空間だった。ビデオ店についての情報はしばしば共有の対象であり、またビデオ店は様々な出会いを可能にする場でもあった。

冒頭で述べたようなコミュニケーションを前提としたファンの受容空間は、こうした空間の変容をどう経験したのかという観点から理解される必要がある。オタクが問題化された際には、コミュニケーションがなされていてもそれは同好の士に限られたものだという立論がされることが多かった。だが、そもそもなぜそうした空間が同好の人々に属するものとされたのかという歴史的・社会的な条件と、そこでなされたコミュニケーションの再構成という観点からこの問題は再考する必要がある。われわれの映像文化や映像経験がオタクなどの文化の受容者集団ごとに独自の形態で分化していったことは、一九八〇年代に起こった映像文化史の重要な一局面として考察される必要がある。

このように、小規模なビデオ店はそれらが複合店に編入されるまでの地方のコンテンツ受容経験を支えるうえで重要な存在だった。だが、その地方ごとにさらにそうした店舗のもつ意味が異なることが予想され、それらがどのようなファンダムを形成したのかという別のファンダムとの比較も重要になる。これを明らかにしていくことは、欧米などでのビデオ店の研究が明らかにした「趣味の地理学」の形成と日本の映像経験受容史の接続可能性にもつながる。同時にそうした空間が漫画などの受容空間とどこまで同じでどこからが異なり、あるいはその両者はどこで混濁していくのかを問うことも可能になっていく。しかし、それらに関しては今後の課題にしたい。

この章で明らかにしたのは、本書のこれまでの章で論じてきたような変容が、結果としてどのようなコミュニティーの変容につながったのかということである。結果として映像文化についてファンの空間とそうでない空間が分かれていき、相互の交流がなくなっていったことが明らかになっていった。これは、これまで議論されてきた映像文化の趣味領域として独立したことを意味し、以降、映像の経験が次第に様々な趣味集団ごとに分断したものになっていくことにつながる。一方で、こうした歴史的な記述はファンコミュニティーの形成の仕方がほかの形でもありえたことへの重要なリマインダーにもなっているのである。

注

（1）前掲『コミュニケーション不全症候群』

（2）前掲『遺言』三二六―三二九ページ

（3）前掲『オタク学入門』

（4）前掲『動物化するポストモダン』など

（5）前掲「「純粋な関係性」と「自閉」」

（6）森川嘉一郎『趣都の誕生――萌える都市アキハバラ』幻冬舎、二〇〇三年

（7）柴野京子『書棚と平台――出版流通というメディア』弘文堂、二〇〇九年、同『書物の環境論』（現代社会学ライブラリー）、弘文堂、二〇一二年

（8）山森宙史『「コミックス」のメディア史――モノとしての戦後マンガとその行方』青弓社、二〇一九年

（9）加島卓「書店――邪道書店の平成史」、高野光平／加島卓／飯田豊編著『現代文化への社会学――90年代と「いま」を比較する』所収、北樹出版、二〇一八年

（10）菊池哲彦「「快適な居場所」としての郊外型複合書店」、近森高明／工藤保則編『無印都市の社会学――どこにでもある日常空間をフィールドワークする』所収、法律文化社、二〇一三年

（11）Gray, *op. cit.* など。

（12）Herbert, *op. cit.*（前掲『ビデオランド』）

(13) 前掲「映像文化の三つの位相」
(14) 増田宗昭『情報楽園会社――TSUTAYAの創業とディレクTVの失敗から学んだこと 復刊』復刊ドットコム、二〇一〇年
(15) 増田宗昭／川島蓉子『TSUTAYAの謎――増田宗昭に川島蓉子が訊く』日経BP社、二〇一五年、三一ページ
(16) 前掲「「代弁者」としてのオタク語り」
(17) 菊地映輝「都市空間におけるサブカルチャーの政策的振興に関する研究――文化装置論から見るコスプレ文化」慶應義塾大学大学院政策・メディア研究科博士論文、二〇一九年
(18) 前掲「ビデオジャーナル（130）」一九七三年六月十五日号
(19) 前掲『オタク学入門』
(20) 例えば、前の章でも論じてきたように、「オタク」という言葉が一九八九年の事件で話題になった際に、加害者である宮﨑勤のビデオファン内での振る舞いが問題として取り上げられたのである。
(21) 前掲「アニメージュ」一九八四年十二月号、一六四ページ
(22) 前掲「レンタルビデオ店のアーカイヴ論的分析に向けて」
(23) 同論文三三ページ
(24) 同論文三四ページ
(25) 同論文三七ページ
(26) 同論文四一ページ
(27) 近藤和都は、現在の映像文化との比較も念頭に置きながら、一九八〇年代にロードサイド化と連動してビデオ店が大型化するプロセスも描いている。近藤和都「レンタルビデオ店とデータベース――雑誌『ビデオでーた』を介した大規模店舗の利用実践」「メディウム」第二号、「メディウム」編集委員会、二〇二一年
(28) 前掲『庵野秀明 スキゾ・エヴァンゲリオン』
(29) 前掲「Animec」第八巻第七号、一三八ページ
(30) 前掲「Animec」第七巻第十六号、一六三ページ

(31)「朝日新聞」一九八九年八月十五日付
(32) Herbert, *op. cit.*
(33)「Newtype」一九八八年二月号、角川書店、七六ページ
(34) 同誌一三二―一三三ページ
(35)「Newtype」一九八八年三月号、角川書店、一三七ページ
(36)「アニメV」一九八七年四月号、学習研究社、六九ページ
(37) 一九八〇年代の最も有名なアダルトアニメ作品である。ここでは、名前を出すだけでそれがアダルト作品であることがわかることを前提に話がされているのである。
(38)「アニメV」一九八八年十月号、学習研究社、八〇ページ
(39)「アニメV」一九八七年十二月号、学習研究社、八八ページ
(40)「アニメV」一九八九年十月号、学習研究社、八七ページ

終章　映像視聴の文化社会学に向けて

1　ビデオが開いた映像視聴経験とアニメファン

現代では映像に対する自由度は上がり、われわれの日常のなかのあらゆるところに映像が入り込んできた。それは例えばスマートフォンを使って「TikTok」を見たり、「Zoom」で仕事をしたりという形態である。そうした技術の重要な起源の一つとして、ビデオ技術の登場が挙げられる。

ビデオデッキの家庭普及率は一九八〇年代を通じて大きく上がることになる。ビデオ技術はテレビのタイムシフト視聴を可能にする重要な技術であり、映像に対する自由度を大きく高めることにつながる。本書では八〇年代にわれわれの映像経験のあり方を大きく変えることになるビデオ技術が、ただのテレビ視聴とは異なる映像経験を具体的にどのように広げていったのかを、アニメを見るために試行錯誤しながら様々な先端的なビデオ技術利用をしていたファン集団の実践に着目しながら議論してきた。

本書では、アニメファンと呼ばれる趣味集団がビデオという技術を利用してきた実践について記述してきた。本章ではビデオのファン利用というこの視点にどのような映像文化・文化社会学・メディア史上の意義があるかを再整理したい。そのために、次節ではファン研究と呼ばれる領域でのビデオ技術の重要性を再び論じ、メディア史のなかでビデオという技術について記述することの意味と、テレビの歴史との関連について確認する。

2　メディア文化にビデオ技術がもたらしたもの

映像を趣味にするインフラとしてのビデオ技術

一九九〇年代の前半から、ポピュラーカルチャーのファンを学術的に論じる研究は様々に蓄積してきた。なかでも瀬尾祐一が指摘するように、主要なファン研究のいくつかはメディア研究のなかでも送り手／受け手の関係を問題にする議論の系譜をその重要な起源とする。[1]

メディア研究が進展するなかで、送り手のメッセージをただ受け取る（passive）のではなく、読み替えをおこない、特にメディア生産に「参加」するような能動的な視聴者（active audience）が発見された。そうした視聴者たちの実践を「テキストの密猟者」（textual poachers）と名づけたヘンリー・ジェンキンズの議論を、瀬尾祐一はファン研究の重要な転換点（あるいは起点）として論じている。そのうえで、ジェンキンズに影響を受けた様々な研究を、テキストの意味生産に参与するという意味で「参加型文化論」としてまとめている。それと同時に、こうした「参加」に関心を置きすぎているために見落としてきた実践があるとして、より日常的なファンの行動に注目したマルチパースペクティブ・アプローチが登場してきたと述べている。そもそも「参加」するような熱心な視聴の仕方にせよ、それにとどまらない多様なファン活動にせよ、その領域が確保されるためには自由な形態でコンテンツと関わることができなければならない。

しかし、映像文化で、こうした文化受容が出版文化などのほかの文化と並ぶような水準で成り立つ条件はどのようなものだろうか。それは映像視聴の仕方や、視聴する映像の選択の自由度が大きく上がることを意味する。

本書では、現在は当たり前におこなっている映像視聴の経験の系譜を、アニメファンという特定のファン集団に定位しながら明らかにしてきた。

映像文化を趣味として記述すること

前述した議論は、映像を趣味文化として受容するのが当たり前になることの条件を問うものでもあった。そもそも、個々人の趣味に合わせて映像を見るのはメディア史のなかで達成されたことだった。そうしたことを考える重要なヒントを与えてくれるのが、前述の長谷正人のパーソナル化という視点である。

長谷の議論の文脈として、映像受容空間の変容がある。その見取り図を与えてくれるものとして、吉見俊哉の「テレビが家にやって来た」という初期のテレビ受容を象徴する言葉に着目した古典的な業績がある。吉見はテレビの初期受容から家庭受容に至るまでのプロセスについて以下のように議論している。テレビは街頭テレビなどの都市空間での視聴や、当時増えていった家電量販店の店頭などの郊外空間に埋め込まれたものであり、暗かった夜を照らし出す明かりという象徴性をもつものでもあった。[2] 力道山の試合を集団的に視聴することは敗戦の意識を癒やし、一種のナショナリズムをもたらすものだった。しかし、家庭に普及する際にはこうした暴力的なイメージは脱色され、かわりにテレビはアメリカ的なライフスタイルを象徴するようなものになっていく。そうしたなかで天皇の成婚という、家庭的でもありナショナルでもあるイベントを通じてテレビが家に迎え入れられていく。このようにテレビは日本のナショナルなイメージと結び付きながらも、公共空間から親密な空間へと受容の場所を移行していったことを吉見は論じている。

テレビはこのように人々を統合する装置でもあったが、地方での受容はまた異なった側面をもつものだった。太田美奈子は青森県での初期受容を事例に、地域の状況のなかで多元的な受容がおこなわれていく様子を明らかにしている。[3] 青森県内にも受容の多様性があり、中央とは異なる様々なテレビ史が存在しうることが明らかにされている。しかし、これは都市部と無縁に発達したわけではなく、都市部との距離化のなかで形成されているのである。太田が指摘するように、テレビは学校や地域などの公共空間に入り込むことでその文化様式を変えていった。長谷もこうした地方での受容の可能性を問題にしながら、今日でもただ映像を見るのとは違った特殊な呪術性をもつものとしてテレビを「愛」する人々の姿を描き出している。そうした「愛」(=テレビの可能性)は現在も忘却されているだけで存在していて、それを拾い直していく必要性が議論されている。[4]

こうした受容のあり方を大きく変えることになるのがビデオの登場だと長谷は位置づけ、新たな映像文化のありようを「パーソナル化」という語でまとめている。ビデオの登場を皮切りに、ゲームなどの映像を使った遊戯、パーソナルコンピューターでの動画視聴、さらにはスマートフォンでの視聴に至るまで、われわれは映像を個人的に視聴するように変容しつつある。そうした映像視聴形態が、作り手の側にも影響を与えることになる。

こうした個人的な映像視聴はただ一人で見るという視聴人数だけを意味するものではない。例えば稲田豊史が問題にしたような、[5]近年話題になった変速視聴などはその一つだろう。作り手から比較的自律したリズムで映像視聴をおこなうようなオーディエンスが増えると、そうしたオーディエンスに向けて、例えば映像の間を見せるのではなく台詞での描写を多くするなど、映像の作り方そのものが変容するようになる。

こうした傾向はただの趣向以上に、映像文化を論じるうえでの大きな変化だったと長谷は論じる。「二十世紀の大衆的な映像文化としての写真、映画、テレビは無数の大衆に見られることによって成り立っていた」[6]がために公共的な社会変革を目指すことができたが、「現代社会では誰もがデジタル・カメラを所有して自分のパーソナルな世界を撮影するように」[7]なり、大衆が共有する文化としての意義は揺らいだという。そうした変容のプロセスのなかで、映像文化を大衆文化として論じることが難しくなり、映像受容の変化が趣味の変化として位置づけられることになったのである。

3　コレクションのメディア論

映像をコレクションするという経験

映像受容が個人の趣味になることを示す代表的な事例が、映像のアーカイブや私的なコレクションである。趣味文化のなかで私的なコレクションを作れるようになることが果たす役割は非常に大きい。ヴァルター・ベンヤミンは、コレクションという実践が消費社会のなかで非常に重要な意味をもつことになると注目している。

ベンヤミンは「金利生活者」というルイ＝フィリップの時制に現れた主体にとって、コレクションとその私室が重要な役割をもったことを論じている。ベンヤミンは金利生活者にとっての生活空間の室内を、彼らが普段仕事をおこなう（現実に対応する）事務室と対置される空間と位置づけている。金利生活者は自分の幻想に浸れる場をどうにかその私室のなかに作り上げようとする。室内でそうした金利生活者は収集をおこない、「物から商品の性格を拭い去るというシシューポス的な仕事」をおこなうが、これが徒労に終わることを運命づけられたシシューポス的な仕事なのは、こうした仕事が結局のところ使用価値のかわりに骨董価値を付与するだけにすぎないからだという。[8] このように趣味やコレクションは個人の私室を形作るものであると同時に、それは社会的な価値から逃れることができない。このような私秘性と社会性をともに考えながら、コレクションというものを理解する必要がある。

こうしたコレクションが映像文化で達成されるのは大きな意味をもつ。レイモンド・ウィリアムズは、映像文化のなかでもテレビの番組編成について、フローという概念に注目して論じている。フローとは吉澤弥生が要約[9]しているように、番組と番組の切れ目をなくすようなテレビの作り方として説明されるものである。そうした性質によってわれわれはテレビをだらだらと切れ目なく見ることが可能になるし、国内では稲増龍夫の『フリッパーズ・テレビ』[10]でも語られているように、テレビは途中から見ても何となく内容がわかるように作られているため、あちこちザッピングをしながら視聴することが可能になる。これによってテレビは、放送局が流す映像を途切れながら垂れ流すような視聴の形態が可能になったのである。こうしたなかで、テレビ番組を厳選して自分独自のコレクションを作り上げていくということ自体が、テレビという映像の経験として特異な経験だったということができる。このように映像をコレクションすることは趣味として重要なものである一方で、それはマスメディアとしてのテレビという認識を解体するだけでなく、テレビ的な視聴様式を必然的に解体するものでもあったのである。

こうしたマスメディア的な視聴様式の解体自体も、ファン文化が学術的な対象になっていくことに連動した事態に思えるが、より重要なのはそうしたアーカイブが可能になる条件のほうである。ビデオという技術は一九八〇年代に急速に普及したものであり、コレクションの意味や条件もこの時期に急速に変わっていった。

ダニエル・ハーバートはレンタルビデオ店の店員・店長らへの聞き取り調査[11]から、ビデオ店という空間が品ぞろえなどのレベルから多様であり、地域にあるビデオ店がどのような店舗であるかが、そもそも趣味の条件を変え、ビデオ店が趣味のインフラとして機能することを明らかにしている。そうした地理的な条件を分析することを趣味の地理学と位置づけている。つまり、どのような趣味をもつことができるかどうかは地理的な条件に規定されているのである。同時にレンタルビデオ店が周辺にどのように存在するのかというラインナップが、必然的に趣味の地図を作ることになる。

ビデオが録画以外で商品として流通するうえで、レンタルビデオ店は日本国内でも大きな重要性をもつが、そうした空間が整備されるには一定の期間を要することになる。近藤和都はそうしたレンタルビデオ店の変容の過程に注目している。レンタルビデオ店が広く分布するまでの過渡期には非合法な小規模店舗が多く、そうした店舗は成人向けコンテンツなどが多く展開されていて、ゾーニングもあいまいなものだった。そうした空間には女性が日常的に入ることは難しかった。[12]郊外型のレンタルビデオ店ができることで女性の利用も可能になる一方で、コンテンツの平準化が同時に起こることになる。見られる映像を店舗で一覧できるようになることは、われわれが映画や映像に関する歴史を視覚的に把握することを可能にする。それはときにレンタルビデオ店の外部で作られたリストによって補強されることになる。一方でこうしたリストの存在は、近くのビデオ店にはないコンテンツがあるということを可視化する。[13]このように、レンタルビデオに限ってもアクセスできないコンテンツは無数にあったのである。

また、ビデオにおけるコレクションは、メディア史上で重要な意味をもつ。それはジェンキンズのメディアのコンヴァージェンス（収束・収斂）という論点につながるものである。[14]これは、複数の領域の収斂を問題にしたものであり、一義に定めきれる議論ではないが、技術・産業・文化が複合的に変化することを視野に入れている。例えば送り手／受け手の関係の収斂、国境の境界の収斂、複数のメディアの収斂などである。これらは携帯電話・スマートフォンやパソコンなどを前提にしたものだが、それぞれにビデオというメディアが達成した変化がある。

例えば、放送は言語などの障壁のため国内のコンテンツが優先され、一部のコンテンツしか放映されないが、ビデオがあればそのコンテンツを（言語はそのままだが）輸入することが可能になる。また、映像を受容するメディアの収斂も同じく起こることになる。ジェンキンズがいうように、これは古いメディアの淘汰を意味するものではなく、われわれが当たり前のように複数のメディアを連続して関連させながら享受していくことになるのを意味する。例えばビデオのコレクションといったときにそれはテレビで放映された映像を録画したものかもしれないし、映画館で上映されたコンテンツをビデオとして販売したものかもしれない。あるいはOVAのように初めからビデオでしか流通していないかもしれないし、それはときに成人向けであることもあるだろう。個人的に録画したものかもしれないし、店頭で購入したものかもしれない。あるいはもしかしたらレンタルビデオ店から借りてきたものを違法にダビングしたものかもしれないし、個人的にビデオカメラで撮影したものかもしれない。これらを同じ機器で再生することが可能になり、集めることが可能になっていく。だが、ここではそうしたコレクションの具体的な側面に注目する必要があるだろう。

アニメという映像文化とビデオ受容

こうしたビデオのコレクションは、映像文化上の大きな転換点だった。しかし、前述の議論からも明らかなように、それは複数の映像文化が重なり合うようにして達成されたものである。そのためビデオのコレクションという映像文化は多様なアクターが関わり合うなかで完成されていくものだった。そうしたなかでファンはその重要なアクターだった。

特にアニメーション産業は『アニメの社会学』でも議論したように、産業・オーディエンス(消費者)・技術の連関で考える必要がある。[15]とりわけ、ファン文化についての議論が問題にしてきたように、アニメ産業は作り手と受け手の距離が緊密なものだと見なされてきた。そうした理由の一つには、アニメという映像の作られ方がある。

アニメは文化産業のなかでも労働集約性が高く、様々な人々が工程を分業しながら作品制作をすることになる。アニメとほかの映像文化との最大の違いは、その背後に実在性があるか否かにある。そのため、ほかの映像文化ではどのような編集がなされたかに焦点が当たるようになり、監督や映し出される演者などに注目が集まることになる。それに対して、とりわけ手描きのアニメーションの場合、連続した絵を動いているように見せるという表現形態を取る。そのため、注意深く絵を見るという実践によって、必然的に一枚一枚の絵を描いている作り手に目線が向かうことになるのである。こうしたなかで熱心に映像を見ることと、個々の作画とその作り手や表現の趣向を見ようとすることはしばしば重なることになる。

こうした見方をただ映像を見ることで身に付けるのは困難であり、ファン集団内で映像の見方に対する漸次的な文化形成がおこなわれる必要があり、そのために独自の商品圏が形成されることにつながったのである。

一方で映像を趣味にすることには、一九八〇年代の初頭には大きなハードルがあった。本書はアニメで趣味集団がビデオを利用した趣味実践の基盤になったことと、同時にビデオを利用した趣味実践が趣味集団の形成につながったことを論じてきた。

趣味を可能にする空間としてのビデオ利用——本書のまとめ

そうした文脈づけを念頭に置きながら、本書のアニメファンのビデオ利用に関して振り返っておくことにしたい。以上のようにアニメファンのビデオ利用、とりわけ趣味集団内でコレクションが位置づけられ、意味づけが変容していくプロセスを明らかにした。ビデオとコレクションは一九八九年の宮﨑事件で大きく問題になる。そこではビデオが特定のファンダムと結び付けられていること、独自な文化様式に当てはまるかどうかの判断の際、「整理」に焦点が当てられていたことを問題にした。

家庭普及の前史を振り返るなかで明らかにしてきたのは、ビデオが教育現場で積極的に利用されていて、視聴覚の大きな可能性をもつメディアとして、すでに多くの人が関わったことがあるメディアだったということだ。家庭で購入するには高価だったが、よく知られた技術としてビデオは存在したのである（第2章）。

一九七〇年代を通じて、アニメの専門雑誌ができるなどによってアニメファンという人々が注目・可視化されることになる。これまで、多くは子ども向けだったアニメで、ファンとして映像を享受する際にただの児童向けのコンテンツを享受しているのではないという言明が必要になった。だが、テレビアニメは一度放映されたものを二度と見返すことができず、ファン文化を形成するうえでこのことは大きな障壁だった。そこで技術としてビデオが注目されたが、当時中学生・高校生が中心だったアニメファンにとってそれは非常に高い買い物であり、カセットテープに音声を録るなどの実践がなされ、そのための技術的なノウハウなどもアニメ雑誌上で共有されていた。しかし、録音する際はテレビの目の前にいなければならないことも多く、失敗する確率が高い方法だったため、読者欄などでたびたびテープの交換がおこなわれていた。このようにコレクションの難易度の高さはコミュニティーを活用することで補われていたのである。これはビデオデッキが普及してからも続くことになり、録画したビデオテープは交換財としても機能することになり、アニメに価値づけがされていくうえでも重要な機能をもった可能性を指摘した。一方で、アニメ雑誌などでアニメが一覧されることで、ビデオ交換のコミュニティーでは非公式とはいえ、誰かが・どこかに自分たちが望むコンテンツがあり、視聴が可能であるという感覚が存在した（第3章）。

アニメファンが受容するビデオの映像は自分で録画したものに限られなくなり、テレビアニメに限らず様々なものがコレクションの対象になっていく。そうすることで、首都圏であればテレビのいくつかのチャンネルの限られた時間だけのテレビ放映というこれまでの枠から解放されることになる。第4章ではこの点に焦点を当てた。これビデオが一般に普及していくにつれて、次第にビデオ店やレンタルビデオ店などが整備されるようになる。これに伴い、様々な領域でパッケージソフトが展開されていく。アニメ産業もまた例外ではなく、次第にOVAと呼ばれるパッケージソフトが、これまでの放送を中心としたテレビアニメに比べると規模はニッチなものだったが、重要な一角を占めるようになる。制作者の側でも、自由な表現の可能性をもつ場としてOVAの制作に移行するものが増え始める。しかし、アニメ産業は長らく人手不足であり、OVAの制作に伴う人材の移行はテレビアニメ制作にも影響を及ぼすものと理解されていた。そのため、一部ではOVAへの移行を危惧する言説もみられた。一方でOVAはテレビほど多くのオーディエンスは必要ないにせよ、一定の規模を満たす必要性があるために、次第に安定した作品を作ることを志向するようになる。その結果、テレビアニメのスピンオフなどテレビアニメと大差ないものが作られることになり、そのことが批判的に言及されていた。このように特定のファン向けの作品制作がされるようになることは映像の主流が放送から購買に変わることを意味し、アニメ全体が一般向けから乖離する可能性をもった。

こうしたファンたちの映像の見方を形作ったのもビデオという媒体だった。第5章ではまずビデオの普及過渡期にみられたある広告に着目した。ビデオに限らず、普及の過渡期にはコンテンツの貸し借りをすることや、持っている者のところに利用しにいくこと自体はそれほど珍しいことではない。だがそれだけでなく、本体をもっている側が友人の家や学校にそれを持ち運ぶような実践があった。それだけ、アニメファンにとって映像をともに見せ合うことはファン文化の重要な基盤として存在したのである。他人と映像を見たり、見る映像を共有したりすることの意義として、その映像のすばらしさを共有することがある。特定の作品を見たというだけではなく、ともに映像を見ることで特定のシーンやカットを重視する視聴の仕方がより広まった。

そのシーンのポイントや共有知の基準を作り上げるうえで重要な意義をもったのが、「コマ送り」という技術である。コマ送りという技術によって、ただ漫然と見るだけでは気づくことができなかった点を繰り返し確認することが可能になる。そうしたなかで、アニメファンは一枚一枚の作画を分解して見ることができるようになり、作り手のこだわりに焦点を当てられるようになる。重要なのは、こうした作り手のこだわりにフォーカスする受け手の存在が、アニメファンの間だけでなく、アニメの作り手にも共有されるようになったことだ。これによって、作り手の側もそうした仕掛けを様々におこなうようになり、受け手と送り手が同じ目的を共有するようになるのである。しかし、同時にこうしたゲームはファン集団の外部から見たときには把握することが困難な高文脈化したファン活動になっていく。

このように第3章、第4章、第5章で焦点を当てたのは、ビデオを利用するなかでアニメファンがアニメ雑誌などを通してまとまりをもつものとして見いだされていき、それが市場化の対象になっていくプロセスである。これによってアニメファンのビデオ利用が成熟していくなかで、アニメ産業全体が変容していくことになる。第6章では、そうした構造的な変化を産業の担い手である下流工程のアニメ制作に携わる労働者（アニメーター）がどのように受け止めたのかを記述していった。そこで明らかになったのは、そうしたアニメ産業を維持するのはアニメファン内での価値観をある程度内面化したうえでアニメ産業に参入していく労働者だということだ。アニメファンに適した制作を維持するために最適な労働規範を労働者がもっていたことが、こうしたアニメファンの浮上による変容（アニメブーム）を下支えしていたのである。

このようにビデオのコレクションはアニメファンのまとまりを形成すると同時に、ともに映像を見せ合うような文化を形成し、アニメ産業そのものの性質を変容させていった。そうしたファンにとってのコレクションの意味を振り返ったのが第7章である。宮﨑事件に関するコレクションについての言説のため、オタク的なコレクションのあり方はその集団の外部とされている人々にとっても内部とされている人にとっても問題になった。そうしたなかで、ビデオのコレクションに対する「こだわり」が、アニメファンと呼ばれる人々の間で歴史的にどのように変容していったのかを明らかにした。なかでもアニメのコレクションの「整理」がオタクであるかどうかの判断に特に大きな意味をもっていて、その整理はテープが高価だったなかで必要になったことであり、それがただ「たまる」のか、「集める」のかの差異を生むことになったのである。

このような変化を「集める」「たまる」から「借りる」への一般社会でのビデオのコンテンツ受容の変化から再考したのが第8章である。現在、映像を趣味とする一般的な受容空間はなるべく多くのコンテンツを配列し、万人に利用可能なものとして貸与が中心になっている。その一方、アニメなどの受容空間はこうした空間とは分断して存在していて、例えば森川嘉一郎の「趣都」[16]という言葉に代表されるように、特定の都市空間に象徴的な集積をおこない、ほかの隣接した文化との消費と連動してコンテンツが展開されることになっている。[17]その結果として両者は分断されているが、過渡期にはその境界はあいまいなものであり、その時期には別のコミュニケーションの可能性があったことを明らかにした。

本書の歴史的記述は現代の映像文化にもつながるものである。映像文化の変容は現在様々なテーマで議論されている。本書はアニメ産業を事例に、独自の映像視聴に関する文化が成立すると同時に、そうした映像文化を愛好するオーディエンスに向けて作品が作られるようになるという構造を問題化したものだった。それと同時に、こうした映像文化が一般的な映像視聴と何が違うのかということを問題にした。現在、様々な趣味領域ごとにそのファンに向けた映像が制作されるようになっていて、そうした映像は様々な動画共有サイトやサブスクリプションサービスにあふれかえっている。

一方で、こうした視聴環境や視聴の仕方の共通の前提になったのは、ただ映像を視聴するだけでなく様々な映像の視聴の仕方が可能になったことである。われわれは映像を編集したり、操作をして好き勝手なタイミングで様々な映像を視聴したり、そしてそれによって映像の関わり方を様々に形成したりしている。そうした視聴文化の基礎はビデオという技術が可能にし、切り開いた可能性とも密接に関係している。こうした映像経験の形成によって映像の見方が多様化し、ファン集団ごとの分化と映像経験の基礎になる視聴文化を形成したという現在の映像経験の基盤の一つの系譜を、アニメファンのビデオ受容経験から論じてきたのである。

本書はアニメファンのコレクションという実践を中心に、映像を趣味にしていくプロセスと趣味集団の分化という点に着目した。コレクションはそのコスト的な条件やその他のメディアとの関係、制度的な条件のなかで練り上げられてきたものである。そうしたコレクションをはじめとする映像視聴の楽しみ方は個人で完結するものではなく、雑誌上や実際のコミュニケーションのなかで意味づけられ、相互扶助されて練り上げられていった。一方で、そうした文化は独自の領域としてほかと分断されることにもなった。さらにそのマーケットが分断したまま個別にマーケットとして拾い上げられていく。そうしたなかで、長谷が指摘したように大衆社会論とは異なった内容でのメディア論が練り上げられる段階が訪れつつある。ここで重要なのは、こうした事態を趣味の個人化として記述するのとは異なるストックをもっておくことである。そのうえで重要になるのが、「オタク」という対象をメディア論的に位置づけようとする試みである。そうした点から、本書の意義づけを次節で別の形態でまとめることにしたい。

4　子どもの民主主義とオタク文化——「共同視聴」の文化社会学に向けて

本書は映像文化だけでなく、オタク文化について論じるうえでも重要な視点を提起したことになる。オタク文化に関して、大塚英志は一九八〇年代の新人類とオタクの対比をおこなっている。新人類が志向した既存の市場ではなく、独自の市場を形成したことがオタクの特徴として挙げられていた。それではこの差異は何を意味するのだろうか。

大塚はオタクを一種の世代論として語っている。そこで議論されている既存の文化はより上の世代、全共闘世代の「大人」が作ったものであり、メディアに取り上げられて「大人」が用意した土俵に上がり、「新しさ」を担った（担わされた）のが新人類だったという。そこで新人類は自らのファッションセンスなどを誇るが、ファッションは既存の（上の世代の）価値観を組み合わせて作ったもので、旧世代に新しさを担わされているにすぎないという。[18] それに対して、小規模ながらもかろうじて独自の文化や市場を形成できたところにオタクの意義があるという。

こうした議論は、長谷がテレビの可能性の一つとして読み取った大文字の政治的な民主主義ではなく、生活に根差したものとしての子どもの民主主義（生活者の視点からの革命）[19] の議論を想起させる。大塚の議論における「独自の市場」は「自分たち」で文化圏を作ることに意味があったはずである。しかし、そこでは「自分たち」の文化とは何かが問題になる。大塚は『物語消費論』で、世界観を設計した側が二次創作を作り出させる仕組みをもっていて、作らされるような仕掛けのマーケティングをされているだけの可能性が存在すると論じている。[20]

その補助線として、難波功士のオタクに関する議論が重要になる。難波は、戦後の様々なユースサブカルチャーの呼称とそれがどのように語られてきたのかについて歴史的にアプローチしていて、そのなかで「太陽族」、ファッション雑誌を消費する「アンノン族」などの「族」と呼ばれるものから、「渋谷系」などのよりあいまいな「系」へと変化したと議論している。これを「族」から「系」の移行と位置づけていて、オタクという語は「族」と「系」の両方にまたがるカテゴリーとして重要な位置を与えられていた。難波は前者を「多くのモノやメディアを介在させながらも、身体の群れ集いの場において、対面での相互の認証のなかから、何らかの集合的なアイデンティティを立ち上げていくプロセス」をもつものであり、ある「共在の状況（下の人々）への呼び名」だったと表現し、後者は「きわめて希薄なつながりや、ごく不確かな前提の共有しか想定できない」ものであり、「メディアによって表象される身体とモノとのウェブ」[21]様式であり、離脱自由な選好に根差したものだとしている。こうしたオタクの「族から系へ」の移行に関して、ビデオ受容を事例に具体的な記述をおこなっていったのが本書だと位置づけることができる。

こうした「共在の不在」の問題は「自分たち」の偽装を可能にしていく。オタク文化の代表的な文化の一つであるコミックマーケットなどの同人誌即売会・二次創作市場についても、作り手と受け手の交錯といえば聞こえはいいが、いまや巨大なマーケットになっていて、受け手があたかも作り手としてメディアイベントの頭数に入れられているかのようである。こうした事態が起こるのは、オタクという存在がメディア主導の希薄なつながりしかもてなくなってしまったことにも起因している。この構造は大塚の指摘に従うならば、世界観などの仕掛けをしているマーケッターである世代にとって「都合のいいもの」になっていく[22]。これは大塚の図式に従うならば、結局のところ新人類とその上の世代との関係を反復するのと同じ図式になってしまう。そうしたなかでこうした反復とは異なる文化としての記述の可能性が考えられるためには、その独自性をどのように作り上げてきたのか（そしてそれがどのように揺らいできたのか）という図式が丁寧に書きとられる必要がある。

長谷はテレビの可能性を「愛」という言葉で表現し[23]、「愛」はわれわれの前に現れることがあるが、それを忘れているというメディア考古学的な議論を展開している。そうした文脈のなかで本書が問題化したようなビデオの視聴実践がもっていた可能性と限界を探求することは、一定の意義がある。本書で注目してきた実践でも、独自の文化領域を形作ることと、その文化のなかに内閉してしまうことは裏表の関係にあるのは明らかである。こうしたなかで映像文化をめぐる可能性の回復のためにも、「族」から「系」への移行という指摘やオタクがどう語られてきたかの歴史にとどめるのではなく、それと関連した文化史的・メディア史的な具体的な記述を与えていくことが重要であり、本書のメディア史的な記述はその一つの実践でもあった。だが同時に、その可能性だけを記述するのではなく、限界を記述すること自体が可能性の記述として意味をもつだろう。

こうした可能性を考えるうえで、長谷がいうようにテレビと人々の関係に注目していくという方向性も有効だろう。しかし、本書が描いてきたような視聴形態の記述を振り返ると、もう一つの議論の可能性が存在する。それはビデオと趣味集団の関係を記述し、パーソナルな視聴形態とは異なったありようについて記述をおこなうことにあるといえるだろう。そこで、本書の議論は実際的な対面関係にしろ、想像的な関係にしろ共同性に差し戻して理解することが、今後のメディアについての議論として意義がある可能性がある。つまり誰と共同視聴をしていき、誰と視聴文化を作り上げていくのか、その集団の内／外がどこで引かれているのかを具体的な視聴実践とともに振り返っていくことが重要になる。

本書ではアニメファンのビデオ利用を中心に注目してきたが、アニメファン以外のファン集団のビデオ利用における共同視聴や、あるいはビデオを離れた共同視聴の関係も重要な枠組みになるはずである。本書はそうした文化記述の端緒を切り開くものであり、公共空間、家庭という共同視聴から個人へと至るまでの過渡期に趣味集団の共同視聴を位置づけ、その多様な実践を記述したものであり、映像経験を切り開いたビデオの文化的なポテンシャルを描き出したものである。

注

(1) 前掲「ファンカルチャーの理論」

(2) 前掲「テレビが家にやって来た」

(3) 太田美奈子「青森県下北郡佐井村における初期テレビ受容」、日本マス・コミュニケーション学会編「マス・コミュニケーション研究」第九十二号、日本マス・コミュニケーション学会、二〇一八年

(4) 長谷正人「アウラとしてのテレビジョン――1950年代日本のテレビ受容をめぐって」、早稲田大学大学院文学

研究科編「早稲田大学大学院文学研究科紀要 第三分冊」第六十巻、早稲田大学大学院文学研究科、二〇一四年
(5) 前掲『映画を早送りで観る人たち』
(6) 長谷正人編『映像文化の社会学』有斐閣、二〇一六年、三ページ
(7) 同書三ページ
(8) ヴァルター・ベンヤミン「パリ——十九世紀の首都」『ベンヤミン・コレクション1 近代の意味』浅井健二郎編訳、久保哲司訳(ちくま学芸文庫)所収、筑摩書房、一九九五年、三四二ページ
(9) 吉澤弥生「レイモンド・ウィリアムズとメディア社会学——『テレビジョン』の視点と方法」、日本社会学会編「社会学評論」第五十二巻第一号、日本社会学会、二〇〇一年
(10) 前掲『フリッパーズ・テレビ』
(11) Herbert, *op. cit.*(前掲『ビデオランド』)
(12) 前掲「レンタルビデオ店とデータベース」
(13) 前掲「レンタルビデオ店のアーカイヴ論的分析に向けて」
(14) Jenkins, *op. cit.*(前掲『コンヴァージェンス・カルチャー』)
(15) 前掲「アニメを社会学する視点」
(16) 前掲『趣都の誕生』
(17) 前掲「都市空間におけるサブカルチャーの政策的振興に関する研究」
(18) 前掲『「おたく」の精神史』
(19) 長谷正人「テレビジョン、生活革命、子どもの民主主義」、日本民間放送連盟編「月刊民放」二〇一五年八月号、日本民間放送連盟
(20) 前掲『物語消費論』。この大塚の論点については、永田大輔「「二次創作」はいかなる意味で「消費」であるのか——大塚英志の消費論を中心に」(「日本研究」第六十五号、人間文化研究機構国際日本文化研究センター、二〇二二年)で論じた。
(21) 前掲『族の系譜学』三八三ページ

(22) 大塚英志／東浩紀『リアルのゆくえ――おたく／オタクはどう生きるか』(講談社現代新書)、講談社、二〇〇八年
(23) 前掲『映像文化の社会学』

引用・参考文献

Abercrombie, Nicholas and Brian J. Longhurst, *Audience: A Sociological Theory of Performance and Imagination*, SAGE Publications, 1998.

相田美穂「おたくをめぐる言説の構成——1983年〜2005年サブカルチャー史」「広島修大論集 人文編」第四十六巻第一号、広島修道大学総合研究所、二〇〇五年

赤川学「セクシュアリティ・主体化・ポルノグラフィー」、ソシオロゴス編集委員会編「ソシオロゴス」第十七号、ソシオロゴス編集委員会、一九九三年

Ang, Ien, *Watching Dallas: Soap Opera and the Melodramatic Imagination*, Methuen, 1985.

——, *Living Room Wars: Rethinking media audiences for a postmodern world*, Routledge, 1996.

庵野秀明、大泉実成編『庵野秀明 スキゾ・エヴァンゲリオン』太田出版、一九九七年

——、竹熊健太郎編『庵野秀明 パラノ・エヴァンゲリオン』太田出版、一九九七年

浅野智彦『趣味縁からはじまる社会参加』(若者の気分)、岩波書店、二〇一一年

——『「若者」とは誰か——アイデンティティの30年』(河出ブックス)、河出書房新社、二〇一三年

東浩紀「アニメ的なもの、アニメ的でないもの——「新世紀エヴァンゲリオン」レヴュー」「Inter Communication」第五巻第四号、NTT出版、一九九六年(再録:『郵便的不安たちβ——東浩紀アーカイブス1』〔河出文庫〕、河出書房新社、二〇一一年)

——「庵野秀明は、いかにして八〇年代日本アニメを終わらせたか——『新世紀エヴァンゲリオン』について」「ユリイカ」一九九六年八月号、青土社(再録:五十嵐太郎編『エヴァンゲリオン快楽原則』第三書館、一九九七年)

——『動物化するポストモダン——オタクから見た日本社会』(講談社現代新書)、講談社、二〇〇一年

——『ゲーム的リアリズムの誕生——動物化するポストモダン2』(講談社現代新書)、講談社、二〇〇七年

——編著『網状言論F改——ポストモダン・オタク・セクシュアリティ』青土社、二〇〇三年

——編著『波状言論S改——社会学・メタゲーム・自由』青土社、二〇〇五年

——/伊藤剛/神山健治/桜坂洋/新海誠/新城カズマ/夏目房之介/西島大介『コンテンツの思想——マンガ・アニメ・ライトノベル』青土社、二〇〇七年

——/北田暁大編『思想地図 vol.5 特集・社会の批評』(NHKブックス)、日本放送出版協会、二〇一〇年

東園子『宝塚・やおい、愛の読み替え——女性とポピュラーカルチャーの社会学』新曜社、二〇一五年

Baker, Carolyn D., "Ethnomethodological Analyses of Interviews," in Jaber F. Gubrium and James A. Holstein eds., *Handbook of Interview Research: Context and Method*, SAGE Publications, 2001.

Benjamin, Walter, "Der Begriff der Kunstkritik in der Deutschen Romantik," *Gesammelte Schriften VI*, Suhrkamp, 1920.（ヴァルター・ベンヤミン『ドイツ・ロマン主義における芸術批評の概念』浅井健二郎訳〔ちくま学芸文庫〕、筑摩書房、二〇〇一年）

ベンヤミン、ヴァルター「パリ――十九世紀の首都」『ベンヤミン・コレクション1 近代の意味』浅井健二郎編訳、久保哲司訳（ちくま学芸文庫）所収、筑摩書房、一九九五年

別冊宝島編集部編『別冊宝島104 おたくの本――ハッカー、ロリコン、やおい、デコチャリ、コミケ、カメラ小僧、ゲーマー、アイドリアン、などなどの知られざる生態！』ＪＩＣＣ出版局、一九八九年

Bourdieu, Pierre, *La Distinction: Critique sociale du jugement*, Les Éditions de Minuit, 1979.（ピエール・ブルデュー『ディスタンクシオン――社会的判断力批判』石井洋二郎訳、全二巻〔Bourdieu library〕、藤原書店、一九九〇年）

――, *Les Règles de l'art: Genèse et structure du champ littéraire*, Seuil, 1992.（ピエール・ブルデュー『芸術の規則1』石井洋二郎訳〔Bourdieu library〕、藤原書店、一九九五年、同『芸術の規則2』石井洋二郎訳〔Bourdieu library〕、藤原書店、一九九六年）

Braverman, Harry, *Labor and Monopoly Capital: The Degradation of Work in the Twentieth Century*, Monthly Review Press, 1974.（H・ブレイヴァマン『労働と独占資本――20世紀における労働の衰退』富沢賢治訳、岩波書店、一九七八年）

Burawoy, Michael, *The Politics of Production: Factory Regimes Under Capitalism and Socialism*, Verso Books, 1985.

Caves, Richard E., *Creative Industries: Contracts Between Art and Commerce*, Harvard University Press, 2002.

Certeau, Michel de, *L'invention du quotidien 1: Arts de faire*, Union générale d'éditions, 1980.（ミシェル・ド・セルトー『日常的実践のポイエティーク』山田登世子訳、国文社、一九八七年）

Condry, Ian, *The Soul of Anime: Collaborative Creativity and Japan's Media Success Story*, Duke University Press, 2013.（イアン・コンドリー『アニメの魂――協働する創造の現場』島内哲朗訳、ＮＴＴ出版、二〇一四年）

團康晃「指導と結びつきうる「からかい」――「いじり」の相互行為分析」、ソシオロジ編集委員会編「ソシオロジ」第五十八巻第二号、社会学研究会、二〇一三年

――「「おたく」の概念分析――雑誌における「おたく」の使用の初期事例に着目して」、ソシオロゴス編集委員会編「ソシオロゴス」第三十七号、ソシオロゴス編集委員会、二〇一三年

――「学校の中の物語作者たち――大学ノートを用いた協同での物語制作を事例に」、日本子ども社会学会紀要編集委員会編「子ども社会研究」第二十号、日本子ども社会学会、二〇一四年

Durkheim, Émile, *De la division du travail social: étude sur l'organisation des sociétés supérieures*, 7e éd., P. U. F., [1893] 1960.（E・デュルケーム『社会分業論』田原音和訳〔現代社会学大系〕、青木書店、一九七一年）

土居伸彰『個人的なハーモニー――ノルシュテインと現代アニメーション論』フィルムアート社、二〇一六年

Edwards, P. K., "Understanding Conflict in the Labour Process: The Logic and Autonomy of Struggle," in David Knights and Hugh Willmott eds.,

Labour Process Theory, Palgrave Macmillan, 1990.

江原由美子『ジェンダー秩序』勁草書房、二〇〇一年

遠藤知巳「「八〇年代」の遠近法」、新書館編「大航海——歴史・文学・思想」第六十八号、新書館、二〇〇八年

Enzensberger, Hans Magnus, "Baukasten zu einer Theorie der Medien," *Kursbuch*, heft. 20, Enzensberger, 1970.（H・M・エンツェンスベルガー『メディア論のための積木箱』中野孝次／大久保健治訳〔ST叢書〕、河出書房新社、一九七五年）

——「文学／批評と社会学——境界の変遷を追う」、東浩紀／北田暁大編『思想地図 vol.5 特集・社会の批評』（NHKブックス）所収、日本放送出版協会、二〇一〇年

江藤淳『成熟と喪失——〝母〟の崩壊』（河出文芸選書）、河出書房新社、一九七五年（再録：江藤淳『成熟と喪失——〝母〟の崩壊』〔講談社文芸文庫〕、講談社、一九九三年）

——『閉された言語空間——占領軍の検閲と戦後日本』文藝春秋、一九八九年（再録：江藤淳『閉された言語空間——占領軍の検閲と戦後日本』〔文春文庫〕、文藝春秋、一九九四年）

Fiske, John, *Television Culture*, Routledge, 1988.（J・フィスク『テレビジョンカルチャー——ポピュラー文化の政治学』伊藤守／藤田真文／常木瑛生／吉岡至／小林直毅／高橋徹訳、梓出版社、一九九六年）

—— and John Hartley, *Reading Television*, Routledge, 1978.

Foucault, Michael, *L'archeologie du savoir*, Gallimard, 1969.（ミシェル・フーコー『知の考古学』慎改康之訳〔河出文庫〕、河出書房新社、二〇一二年）

——, *L'ordre du discours: Lecon inaugurale au College de France pronomcee le 2 decembre*, Gallimard, 1970.（ミシェル・フーコー『言説の領界』慎改康之訳〔河出文庫〕、河出書房新社、二〇一四年）

Galloway, Alexander R., *Protocol: How Control Exists after Decentralization*, MIT Press, 2004.（アレクサンダー・R・ギャロウェイ『プロトコル——脱中心化以後のコントロールはいかに作動するのか』北野圭介訳、人文書院、二〇一七年）

Geertz, Clifford, *The Interpretation of Cultures: Selected Essays*, Basic Books, 1973.（C・ギアーツ『文化の解釈学』吉田禎吾／柳川啓一／中牧弘允／板橋作美訳、全二巻〔岩波現代選書〕、岩波書店、一九八七年）

——, *Works and Lives: the Anthropologist as Author*, Stanford University Press, 1988.（クリフォード・ギアーツ『文化の読み方／書き方』森泉弘次訳、岩波書店、一九九六年）

後藤和智『おまえが若者を語るな!』（角川oneテーマ21）、角川書店、二〇〇八年

Gray, Ann, *Video Playtime: The Gendering of a Leisure Technology*, Routledge, 1992.

Griswold, Wendy, *Cultures and Societies in a Changing World*, SAGE Publications, 1994.（W・グリスウォルド『文化のダイヤモンド——文化社会学入門』小沢一彦訳、玉川大学出版会、一九九八年）

Gunning, Tom, "The Cinema of Attractions: Early Films, Its Spectator and the Avant-Garde," *Wide Angle*, vol. 8, nos. 3&4, Fall, 1986.（トム・ガニング「アトラクションの映画――初期映画とその観客、そしてアヴァンギャルド」中村秀之訳、長谷正人／中村秀之編訳『アンチスペクタクル――沸騰する映像文化の考古学』所収、東京大学出版会、二〇〇三年）

Hall, Stuart, "Encoding/decoding," in Stuart Hall and Dorothy Hobson and Andrew Lowe and Paul Willis eds., *Culture, Media, Language: working papers in cultural studies, 1972-79*, Hutchinson, 1980.

濱野智史『アーキテクチャの生態系――情報環境はいかに設計されてきたか』NTT出版、二〇〇八年

半澤誠司「アニメーション産業における分業体制の変容」「文化経済学」第十巻第一号、文化経済学会、二〇一三年

――『コンテンツ産業とイノベーション――テレビ・アニメ・ゲーム産業の集積』勁草書房、二〇一六年

原田曜平『さとり世代――盗んだバイクで走り出さない若者たち』（角川oneテーマ21）、KADOKAWA、二〇一三年

――『ヤンキー経済――消費の主役・新保守層の正体』（幻冬舎新書）、幻冬舎、二〇一四年

――『新・オタク経済――3兆円市場の地殻大変動』（朝日新書）、朝日新聞出版、二〇一五年

長谷正人「アニメーションという思想――宮﨑駿試論」、早稲田大学大学院文学研究科編「早稲田大学大学院文学研究科紀要 第一分冊」第五十号、早稲田大学大学院文学研究科、二〇〇四年

――『映画というテクノロジー経験』（視覚文化叢書）、青弓社、二〇一〇年

――『敗者たちの想像力――脚本家 山田太一』岩波書店、二〇一二年

――「アウラとしてのテレビジョン――1950年代日本のテレビ受容をめぐって」、早稲田大学大学院文学研究科編「早稲田大学大学院文学研究科紀要 第三分冊」第六十巻、早稲田大学大学院文学研究科、二〇一四年

――「映像文化の三つの位相――見ること、撮ること、撮られること」、井上俊編『全訂新版 現代文化を学ぶ人のために』所収、世界思想社、二〇一四年

――「テレビジョン、生活革命、子どもの民主主義」、日本民間放送連盟編「月刊民放」二〇一五年八月号、日本民間放送連盟

――『ヴァナキュラー・モダニズムとしての映像文化』東京大学出版会、二〇一七年

――「はじめに」、トム・ガニング『映像が動き出すとき――写真・映画・アニメーションのアルケオロジー』長谷正人編訳、みすず書房、二〇二一年

――編『映像文化の社会学』有斐閣、二〇一六年

――／太田省一編著『テレビだョ！全員集合――自作自演の1970年代』青弓社、二〇〇七年

橋迫瑞穂「〈知識〉としての「占い／おまじない」と少女――雑誌『マイバースデイ』読者投稿欄の分析から」、立教大学社会学部編「応用社会学研究」第五十八号、立教大学社会学部、二〇一六年

Herbert, Daniel, *Videoland: Movie Culture at the American Video Store*, University of California Press, 2014.（ダニエル・ハーバート『ビデオラン

ド――レンタルビデオともうひとつのアメリカ映画史』生井英考／丸山雄生／渡部宏樹訳、作品社、二〇二一年）
七邊信重「「純粋な関係性」と「自閉」――「同人界」におけるオタクの活動の分析から」、ソシオロゴス編集委員会編「ソシオロゴス」第二十九号、ソシオロゴス編集委員会、二〇〇五年
――「「同人界」の論理――行為者の利害・関心と資本の変換」、コンテンツ文化史学会編「コンテンツ文化史研究」第三号、コンテンツ文化史学会、二〇一〇年
平野秀秋／中野収『コピー体験の文化――孤独な群衆の後裔』時事通信社、一九七五年
平田賢一／今西国晴／清水秀美／北岡武「授業における新しい教授メディアの利用を予測する変数」、日本視聴覚教育学会編「視聴覚教育研究」第七号、日本視聴覚教育学会、一九七六年
本田透『電波男』三才ブックス、二〇〇五年
本田由紀『軋む社会――教育・仕事・若者の現在』双風舎、二〇〇八年
Hughes, Thomas Parke, *Networks of Power: Electrification in Western Society, 1880-1930*, Johns Hopkins University Press, 1983.（T・P・ヒューズ『電力の歴史』市場泰男訳、平凡社、一九九六年）
五十嵐太郎編『エヴァンゲリオン快楽原則』第三書館、一九九七年
飯田豊『テレビが見世物だったころ――初期テレビジョンの考古学』青弓社、二〇一六年
飯塚邦彦「二次創作する読者の系譜――「おたく系雑誌」における二次創作の背景を探る」、成蹊大学大学院文学研究科編「成蹊人文研究」第二十三号、成蹊大学大学院文学研究科、二〇一五年
池上賢「『週刊少年ジャンプ』という時代経験――解釈枠組みとしてのマスター・ナラティブ」、日本マス・コミュニケーション学会編「マス・コミュニケーション研究」第七十五号、日本マス・コミュニケーション学会、二〇〇九年
――「「送り手としてのオーディエンス」への視座」、立教大学社会学部編「応用社会学研究」第五十八号、立教大学社会学部、二〇一六年
稲田豊史『映画を早送りで観る人たち――ファスト映画・ネタバレ：コンテンツ消費の現在形』（光文社新書）、光文社、二〇二二年
稲増龍夫『フリッパーズ・テレビ――TV文化の近未来形』筑摩書房、一九九一年
石井健一『情報化の普及過程』学文社、二〇〇三年
Jenkins, Henry, *Convergence Culture: Where Old and New Media Collide*, New York University Press, 2006.（ヘンリー・ジェンキンズ『コンヴァージェンス・カルチャー――ファンとメディアがつくる参加型文化』渡部宏樹／北村紗衣／阿部康人訳、晶文社、二〇二一年）
加島卓『〈広告制作者〉の歴史社会学――近代日本における個人と組織をめぐる揺らぎ』せりか書房、二〇一四年
――「書店――邪道書店の平成史」、高野光平／加島卓／飯田豊編著『現代文化への社会学――90年代と「いま」を比較する』所収、北樹出版、二〇一八年
片上平二郎「愉しいアドルノ――「文化産業論」における「娯楽」と「技術」の可能性」、立教大学社会学部編「応用社会学研究」第六十号、立

教大学社会学部、二〇一八年
加藤秀俊『見世物からテレビへ』（岩波新書）、岩波書店、一九六五年
河津孝宏『彼女たちの「Sex And The City」――海外ドラマ視聴のエスノグラフィ』せりか書房、二〇〇九年
木島由晶「なぜキャラクターに「萌える」のか――ポストモダンの文化社会学」、南田勝也／辻泉編著『文化社会学の視座――のめりこむメディア文化とそこにある日常の文化』所収、ミネルヴァ書房、二〇〇八年
菊地映輝「都市空間におけるサブカルチャーの政策的振興に関する研究――文化装置論から見るコスプレ文化」慶應義塾大学大学院政策・メディア研究科博士論文、二〇一九年
菊池哲彦「「快適な居場所」としての郊外型複合書店」、近森高明／工藤保則編『無印都市の社会学――どこにでもある日常空間をフィールドワークする』所収、法律文化社、二〇一三年
木村智哉「初期東映動画における映像表現と製作体制の変革」「同時代史研究」第三号、同時代史学会、二〇一〇年
――「商業アニメーション制作における「創造」と「労働」――東映動画株式会社の労使紛争から」、「社会文化研究」編集委員会編「社会文化研究」第十八号、社会文化研究会、二〇一六年
――「東映動画株式会社における映画製作事業とその縮小」、谷川建司編『戦後映画の産業空間――資本・娯楽・興行』所収、森話社、二〇一六年
――「アニメーション制作事業の不安定性とその対策――歴史研究の視点から」、永田大輔／松永伸太朗編著『アニメの社会学――アニメファンとアニメ制作者たちの文化産業論』所収、ナカニシヤ出版、二〇二〇年
岸政彦『同化と他者化――戦後沖縄の本土就職者たち』ナカニシヤ出版、二〇一三年
北田暁大『広告の誕生――近代メディア文化の歴史社会学』（現代社会学選書）、岩波書店、二〇〇〇年
――『嗤う日本の「ナショナリズム」』（ＮＨＫブックス）、日本放送出版協会、二〇〇五年
――／野上元／水溜真由美編『カルチュラル・ポリティクス１９６０／７０』せりか書房、二〇〇五年
――／解体研編著『社会にとって趣味とは何か――文化社会学の方法規準』（河出ブックス）、河出書房新社、二〇一七年
Kittler, Friedrich A., *Aufschreibesysteme 1800/1900*, Fink, 1985, Friedrich A. Kittler, *Discourse Networks 1800/1900*, Stanford University Press, 1990.（フリードリヒ・キットラー『書き取りシステム１８００・１９００』大宮勘一郎／石田雄一訳、インスクリプト、二〇二一年）
――, *Gramophon, Film, Typewriter*, Stanford University Press, 1999.（フリードリヒ・キットラー『グラモフォン・フィルム・タイプライター』石光泰夫／石光輝子訳、筑摩書房、一九九九年）
久美薫「アニメーションという原罪」、トム・シート『ミッキーマウスのストライキ！――アメリカアニメ労働運動100年史』久美薫訳、合同出版、二〇一四年
小林義寛「「文化の記述」をめぐって――他者を記述し、物語ることについての若干の考察」「社会学論叢」第百三十一号、日本大学社会学会、一

九九八年

――――「ICTを媒介にしたファン活動」、日本大学法学部新聞学研究所編「ジャーナリズム&メディア」第四号、日本大学法学部新聞学研究所、二〇一一年

――――「銀水晶に解放された関係性――美少女戦士セーラームーンに欲望するファン」、鈴木智之／西田善行編著『失われざる十年の記憶――一九九〇年代の社会学』所収、青弓社、二〇一二年

近藤和都「アニメブームのインフラストラクチャー――『機動戦士ガンダム』をめぐる放送格差と雑誌読者」、永田大輔／松永伸太朗編著『アニメの社会学――アニメファンとアニメ制作者たちの文化産業論』所収、ナカニシヤ出版、二〇二〇年

――――「レンタルビデオ店のアーカイヴ論的分析に向けて――初期店舗の生成過程とその条件」、大東文化大学社会学研究所編「社会学研究所紀要」第一号、大東文化大学社会学研究所、二〇二〇年

――――「レンタルビデオ店とデータベース――雑誌『ビデオでーた』を介した大規模店舗の利用実践」「メディウム」第二号、「メディウム」編集委員会、二〇二一年

Lamarre, Thomas, *The Anime Machine: A Media Theory of Animation*, University of Minnesota Press, 2009.（トーマス・ラマール『アニメ・マシーン――グローバル・メディアとしての日本アニメーション』藤木秀朗監訳、大﨑晴美訳、名古屋大学出版会、二〇一三年）

前田泰樹／水川喜文／岡田光弘編『エスノメソドロジー――人びとの実践から学ぶ』（ワードマップ）、新曜社、二〇〇七年

Marvin, Carolyn, *When Old Technologies Were New: Thinking About Electric Communication in the Late Nineteenth Century*, Oxford University Press, 1988.（キャロリン・マーヴィン『古いメディアが新しかった時――19世紀末社会と電気テクノロジー』吉見俊哉／水越伸／伊藤昌亮訳、新曜社、二〇〇三年）

増田弘道『アニメビジネスがわかる』NTT出版、二〇〇七年

――――『もっとわかるアニメビジネス』NTT出版、二〇一一年

――――『デジタルが変えるアニメビジネス』NTT出版、二〇一六年

増田宗昭『情報楽園会社――TSUTAYAの創業とディレクTVの失敗から学んだこと 復刊』復刊ドットコム、二〇一〇年

――――／川島蓉子『TSUTAYAの謎――増田宗昭に川島蓉子が訊く』日経BP社、二〇一五年

桝山寛「彼女にキーボードがついていたら」、別冊宝島編集部編『別冊宝島104 おたくの本――ハッカー、ロリコン、やおい、デコチャリ、コミケ、カメラ小僧、ゲーマー、アイドリアン、などなどの知られざる生態!』JICC出版局、一九八九年

松井広志『模型のメディア論――時空間を媒介する「モノ」』青弓社、二〇一七年

松永伸太朗『アニメーターの社会学――職業規範と労働問題』三重大学出版会、二〇一七年

――――／永田大輔「フリーランスとして「キャリア」を積む――アニメーターの二つの職業観から」、日本オーラル・ヒストリー学会編集委員会編「日本オーラル・ヒストリー研究」第十三号、日本オーラル・ヒストリー学会、二〇一七年

松谷創一郎「〈オタク問題〉の四半世紀――〈オタク〉はどのように〈問題視〉されてきたのか」、羽渕一代編著『どこか〈問題化〉される若者たち』所収、恒星社厚生閣、二〇〇八年

Mcluhan, Marshall and Lewis H. Lapham, *Understanding Media: The Extensions of Man*, McGraw-Hill, 1964.（マーシャル・マクルーハン『メディア論――人間の拡張の諸相』栗原裕／河本仲聖訳、みすず書房、一九八七年）

南田勝也／辻泉編著『文化社会学の視座――のめりこむメディア文化とそこにある日常の文化』ミネルヴァ書房、二〇〇八年

宮台真司「消費の機能分析――現代大学生の消費生活の意味するもの」、宮台真司／堀内進之介／大河原麻衣／山本祥弘／稲葉年計、現代位相研究所編『システムの社会理論――宮台真司初期思考集成』所収、勁草書房、二〇一〇年

――『制服少女たちの選択』講談社、一九九四年

――『終わりなき日常を生きろ――オウム完全克服マニュアル』（ちくま文庫）、筑摩書房、一九九五年

――『これが答えだ！――新世紀を生きるための108問108答』（朝日文庫）、朝日新聞社、二〇〇二年

――／石原英樹／大塚明子『サブカルチャー神話解体――少女・音楽・マンガ・性の30年とコミュニケーションの現在』ＰＡＲＣＯ出版、一九九三年（再録：宮台真司／石原英樹／大塚明子『サブカルチャー神話解体――少女・音楽・マンガ・性の変容と現在』［ちくま文庫］、筑摩書房、二〇〇七年）

溝尻真也「日本におけるミュージックビデオ受容空間の生成過程――エアチェック・マニアの実践を通して」、日本ポピュラー音楽学会編集委員会編「ポピュラー音楽研究」第十号、日本ポピュラー音楽学会、二〇〇六年

――「「音楽メディア」としてのＦＭの生成――初期ＦＭにみるメディアの役割の変容」、日本マス・コミュニケーション学会編「マス・コミュニケーション研究」第七十一号、日本マス・コミュニケーション学会、二〇〇七年

――「オーディオマニアと〈ものづくりの快楽〉――男性／技術／趣味をめぐる経験の諸相」、宮台真司／辻泉／岡井崇之編『「男らしさ」の快楽――ポピュラー文化からみたその実態』所収、勁草書房、二〇〇九年

――「ラジオ自作のメディア史――戦前／戦後期日本におけるメディアと技術をめぐる経験の変容」、日本マス・コミュニケーション学会編「マス・コミュニケーション研究」第七十六号、日本マス・コミュニケーション学会、二〇一〇年

――「ビデオテクノロジーの歴史的展開にみる技術／空間／セクシュアリティ――１９７０年代日本におけるビデオ受容空間とそのイメージの変遷」、メディアプロデュース学部論集編集委員会編「愛知淑徳大学論集 メディアプロデュース学部篇」第二号、メディアプロデュース学部論集編集委員会、二〇一二年

――「放送番組の保存と所有をめぐる系譜学――一九七〇―八〇年代の音楽ファンとエアチェック文化」、永田大輔／近藤和都／溝尻真也／飯田豊『ビデオのメディア論』（青弓社ライブラリー）所収、青弓社、二〇二二年

水越伸『メディアの生成――アメリカ・ラジオの動態史』同文舘出版、一九九三年

――――『デジタル・メディア社会』（叢書インターネット社会）、岩波書店、一九九九年
Moore, Geoffrey A., *Crossing The Chazm*, HarperCollins Publisher, 2014.（ジェフリー・ムーア『キャズム――新商品をブレイクさせる「超」マーケティング理論 Ver.2 増補改訂版』翔泳社、二〇一四年
森川嘉一郎『趣都の誕生――萌える都市アキハバラ』幻冬舎、二〇〇三年
Morley, David, *The 'Nationwide' Audience*, British Film Institute, 1980.
村瀬ひろみ「オタクというオーディエンス」、小林直毅／毛利嘉孝編『テレビはどう見られてきたのか――テレビ・オーディエンスのいる風景』（せりかクリティク）所収、せりか書房、二〇〇三年
むらやまじゅん「オタクのココロ――拡大するオタク雑誌ワールド」『雑誌狂時代！――驚きと爆笑と性欲にまみれた［雑誌］というワンダーランド大研究！』所収、宝島社、一九九七年
永田大輔「〈ぼく〉の文化政治――あるおたく批評家の言説から」、筑波大学社会学研究室編「社会学ジャーナル」第三十八号、筑波大学社会学研究室、二〇一三年
――――「「代弁者」としてのオタク語り――1980―1990年代の批評的言説を中心として」、ソシオロゴス編集委員会編「ソシオロゴス」第三十九号、ソシオロゴス編集委員会、二〇一五年
――――「「オタクを論ずること」をめぐる批評的言論と社会学との距離に関して」、関東社会学会編集委員会事務局編「年報社会学論集」第三十号、関東社会学会、二〇一七年
――――「アニメを社会学する視点」、永田大輔／松永伸太朗編著『アニメの社会学――アニメファンとアニメ制作者たちの文化産業論』所収、ナカニシヤ出版、二〇二〇年
――――「「二次創作」はいかなる意味で「消費」であるのか――大塚英志の消費論を中心に」「日本研究」第六十五号、人間文化研究機構国際日本文化研究センター、二〇二二年
――――／近藤和都／溝尻真也／飯田豊『ビデオのメディア論』（青弓社ライブラリー）、青弓社、二〇二二年
――――／松永伸太朗『産業変動の労働社会学――アニメーターの経験史』晃洋書房、二〇二二年
――――／松永伸太朗編著『アニメの社会学――アニメファンとアニメ制作者たちの文化産業論』所収、ナカニシヤ出版、二〇二〇年
中森明夫「僕が「おたく」の名付け親になった事情」、別冊宝島編集部編『別冊宝島104 おたくの本――ハッカー、ロリコン、やおい、デコチャリ、コミケ、カメラ小僧、ゲーマー、アイドリアン、などなどの知られざる生態！』所収、JICC出版局、一九八九年
中村朗『検証 日本ビデオソフト史』映像新聞社、一九九六年
中島梓『コミュニケーション不全症候群』筑摩書房、一九九一年（再録：中島梓『コミュニケーション不全症候群』〔ちくま文庫〕、筑摩書房、一九九五年）
――――『タナトスの子供たち――過剰適応の生態学』筑摩書房、一九九八年

難波功士「広告研究における状況的パースペクティブ――E.Goffman "Frame Analysis" の検討から」、日本マス・コミュニケーション学会編「マスコミュニケーション研究」第四十二号、日本マス・コミュニケーション学会、一九九三年
――「「サブカルチャー」再考」「関西学院大学社会学部紀要」第七十八号、関西学院大学社会学部研究会、一九九七年
――『族の系譜学――ユース・サブカルチャーズの戦後史』青弓社、二〇〇七年
Napier, Susan J., *Anime from Akira to Princess Mononoke: Experiencing Contemporary Japanese Animation*, Palgrave Macmillan, 2001.（スーザン・J・ネイピア『現代日本のアニメ――『AKIRA』から『千と千尋の神隠し』まで』神山京子訳〔中公叢書〕、中央公論新社、二〇〇二年）
日本アニメーター・演出協会『アニメーター労働白書2009』日本アニメーター・演出協会、二〇〇九年
――『アニメーション制作者実態調査報告書2015』日本アニメーター・演出協会、二〇一五年
新倉貴仁『「能率」の共同体――近代日本のミドルクラスとナショナリズム』岩波書店、二〇一七年
野村総合研究所オタク市場予測チーム『オタク市場の研究』東洋経済新報社、二〇〇五年
尾形英夫『あの旗を撃て！――『アニメージュ』血風録』オークラ出版、二〇〇四年
岡田斗司夫『オタク学入門』太田出版、一九九六年
――『東大オタク学講座』講談社、一九九七年
――『オタクはすでに死んでいる』（新潮新書）、新潮社、二〇〇八年
――『遺言』筑摩書房、二〇一〇年
岡澤康浩「テイストはなぜ社会学の問題になるのか――ポピュラーカルチャー研究におけるテイスト概念についてのエッセイ」、北田暁大／解体研編著『社会にとって趣味とは何か――文化社会学の方法規準』（河出ブックス）所収、河出書房新社、二〇一七年
大久保遼『映像のアルケオロジー――視覚理論・光学メディア・映像文化』（視覚文化叢書）、青弓社、二〇一五年
大澤真幸『電子メディア論――身体のメディア的変容』（メディア叢書）、新曜社、一九九五年
――『虚構の時代の果て――オウムと世界最終戦争』（ちくま新書）、筑摩書房、一九九六年
――「オタクという謎」、関西社会学会編「フォーラム現代社会学」第五号、関西社会学会、二〇〇六年
大澤聡『批評メディア論――戦前期日本の論壇と文壇』岩波書店、二〇一五年
太田美奈子「青森県下北郡佐井村における初期テレビ受容」、日本マス・コミュニケーション学会編「マス・コミュニケーション研究」第九十二号、日本マス・コミュニケーション学会、二〇一八年
太田出版編『Mの世代――ぼくらとミヤザキ君』太田出版、一九八九年
大塚英志『まんがの構造――商品／テキスト／現象』弓立社、一九八七年
――『システムと儀式』本の雑誌社、一九八八年（再録：大塚英志『システムと儀式』〔ちくま文庫〕、筑摩書房、一九九二年）

――『物語消費論――「ビックリマン」の神話学』(ノマド叢書)、新曜社、一九八九年(再録:大塚英志『定本物語消費論』〔角川文庫〕、角川書店、二〇〇一年)
――『キャラクター小説の作り方』(講談社現代新書)、講談社、二〇〇三年
――『アトムの命題――手塚治虫と戦後まんがの主題』(アニメージュ叢書)、徳間書店、二〇〇三年
――『「おたく」の精神史――一九八〇年代論』(講談社現代新書)、講談社、二〇〇四年
――『サブカルチャー文学論』朝日新聞社、二〇〇四年
――『メディアミックス化する日本』(イースト新書)、イースト・プレス、二〇一四年
――『物語消滅論――キャラクター化する「私」、イデオロギー化する「物語」』(角川 one テーマ21)、角川書店、二〇〇四年
――『二階の住人とその時代――転形期のサブカルチャー私史』(星海社新書)、星海社、二〇一六年
――/大澤信亮『「ジャパニメーション」はなぜ敗れるか』(角川 one テーマ21)、角川書店、二〇〇五年
――/東浩紀『リアルのゆくえ――おたく/オタクはどう生きるか』(講談社現代新書)、講談社、二〇〇八年
大月健三「学習の個別化を志向する8ミリ資料の自作と活用」「視聴覚教育」一九七三年三月号、日本視聴覚教育協会
Rogers, Everett M., *Diffusion of innovations*, Free Press, 1962.(E・M・ロジャーズ『イノベーション普及学』青池慎一/宇野善康監訳、産能大学出版部、一九九〇年)
Sacks, Harvey, "Hotrodder: A Revolutionary Category," in George Psathas ed., *Everyday Language: Studies in Ethnomethodology*, Irvington Publishers, 1979.(ハーヴェイ・サックス「ホットロッダー――革命的カテゴリー」、ハロルド・ガーフィンケルほか『エスノメソドロジー――社会学的思考の解体』山田富秋/好井裕明/山崎敬一編訳、せりか書房、一九八七年)
斎藤美奈子/成田龍一編著『1980年代』(河出ブックス)、河出書房新社、二〇一六年
斎藤環『戦闘美少女の精神分析』太田出版、二〇〇〇年(再録:斎藤環『戦闘美少女の精神分析』〔ちくま文庫〕、筑摩書房、二〇〇六年)
酒井泰斗/小宮友根「社会システムの経験的記述とはいかなることか――意味秩序としての相互行為を例に」、ソシオロゴス編集委員会編「ソシオロゴス」第三十一号、ソシオロゴス編集委員会、二〇〇七年
――/浦野茂/前田泰樹/中村和生編『概念分析の社会学――社会的経験と人間の科学』ナカニシヤ出版、二〇〇九年
佐々木敦『ニッポンの思想』(講談社現代新書)、講談社、二〇〇九年
佐藤正明『映像メディアの世紀――ビデオ・男たちの産業史』日経BP社、一九九九年
Schivelbusch, Wolfgang, *The Railway Journey: Trains and Travel in the 19th Century*, Blackwell, 1982.(ヴォルフガング・シベルブシュ『鉄道旅行の歴史――十九世紀における空間と時間の工業化』加藤二郎訳、法政大学出版局、一九八二年)
瀬尾祐一「ファンカルチャーの理論――ファン研究の展開と展望」、永田大輔/松永伸太朗編著『アニメの社会学――アニメファンとアニメ制作者たちの文化産業論』所収、ナカニシヤ出版、二〇二〇年

柴野京子『書棚と平台――出版流通というメディア』弘文堂、二〇〇九年
――――『書物の環境論』（現代社会学ライブラリー）、弘文堂、二〇一二年
Spinuzzi, Clay, "Working Alone, Together: Coworking as Emergent Collaborative Activity," *Journal of Business and Technical Communication*, 26 (4), SAGE Publications, 2012.
Steinberg, Marc, *Anime's Media Mix: Franchising Toys and Characters in Japan*, University of Minnesota Press, 2012.（マーク・スタインバーグ、大塚英志監修『なぜ日本は〈メディアミックスする国〉なのか』中川譲訳〔角川 EPUB 選書〕、ＫＡＤＯＫＡＷＡ、二〇一五年）
須永浩子「アニメーション作画における習得プロセス――認知過程に注目して」、徳間記念アニメーション文化財団編「公益財団法人徳間記念アニメーション文化財団年報 ２００７―２００８ 別冊」徳間記念アニメーション文化財団、二〇〇七年
玉川博章「ファンダムの場を創るということ――コミックマーケットのスタッフ活動」、玉川博章／名藤多香子／小林義寛／岡井崇之／東園子／辻泉『それぞれのファン研究――I am a fan』（ポップカルチュア選書「レッセーの荒野」）所収、風塵社、二〇〇七年
――――／名藤多香子／小林義寛／岡井崇之／東園子／辻泉『それぞれのファン研究――I am a fan』（ポップカルチュア選書「レッセーの荒野」）、風塵社、二〇〇七年
たつざわさとし／萱間隆「日本漫画映画株式会社の実態解明――占領期におけるアニメーション製作事業の資金調達」「アニメーション文化調査研究活動助成制度研究成果発表 ２０１８年度」徳間記念アニメーション文化財団、二〇二〇年
Thompson, P. and Vincent, S., "Labour Process Theory and Critical Realism," in P. Thompson and C. Smith eds., *Working Life: Renewing Labour Process Analysis*, Palgrave Macmillan, 2010.
津堅信之『日本アニメーションの力――85年の歴史を貫く2つの軸』ＮＴＴ出版、二〇〇四年
――――『テレビアニメ夜明け前――知られざる関西圏アニメーション興亡史』ナカニシヤ出版、二〇一二年
――――『アニメーション学入門 新版』（平凡社新書）、平凡社、二〇一七年
辻泉／岡部大介「今こそ、オタクを語るべき時である」、宮台真司監修、辻泉／岡部大介／伊藤瑞子編『オタク的想像力のリミット――〈歴史・空間・交流〉から問う』所収、筑摩書房、二〇一四年
鶴田幸恵／小宮友根「人びとの人生を記述する――「相互行為としてのインタビュー」について」、ソシオロジ編集委員会編「ソシオロジ」第五十二巻第一号、社会学研究会、二〇〇七年
Wenger, Etienne and Richard Mcdermott and William M. Snyder, *Cultivating communities of practice: a guide to managing knowledge*, Harvard Business Press, 2002.（エティエンヌ・ウェンガー／リチャード・マクダーモット／ウィリアム・M・スナイダー『コミュニティ・オブ・プラクティス――ナレッジ社会の新たな知識形態の実践』野村恭彦監修、櫻井祐子訳、翔泳社、二〇〇二年）
Williams, S. R., *Television: Technology and Caltural Foem*, Fontaru, 1974.
Willis, Paul, *Common Culture: Symbolic work at play in the everyday cultures of the young*, Open University Press, 1990.

ウンベルト・エーコ『ウンベルト・エーコのテレビ論集成』和田忠彦監訳、石田聖子／小久保真理江／柴田瑞枝／土肥秀行／山﨑彩／横田さやか訳、河出書房新社、二〇二一年
山森宙史『「コミックス」のメディア史――モノとしての戦後マンガとその行方』青弓社、二〇一九年
山本健太「東京におけるアニメーション産業の集積メカニズム――企業間取引と労働市場に着目して」、日本地理学会編「地理学評論」第八十巻第七号、日本地理学会、二〇〇七年
吉岡忍『M／世界の、憂鬱な先端』文藝春秋、二〇〇〇年（再録：吉岡忍『M／世界の、憂鬱な先端』〔文春文庫〕、文藝春秋、二〇〇三年）
吉見俊哉「テレビが家にやって来た――テレビの空間 テレビの時間」「思想」二〇〇三年十二月号、岩波書店
――『カルチュラル・ターン、文化の政治学へ』人文書院、二〇〇三年
――／若林幹夫／水越伸『メディアとしての電話』弘文堂、一九九二年
吉澤弥生「レイモンド・ウィリアムズとメディア社会学――『テレビジョン』の視点と方法」、日本社会学会編「社会学評論」第五十二巻第一号、日本社会学会、二〇〇一年
雪村まゆみ「戦争とアニメーション――職業としてのアニメーターの誕生プロセスについての考察から」、ソシオロジ編集委員会編「ソシオロジ」第五十二巻第一号、社会学研究会、二〇〇七年

あとがき

本書は、筆者が二〇一〇年から取り組んできた研究の成果である。

各章のもとになった論文の初出は、いちばん古いのが二〇一一年のもので、いちばん新しいのが二一年のものである。現代史に近い分野ではよくあることだが、各論文を執筆していた当時に目にしていた現代的な事例や想定している宛先と本書執筆時のそれとが異なることから少し変わるところが出てきた。それらを含めて考えなければならないことも多く、様々な事情から一冊の書籍としてまとめ直すのにさらに時間がかかってしまった。

〈初出一覧〉

序　章　書き下ろし（ただし永田大輔／近藤和都／溝尻真也／飯田豊『ビデオのメディア論』〔青弓社ライブラリー〕、青弓社、二〇二二年）で四人の連名で執筆した序章「ビデオのメディア論に向けて」の記述を部分的に参照したうえで書き換えをおこなった。）

第1章　書き下ろし（ただし永田大輔／松永伸太朗『産業変動の労働社会学――アニメーターの経験史』〔晃洋書房、二〇二二年〕の第二章「アニメ産業の変容史」と永田大輔／松永伸太朗編著『アニメの社会学――アニメファンとアニメ制作者たちの文化産業論』〔ナカニシヤ出版、二〇二〇年〕の序章「アニメを社会学する視点」の記述を基礎として参照している。）

第2章　永田大輔「ビデオにおける「教育の場」と「家庭普及」――1960年代後半―70年代の業界紙『ビデオジャーナル』にみる普及戦略」（日本マス・コミュニケーション学会編「マス・コミュニケーション研究」第

八十八号、日本マス・コミュニケーション学会、二〇一六年）を大幅に加筆・修正。
第3章　永田大輔「「アニメおたく／オタク」の形成におけるビデオとアニメ雑誌の「かかわり」――アニメ雑誌『アニメージュ』の分析から」（筑波大学社会学研究室編「社会学ジャーナル」第三十六号、筑波大学社会学研究室、二〇一一年）を大幅に加筆・修正。
第4章　永田大輔「アニメ雑誌における「第三のメディア」としてのOVA――一九八〇年代のアニメ産業の構造的条件に着目して」、ソシオロジ編集委員会編「ソシオロジ」第六十一巻第三号、社会学研究会、二〇一七年
第5章　永田大輔「コンテンツ消費における「オタク文化の独自性」の形成過程――一九八〇年代におけるビデオテープのコマ送り・編集をめぐる語りから」、ソシオロジ編集委員会編「ソシオロジ」第五十九巻第三号、社会学研究会、二〇一五年
第6章　永田大輔／松永伸太朗「多様な表現を可能にする制作者の労働規範の変容――1970～80年代のアニメ産業を事例として」、日本マス・コミュニケーション学会編「マス・コミュニケーション研究」第九十五号、日本マス・コミュニケーション学会、二〇一九年
第7章　永田大輔「ビデオをめぐるメディア経験の多層性――「コレクション」とオタクのカテゴリー運用をめぐって」、ソシオロゴス編集委員会編「ソシオロゴス」第四十二号、ソシオロゴス編集委員会、二〇一八年
第8章　永田大輔「ビデオ受容空間の経験史――「趣味の地理学」と1980年代のアニメファンの経験の関係から」、日本マス・コミュニケーション学会編「マス・コミュニケーション研究」第九十九号、日本マス・コミュニケーション学会、二〇二一年
終　章　書き下ろし

また、本書は直接的には以下の助成に基づいている（それ以外にも、間接的には多くの助成を得ている）。

日本学術振興会：「「メディア経験」の文化社会学――80年代のビデオをめぐる言説の多層性をめぐって」特別研究員奨励費（DC2）、二〇一五―一六年度
公益財団法人電気通信普及財団：二〇二三年度学術研究出版助成

＊

本書をまとめるまでに長く時間がかかったこともあり、様々な方に研究者としてのキャリアの初期から相談に乗っていただいた。直接の報告機会をもらったものだけでも多くある。本書が私の初めての単著ということもあり、紙幅の都合が許すかぎり、学術コミュニティーへのお礼を申し上げたい。

コンテンツ文化史学会、関東社会学会、日本社会学会、日本社会学理論学会、日本マス・コミュニケーション学会（現・日本メディア学会）、日本出版学会例会などのオーディエンスからそれぞれ貴重なアドバイスをいただいた。また匿名の査読などでも重要な指摘をいただいた。

第7章のもとになった「ソシオロゴス」の論文は、菊池哲彦さんと近藤和都さんに査読していただき、重要な指摘を頂戴した。この論文は本書の中心になるものであり、これがなければ本書はまったく異なる形態になっていたように思う。こうした査読や学会の場だけではなく、研究会などのインフォーマルな交流から得た知見は大きい。

犯罪社会学者と教育社会学者が多く集まる非行研究会では、初期の構想を報告する機会をいただいた。また元森絵里子さんが主宰する子ども社会学若手勉強会でも報告の機会を得ることができた。

長谷正人さんを中心にして早稲田大学でおこなわれている文化社会学研究会では、折にふれて何度も報告の機会をいただき、そのたびに方向性の根本的な部分を見つめ直すことにつながった。本書はそこでの指摘に大きな影響を受けていると同時に、参加者のみなさんの著作からも多くの学びを得ている。

また鈴木智之さんが主宰する〈自己－表象〉研究会では、同世代の研究者が多く集まっていること、発表や意見交換に長い時間をかけてくださる場であることから、ずいぶんといろいろな相談をしたと思う。そこでのご指摘を本書に少しでも生かすことができていれば幸いである。

東京大学でおこなわれる理論・学史の研究会であるプレひま研とひま研にも定期的に参加して、ひま研では分野が異なるにもかかわらず報告の機会もいただき、重要な指摘を得ることができた。

メディア論系の研究会でも大きく影響を受けた。とりわけ北田暁大さんには、修論フォーラムでのコメントをはじめとして様々な機会で指摘をいただいた。また北田ゼミにもインフォーマルに一時期参加して、そこで多くの同世代のメディア論の研究者と知り合うきっかけを得た。また、そこから派生して東京大学大学院情報学環のOBを中心としたモノ－メディア研究会でも梅田拓也さん、新倉貴仁さんなどに多くの指摘をいただいた。また林凌さんや辻井敦大さんたちにも、ある互助会で本書の草稿に丁寧にコメントを頂戴した。近年では流通研究会という派生した研究会にも誘ってくださり、感謝に堪えない。

岡澤康浩さんやショーン・ハンスンさんが企画するテレビ論読書会をはじめとした一連の日英の国際プロジェクトに参加できたことも、国内にとどまりがちだった私の研究関心を広げるきっかけになった。また坂井晃介さんが主宰する歴史社会学互助会では、方法論的な関心を確認する場としていつも非常に大きな刺激を受けている。

片上平二郎さんが主宰する研究会でも報告の機会をいただき、草稿の全体にコメントをくださった。また、周藤真也さんには数年にわたり大学院のゼミにゲストとしてお招きいただき、これまでの研究をまとめて話す機会をくださった。また、原田玄機さんには、表現全体に関してのコメントや文献チェックなどで助けていただいた。『ビデオのメディア論』をともに執筆した飯田豊さん、溝尻真也さん、近藤和都さんからも丁寧なコメントを受けると同時に、本書の出版プロセスで自分の研究が孤独ではないことを意識する重要なよりどころになった。

松永伸太朗さんには、共著論文を本書の第6章として掲載する許可をいただいた。それだけでなく、折にふれて一緒に様々な仕事をしてきた。松永さんと運営しているアニメーションに関する学術研究の会では、消費・技術・産業の三つの連環という自身の研究者としての基本的な指針を形成する機会を得た。同じく松永さんと運営している「消費文化と労働研究会」でも、いくつかの草稿を検討してもらった。近藤和都さんと主宰している雑誌利用研究会では、論集を組むプロセスで、本書に収める最も古い論考である二〇一一年の原稿を再度検討しなおす機会を得た。主宰している文化社会学互助会は、オンラインだからこそ可能な関東・関西の学術知見の交流の場になっていて、そこに参加する自分よりも若い世代の多くの研究者から刺激を受けている。

挙げていくとまだまだきりがないが、ひとまず以上をもって本書での学術コミュニティーへのお礼としたい。

本書の編集担当の矢野未知生さんをはじめとした青弓社のみなさんには、最初にお話をしたときから時間がかかってしまっただけでなく、実際に出版する段になっても私の表現がわかりにくい箇所が多いこともあり、校正などで多くのお手数をおかけしてしまったと思う。その点、お詫びと感謝を申し上げたい。

最後に、私事になるが生まれたときから私を一人で育ててくれた母・昌子に感謝したい。私が執筆した論文などを読むことを試みてはくれるが、「難しくてわからない」と言って最初の数ページで挫折しているところを何度も見ている。この「あとがき」だけでもなんとか読んでもらいたいと思う。母子家庭ということもあり、子どものころ、母が仕事から帰ってくるのを家に一人で待って過ごす時間が多く、ビデオでいろいろな映像を見ていた。その経験や、それをもとにオタクキャリアを積んできたことが間違いなく本書の土台の一部になっている。心配をかけることも多いが（そして本書を出版したから安心してもらえるわけではまったくないが）、研究者としての経歴・成果を中間報告としてひとまずまとめる本書を、母に感謝とともに贈りたい。

二〇二四年九月

永田大輔

[著者略歴]
永田大輔（ながた だいすけ）
1985年、栃木県生まれ
明星大学など非常勤講師
専攻はメディア論、文化社会学、映像文化論、労働社会学
共編著に『アニメと場所の社会学――文化産業における共通文化の可能性』『アニメの社会学――アニメファンとアニメ制作者たちの文化産業論』『消費と労働の文化社会学――やりがい搾取以降の「批判」を考える』（いずれもナカニシヤ出版）、共著に『産業変動の労働社会学――アニメーターの経験史』（晃洋書房）、『ビデオのメディア論』（青弓社）、論文に「「二次創作」はいかなる意味で「消費」であるのか――大塚英志の消費論を中心に」（「日本研究」第65号）など

アニメオタクとビデオの文化社会学（ぶんかしゃかいがく）　映像視聴経験の系譜

発行――2024年9月27日　第1刷
定価――2800円＋税
著者――永田大輔
発行者――矢野未知生
発行所――株式会社青弓社
〒162-0801 東京都新宿区山吹町337
電話 03-3268-0381（代）
https://www.seikyusha.co.jp
印刷所――三松堂
製本所――三松堂

ISBN978-4-7872-3545-9　C0036

永田大輔／近藤和都／溝尻真也／飯田 豊

ビデオのメディア論

1960年代以降から広がり始め、80年代までに爆発的に普及したビデオ。放送技術、教育、音楽、アニメ、レンタルなどの事例から、私たちの映像経験を大きく変えたビデオの受容過程とその社会的な意義を掘り起こす。定価1800円＋税

石田美紀

アニメと声優のメディア史

なぜ女性が少年を演じるのか

戦後のラジオドラマが生んだ女性声優はアニメの変遷とともに多層的な世界を築いている。少年から青年まで性と年齢を超えるキャラクターを演じてジェンダーを攪乱する実態を中心に、「声の演技」の歴史をひもとく。定価2000円＋税

石田美紀／キム・ジュニアン／蔡錦佳／萩原由加里 ほか

グローバル・アニメ論

身体／アーカイブ／トランスナショナル

グローバル・メディアである日本アニメは、アメリカ、スペイン、東南アジアでどう受容されているのか。国を超えて変容する声と映像、多様な身体、アニメの現場と仕事の形態を軸に、各国の研究者が分析する。　定価2800円＋税

佐野明子／堀 ひかり／渡辺 泰／大塚英志 ほか

戦争と日本アニメ

『桃太郎 海の神兵』とは何だったのか

戦時下で公開された日本初の長篇アニメーション『桃太郎 海の神兵』。その映像テクストを精緻に検証し、映像技法の先駆性・実験性、アジア・太平洋戦争と日本アニメーションの関わりを明らかにする。　定価2400円＋税

飯田 豊

テレビが見世物だったころ

初期テレビジョンの考古学

戦前の日本では、多様なアクターがテレビジョンという技術に魅了され、社会的な承認を獲得しようとしながら技術革新を目指していた。「戦後・街頭テレビ・力道山」の神話に忘却されたテレビジョンの近代を描く。定価2400円＋税